多人数会話におけるジェスチャーの同期

ひつじ研究叢書〈言語編〉

第123巻　パースペクティブ・シフトと混合話法　　　　　　　　　　山森良枝 著
第124巻　日本語の共感覚的比喩　　　　　　　　　　　　　　　　　武藤彩加 著
第125巻　日本語における漢語の変容の研究　　　　　　　　　　　　鳴海伸一 著
第126巻　ドイツ語の様相助動詞　　　　　　　　　　　　　　　　　髙橋輝和 著
第127巻　コーパスと日本語史研究　　　　　　近藤泰弘・田中牧郎・小木曽智信 編
第128巻　手続き的意味論　　　　　　　　　　　　　　　　　　　　武内道子 著
第129巻　コミュニケーションへの言語的接近　　　　　　　　　　　定延利之 著
第130巻　富山県方言の文法　　　　　　　　　　　　　　　　　　　小西いずみ 著
第131巻　日本語の活用現象　　　　　　　　　　　　　　　　　　　三原健一 著
第132巻　日英語の文法化と構文化　　　　　　　秋元実治・青木博史・前田満 編
第133巻　発話行為から見た日本語授受表現の歴史的研究　　　　　　森勇太 著
第134巻　法生活空間におけるスペイン語の用法研究　　　　　　　　堀田英夫 編
第136巻　インタラクションと学習　　　　　　　　　柳町智治・岡田みさを 編
第137巻　日韓対照研究によるハとガと無助詞　　　　　　　　　　　金智賢 著
第138巻　判断のモダリティに関する日中対照研究　　　　　　　　　王其莉 著
第139巻　語構成の文法的側面についての研究　　　　　　　　　　　斎藤倫明 著
第140巻　現代日本語の使役文　　　　　　　　　　　　　　　　　　早津恵美子 著
第141巻　韓国語citaと北海道方言ラサルと日本語ラレルの研究　　　 円山拓子 著
第142巻　日本語史叙述の方法　　　　　　　　　　　　大木一夫・多門靖容 編
第143巻　相互行為における指示表現　　　　　　　　　　　　　　　須賀あゆみ 著
第144巻　文論序説　　　　　　　　　　　　　　　　　　　　　　　大木一夫 著
第145巻　日本語歴史統語論序説　　　　　　　　　　　　　　　　　青木博史 著
第146巻　明治期における日本語文法研究史　　　　　　　　　　　　服部隆 著
第147巻　所有表現と文法化　　　　　　　　　　　　　　　　　　　今村泰也 著
第151巻　多人数会話におけるジェスチャーの同期　　　　　　　　　城綾実 著
第152巻　日本語語彙的複合動詞の意味と体系　　　　　　　　陳奕廷・松本曜 著

ひつじ研究叢書
〈言語編〉
第151巻

多人数会話における
ジェスチャーの同期

「同じ」を目指そうとするやりとりの会話分析

城綾実 著

ひつじ書房

目　次

第1章　序論　人びとにとっての「同じ」とは何か ... 1
　1. はじめに—ジェスチャーの同期とは何か ... 1
　2. なぜジェスチャーの同期を扱うのか ... 4
　3. どの方法でジェスチャーの同期を扱うのか ... 7
　4. 会話分析に依拠した相互行為研究 ... 12
　5. 本書の構成 ... 14

第2章　「同じ」をめぐる先行研究 ... 17
　1. 「同時」に行なわれる「同じ」振る舞い ... 17
　2. 相互行為の外部から分析した「同じ」振る舞い ... 20
　3. 相互行為の内部から分析した「同じ」振る舞い ... 23
　　3.1　唱和的共同産出とジェスチャーの同期 ... 23
　　3.2　予備的分析—ジェスチャーの同期の組織化と相互行為上の効果 ... 24
　4. ジェスチャーの「同期」という用語について ... 27
　5. まとめ ... 28

第3章　研究方法とデータ ... 31
　1. 会話分析 ... 31
　2. 会話分析の基本的概念 ... 36
　　2.1　発話順番、発話順番交替 ... 36
　　2.2　投射と高められた投射可能性 ... 39
　　2.3　行為連鎖と隣接ペア ... 42
　　2.4　修復 ... 50
　3. ジェスチャー研究 ... 53
　　3.1　ジェスチャーがどのように取り扱われてきたか ... 53
　　3.2　ジェスチャー単位 ... 56
　4. 相互行為資源としての身体 ... 57
　　4.1　会話分析における視線の分析 ... 58
　　4.2　身体行動に見られる形式的組織の探究 ... 59

5. ジェスチャーの同期を記述するための諸概念　　61
　5.1　ジェスチャーによる投射可能性　　61
　5.2　ジェスチャーの同期と参加機会「スロット」　　62
　5.3　ジェスチャーの同期に利用される高められた投射可能性　　66
6. 認識可能なジェスチャーの構造を記述すること　　66
7. 転記方法　　69
　7.1　ジェスチャーと発言の違い　　69
　7.2　発言の表記　　70
　7.3　ジェスチャーと視線の表記　　73
8. データの概要　　74

第4章　人びとにとってのジェスチャーの同期　　83

1. ジェスチャーの同期をめぐる知見の整理　　84
2. ジェスチャーの同期達成過程　　86
　2.1　会話の進行に伴い顕在化する知識あるいは経験の差　　88
　2.2　隣接ペアの性質と特定のジェスチャーが生み出されるスロット　　89
　2.3　ジェスチャーの準備　　90
　2.4　発話権の緩み、受け手の視線確保とジェスチャーの組み立て　　91
　2.5　小括　　92
3. 高められた投射可能性―ジェスチャーの準備　　95
　3.1　話し手が先行するケース　　95
　3.2　受け手が先行するケース　　100
　3.3　小括　　103
4. 高められた投射可能性―規範的構造、繰り返し利用すること　　104
　4.1　表現対象および身体が有する規範的構造　　104
　4.2　ジェスチャーを繰り返し利用すること　　108
　4.3　小括　　110
5. 「同じ」を目指す人びとの試み―細部のずれに関する考察　　110
6. 「同期スロット」におけるジェスチャーの差異に対する志向性　　113
7. まとめ　　117

第5章 ジェスチャーの同期が成し遂げられる位置　123

- 1. 相互行為の位置に注目する意義　123
- 2. 連鎖や活動の完了時　124
  - 2.1 隣接ペア第二成分　125
  - 2.2 語りのクライマックスまたはオチ　126
- 3. 進行中の活動の遅滞、トラブル発生後　132
  - 3.1 訂正　132
  - 3.2 想起　134
- 4.「有標」な理解の主張の後　136
- 5. まとめ　141

第6章 ジェスチャーの同期により達成される行為・活動　145

- 1. 説明の共同産出　146
- 2. 参与者間の「食い違い」の解消　150
- 3. 共同産出者への同意の提示　157
- 4. 理解の例証と承認　161
- 5. まとめ　163

第7章 ジェスチャーの同期を利用することで生じうる効果　167

- 1.「効果」という語で示されるもの　167
- 2. 特定の対象を「見所／勘所」として際立たせる　168
- 3. ピボット的な話題移行　172
- 4. 共通理解の確立と進行性の確保の両立　177
  - 4.1 相互行為における共通理解と進行性　178
  - 4.2 対話型アニメーション再生課題における共通理解と進行性の管理　179
  - 4.3 視覚的資源の性質　180
  - 4.4 ［他者修復開始‐自己修復実行］連鎖におけるジェスチャーの同期　181
  - 4.5 物語のクライマックスにおけるジェスチャーの同期　184
  - 4.6 小括　189
- 5. まとめ　189

第8章 結論 「同じ」をめぐる人びとの合理性と柔軟さの探求　193
　1. 本書における課題と成果　193
　2. ジェスチャーの同期を中心とする一定のやり方と相互彫琢　197
　3. 本書で展開してきた研究の意義　198
　　3.1 「同時性／同形性」を扱う同期・同調研究における貢献　199
　　3.2 会話分析研究における貢献　200
　　3.3 ジェスチャー研究における貢献　201
　　3.4 複数領域におけるコミュニケーション研究への貢献　201
　4. 今後の課題と展望　202
　5. まとめ―合理的かつ柔軟なやり方で達成される
　　　ジェスチャーの同期　204

　参考文献　207
　あとがき　219
　索引　223

第 1 章
序論
人びとにとっての「同じ」とは何か

1. はじめに　ジェスチャーの同期とは何か

「乾杯！」
　主賓の音頭を合図にして、すべてのグラスが一斉に動き出す――

　人びとは、同時に同じ「振る舞い conduct」を誰かと一緒に行なうことによって、特定の活動を達成する。同時に同じ振る舞いを行なうことを、本書では「成し遂げられた同期 achieved synchrony (Lerner, 2002: 253)」と呼ぶ。ここでいう成し遂げられた同期とは、人びとが他者と同じ振る舞いを同時に行なうことに「志向 orientation」*1 して成し遂げられるものである。そうした認識もなく行なわれるもの、たとえば、携帯電話の着信音を耳にした人びとが胸元のポケットに同時に手をやるような現象は、同期と呼ぶことはできるかもしれないが、本書の研究対象である成し遂げられた同期には含まない。
　従来、主に心理学で研究されてきた人間行動の同期・同調および模倣のパターンや機能を解明する研究（詳細は第 2 章参照）としてではなく、本書において人びとの志向性を考慮しながら成し遂げられた同期に着目するのはなぜか。それは、目の前の相手と同時に同じ振る舞いをしようとする試みそれ自体――それは、偶然生じるものではないし、同期が達成されることもあればうまくいかないこともある――を研究対象として俎上に載せることも、人間らしさを支える一因に迫るために必要なのではないかという考えによる。同期が成し遂げられようとするとき――親子が互いを理解しようとするとき、友だち同士で団結を示そうとするとき、立場の異なる人びとが一堂に会して目の前にある祝い事に対する喜びを表そうとするとき――に

必要となる、いくつもの予測や調整の仕組みや方法を明らかにすることが、私たちが素朴に思う人間らしさを明らかにする一助になるはずである。

　成し遂げられた同期は決まった合図をきっかけに振る舞いを重ね合わせるだけで達成されるものではない。先ほど、「いくつもの予測や調整」と言い表したことについて、乾杯をもとに具体例を考えてみよう。主賓が「乾杯！」と発する前から、私たちのちょっとした思案は始まる。まず、乾杯するときに、グラスを持ち上げるだけでよいのか、それとも誰かのグラスに自分のグラスを触れ合わせるのか。「乾杯！」の音頭が響いた後にも私たちが考え対処すべき事項は増えていく。持ち上げるだけならばどのタイミングでどのくらいの高さまで持ち上げるのか、グラス同士を触れ合わせるのならばどのタイミングで相手のグラスのどの位置にグラスが触れるように合わせるのか―これらの「どう動かしてどう合わせるのか」の予測と調整に、誰しも多少なりとも悩んだことがあるはずである。もちろん、私たちと乾杯を成し遂げようとする相手も。

　成し遂げられた同期に至ることは難しいだけに、その難しさを乗り越えて同期させることはさまざまな効果がもたらす可能性がある。たとえば、乾杯は、個々人の自由なタイミングによってではなく、同じタイミングでグラスを重ね合わせることを通して達成されることで、同期した者同士の団結を表す、一体感を味わう、その場を盛り上げる、などのさまざまな効果をもたらすことが考えられる。

　成し遂げられた同期の難しさは、個人に帰属されるものではない。もし乾杯の達人という者がいたとして、その者が乾杯を行なう習慣をもたない文化の人びととグラスをかかげたなら、やはり乾杯の達成は難しいであろう。言い換えるなら、成し遂げられた同期の難しさは、それが「相互行為 interaction」*2 としてしか行なわれないという本質とかかわっている。

　ひとことで同期と呼ぶならば、それが生じる一瞬だけに着目してしまいがちになる。本書では、人びとにとって、そして多くの研究者にとっての着目すべき一瞬が生じるまでの過程と相互行為上の効果を分析対象とし、成し遂げられた同期の醍醐味を伝えたい。本書

の目的は、実際の相互行為場面を分析することで、(1) 同期を成し遂げる上での困難を人びとがどのようにして克服しているか、(2) また成し遂げられた同期を通じてその場にどのような相互行為上の効果がもたらされるかを明らかにすることにある。この2つの事柄はどちらも強く相互行為と結びついている。この、相互行為の中で成し遂げられた同期を探究することが、本書の独自性と新規性を作り上げることになる。この詳細は、実際には本書全体を通して述べることになるが、さしあたり次のことを述べておきたい。成し遂げられた同期の過程を解明することは、とりもなおさずその相互行為としての組織の仕方を明らかにすることである。そして、この過程を経て達成された「効果」を析出することは、相互行為の組織化に同期がいかに貢献するかを明らかにすることにほかならない。

　わかりやすい例として乾杯を挙げたが、人びとは特定の社会的活動においてだけでなく、日常のあらゆる場面、たとえば会話においても同期を達成する。さらに、ハイタッチ、声援、ある種の発話など、同期させる振る舞いも多種多様である。これらのうち本書で取り扱うのは、会話場面でみられる「ジェスチャーの同期」である。たとえば、おにぎりの握り方について話している2人が、自分の身体の前の空間に同時に手を突き出して、同じ握り方を実演し合うことがあったならば、このときジェスチャーの同期が生じている。

　ジェスチャーの同期においては多くの場合、乾杯のような決まった合図によって人びとが同期を試みるわけではないし、同期を構成するジェスチャーの形状や動かし方もあらかじめ決まっているわけではない。ここで重要なのは、すでに産出された相手のジェスチャーを、産出者自身のやり方で真似て表現するのではなく、ジェスチャーの同期を成し遂げるには、産出中の相手のジェスチャーが「次にどのように展開するか」が前もってわかっていないといけないということである。

　もちろん、本書では未来の出来事を予知できる人びとに着目するのではない。人の振る舞いの中には、その振る舞いが次にどう展開するかを受け手*3に予測可能にするような「手がかり」が含まれている。乾杯よりもずっと「誰と、どのタイミングで、手や腕をど

のように動かして重ね合わせるのか」の絞り込みが困難な状況の中で、その場の人びとが何を手がかりにして互いにタイミングを計りジェスチャー表現を特定するのか、そしてどのように動きを調整した結果、どのような行為を達成するのかを、本書では問題にする。

2. なぜジェスチャーの同期を扱うのか

「なぜジェスチャーの同期を取り扱うか」の問いに回答するために重要なことは、同期・同調や模倣に関する研究群を支えているのは、研究者による操作的定義や判定に則った定量的分析である、という事実である。人びとは、研究者による操作的定義や判定がされる以前に、当人たちが、状況や相手に応じた臨機応変さや社会生活の秩序に基づき、適切なやり方*4で「同期」を生み出しているはずである。そうした当人たちにとっての「同期」の中には、研究者の判断により同期研究の俎上に載らなかった現象もあるかもしれない。本書では、このような問題意識に基づいて、ジェスチャーの同期を探究するための研究プログラムとして会話分析を採用した。会話分析については、次節、第2章第3節で触れ、詳しくは第3章で述べる。

相互行為において動きをどう合わせるかというのは、じつは人間の本質に迫る問いである。会話の秩序を支えるシステムの1つである「発話順番交替システム*5turn-taking system」(Sacks, Schegloff, and Jefferson, 1974=2010)(詳細は第3章第2.1節参照)も、人びとが特定の「行為action」にどう合わせるのかの一形態といえる。たとえば、誰かが話しているときに、次の話し手になろうと試みるのであれば、相手の発話の終了に合わせて話し出そうとするであろう。

相互行為において、複数人が特定の単語や語句をほぼ同時に「重ね合わせて」共同産出する現象の組織化については、社会学や言語学の分野における、会話分析を用いた体系的な研究が存在する(串田, 1997b; 2006; Hayashi, 2003; Lerner, 2002)。Lerner (2002)は結論部で以下のように述べている。

何人かの調査者がしてきたように、その〔唱和的共同産出を通じて行なわれる〕ような〔現在の話し手に理解、結びつきや同意を示すといった〕諸行為を、1度に1人が話すという主要な帰結としての発話順番交替のやり方の範囲の外側にあるとして、主張するのは簡単である。しかしながら、唱和的共同産出に関して言えば、私にはそうした主張が不適切なように思われる。ここで、共に話すという機会を共有するための資源を与えているものこそ、まさに、発話順番交替のやり方および産物にほかならない。　　　　　（Lerner, 2002: 250〔　〕内は筆者による補足。）

　重要なのは、発話順番を複数人で共有しようとする試みは、人びとが有する合理性と柔軟性を探究するのに適しているということである。Lerner は、この 2002 年の論文の最後で、「ジェスチャーの重ね合わせ gestural matching」という現象を紹介し、会話分析でこの現象を記述しうること、単語や語句を「唱和的共同産出 choral-co production」する現象と同じように扱えることを示した。Lerner は、ジェスチャーの重ね合わせでの分析を端緒として、認識可能な―常識的な合理性に基づけば誰が見ても同様の認識に達することができる―身体的振る舞いを会話分析の基本方針に基づいて分析するための議論を続けている（Lerner and Raymond, 2017; Raymond and Lerner, 2014）。
　目の前の相手と動きと合わせて同じジェスチャーを同時に達成すること。人びとが次の展開を予測し合理的に（常識や規範に照らして理に合っているとして）行為を遂行しながら、状況に合わせて柔軟に自らの振る舞いを調整する様相を記述し、ジェスチャーの同期を可能にする条件や要因を明らかにすることは、現象そのものを解明するだけにとどまらない。日常のやりとりにおいて、人びとがジェスチャー、姿勢、顔の向きなどのような身体的振る舞いをどのようなものとして認識し、それに応じて行為を遂行しているかを探究するための重要な知見や方向性を示すことができる。実際、Lerner 自身も、ジェスチャーの重ね合わせを分析したことが、その後、認識可能な身体的振る舞いの探究の原点となったと述べてい

る(Lerner，私信)。

　会話分析における身体的振る舞いの分析は、第2章第3節および第3章で述べるように、1970年代後半からGoodwin夫妻やHeathらの研究によって萌芽し、2000年代には複数の感覚様式multimodalityに着目した研究の論文集が *Semiotica* 誌で組まれた(Stivers and Sidnell, 2005)。第3回会話分析国際会議が複数の感覚様式から成る相互行為multimodal interactionをテーマに開催された2010年以降は、身体および相互行為が行なわれる環境に着目した研究が盛んになった。しかしながら、相互行為資源としての身体および環境を分析対象とし、複数の感覚様式から成る複雑な構造を備えるゲシュタルトcomplex multimodal Gestaltを解明しようとする場合は、単一事例の分析に注力する傾向にある(Mondada, 2014)。本書では、ジェスチャーの同期に研究対象を絞ることで、さまざまな相互行為場面を収録した約8時間のデータから62例を抽出した。それらを会話分析で用いられるコレクション(データコーパスのように分析のもととなる類似例の集合)の検討と同様に、相互行為の構造における位置や行為の記述について比較検討することで、ジェスチャーの同期が達成される過程や相互行為上に与える「効果」を明らかにしている点に新規性がある。本書を通じて相互行為における身体的な達成を精緻に記述・分析し、体系的な、繰り返し利用可能な「同じ」を生み出すためのやり方を明らかにする研究過程は、コミュニケーション研究、同期研究、さらには社会学や人類学、認知科学などの身体化を軸とする研究者に広く学問的示唆を与えることができるであろう。

　Lernerがジェスチャーの重ね合わせと呼ぶものと、本書で一貫してジェスチャーの同期と呼ぶものは、同じ現象を指すと考えてよい。では、なぜ本書で「同期」の呼称を用いるのか。それは、本書が心理学を始めとする同期を扱う研究領域への貢献を目指すものだからである。複数の領域で研究されてきた、同種個体間・集団内における動作、発光、鳴き声などの周期的パターンが同期・同調するメカニズム、および、模倣に関する研究については、第2章で取り扱う。

実際の相互行為そのものから、人びとの行為の連接関係とそこから明らかになる相互理解の様相を緻密に記述・分析することを可能にする会話分析を用いてつぶさに検証することで、文脈を考慮したジェスチャーの同期の達成条件や位置および相互行為上の効果を明らかにすること。これが、本書の目的である。

3. どの方法でジェスチャーの同期を扱うのか

　本書の課題―人びとが、目の前にいる人と「同じ」表現をすることを目指して適切に「同期」を生み出す、そのやり方の解明―に取り組むための方法にはさまざまなものがある。たとえば、被験者に教示者と同じジェスチャーを行なうことを求めるといった方法でデータをとることもできる。また、インタビューでジェスチャーの同期経験の有無を聞き、どうやって動きを合わせているかを実演してもらうこともできる。しかし、それはどちらも実験者側の求めに被験者側が応じるという活動の中でのジェスチャーの同期である。本書で着目するのは、同期することをあらかじめ相互行為の外部から求められて達成された結果としてのジェスチャーの同期ではなく、人びとが自発的に試みるジェスチャーの同期である。

　この「自発的に試みる」というのは、相互行為の内部から分析するということに大きくかかわる。本書では、相互行為そのものを、徹底して内部から分析をするという視点を採用する。この視点に対比されるのは、相互行為の外部から、すなわち、従来から科学において当然とされてきた研究者や観察者による操作的定義や判定に則った分析をする視点である。この対比と、内部から分析する重要性については第2章で述べる。

　本書では、相互行為において、人びとはどのような状況においてジェスチャーの同期を試みるのかという、達成に至る前段階をも含んだジェスチャーの同期をより詳細に扱うために、自然発生的な相互行為場面（実験者がいなくても、または収録機器がなくても生起した会話）だけでなく、相互行為に参与している人たちの動きを捉え漏らさないよう、複数のビデオカメラを用いるなどしてやや統制

的な場面も分析対象とする。双方の場面で見られたジェスチャーの同期を扱うにあたり重要なことは、どのような場面であっても、その場の文脈に基づいてその場に応じた行為を行なうという「参与者たち participants」の用いるやり方は共通なことを示すことである。「やり方は共通」という言い方が含意しているのは、次のことである。すなわち、箸の使い方や自転車の乗り方のように、そのやり方（使用法）には決まったものがあり、その時々で与えられた道具に応じて用いることができる。私たちが外で食事をする際に、家で毎日使っている箸と異なる長さや太さの箸を使うことになったからといって、箸が使えなくなることはないであろう。それは、私たちが、さまざまな状況においても対応できるような箸の使い方を習得しているからである。ジェスチャーの同期においても、さまざまな状況に応じたジェスチャーの同期を達成するやり方があるはずである。ジェスチャーの同期を相互行為において組織される現象として分析するという立場からは、参与者がその場で行為を構成するためにジェスチャーを行なったのであれば、それはどのような場面であっても同じように扱うことができる。

　留意すべきなのは、研究者自身が分析する上で当該データを何についてのデータとして分析するのかである。さまざまな相互行為場面を扱う上で、どのような場面であったかを明確にした上で、その中での自然に生起するジェスチャーの同期を本書では扱う。相互行為における自然に生起するジェスチャーを研究対象とし、人びとが実際にどのようにタイミングを測り表現を調整させているかを定性的に示す方法を採用することで、人びとが相互行為において実際にどうジェスチャーを重ね合わせているのか、重ね合わせることでどのような「効果」がもたらされるのかを明らかにすることが可能になる。

　また、ジェスチャーの同期を扱うにあたり、本書では、3人以上の会話から分析対象を抽出している。第3章第8節で述べるデータの中には、やや統制的な場面として大学の演習内で実施された実験的環境における会話もある。この場面設定では、従来の心理（言語）学的研究で多用される2者会話ではなく、3者会話として設定

されている。伝（2013: 4）によると、「参与者が2人から3人に増えるだけで多様性は一気に増す」。会話における発話順番交替においても、会話者が2人か3人以上かで、発話順番の順序付けおよび発話順番の分布の多様性といったことが、意味をもつかどうかが変わってくる（2人であれば意味をもたない）（サックス・シェグロフ・ジェファソン，2010: 56–60）。さらに会話における参与枠組み participation framework（Goffman, 1981）についても、話し手と発話の宛先となる者 addressee という2者会話に1人加わると、直接の宛先ではない者 side participant としての参加役割が生じることになる。こうした会話への参加の仕方や参与枠組みの変化の多様性が生じることから、3人以上の会話は多人数会話と呼ばれて2者会話と区別される。本書では、3人以上の多人数会話におけるジェスチャーの同期を分析対象とすることで、多様な参与枠組みの中で用いられるジェスチャーの同期を検討していく。

　これまで、振る舞いを重ね合わせる過程を追い、それがどのような行為に寄与しているのかを明らかにした研究も散見されるが、実際の相互行為で一音一音発せられる語、刻々と空間に刻まれるジェスチャーの産出過程に迫った研究はまだそれほど多くはない。本書では、相互行為が行なわれている中で、2人以上で1つの参加機会（スロット）を埋めるときがどのような場面で生じるのか、その過程および行為によってもたらされる「効果」を明らかにする。この目的のために相互行為において達成されるジェスチャーの同期を研究対象とする。そして分析に際して用いるのは、第3章で紹介する「会話分析 Conversation Analysis」である。

　この時点で注意しておきたいのは、会話分析の分析対象は会話そのものというよりはむしろ、会話の中で交わされる行為（相互行為）の秩序を明らかにするための研究プログラムということだ。つまり、発話を構成する言語そのものの分析をするための手法ではない。会話分析においては、発話を構成する語彙的・音声的な特徴だけでなく、ジェスチャーや視線、姿勢などの身体動作も相互行為を構成する資源として取り扱われる。また、いま会話分析は「会話」の相互行為秩序を探究する研究プログラムであると述べたが、分析

対象はけっして「会話」に限定されているわけではない。

　会話分析の創始者の1人であるSchegloffは、さまざまな機会に会話分析の対象が「相互行為の中のトーク talk-in-interaction」であると述べている。会話分析の学問的背景であるエスノメソドロジーは社会学の一領域であるから、多種多様な社会的活動が相互行為によって組織されるやり方を射程に収める。そしてそうした社会的活動のうちかなりの部分が、人びとのトークを組み込んでいる。たとえば会議や討論、医療の診察場面、法廷の審議、教室での授業、飲食店での注文、学会報告、こうしたさまざまなトークを組み込んだ社会的活動において、それぞれ固有の発話交換システム speech-exchange system（Sacks, Schegloff and Jefferson, 1974＝2010）*6が存在し、会話分析はそれらすべてを対象とする。第3章で述べるが、本書で用いるデータもそのすべてが日常会話の遂行自体が主要な目的ではなく、特定の目的を遂行するために組織される社会的活動からとられたものも多い。会話分析はこうした、種々の社会的活動がトークのやりとりを通じていかに成立しているのかを解明してゆく。

　会話分析が優れているのは、相互行為の積み重ねの実際をデータに基づいて示していることと、参与者の振る舞いによって相互行為が秩序だったものであることを立証していることである。会話分析が分析の資料として提示するのは、実際のデータに基づいて書き起こされた転記資料（トランスクリプト）である。トランスクリプトを作成するときには、録音／録画された会話を体系だった転記方法（Jefferson, 2004）によってできるだけそのままの形で書き起こす。重要なのは、書き起こすときに発話内容の意味論的な整合性を書き起こす側が考えて、発話の一部分を削いだり補ったりすることなく、ピッチやイントネーション（抑揚）、わずかな間などの音声的特徴、参与者間の発話の重なりもできるだけそのままの形で書き起こすことである。このトランスクリプトが分析に大きな役割を果たすことを、簡単な例を挙げて説明しよう。

(1-1)［anime02-耳］
```
01      A：耳は¿
02         (0.3)
03      C：耳は隠してる帽子被ってる＞から＜［こ:::     ］hh
04      A：                        ［°なるほ(h)ど°］
05  →   B：hhhhh［.hそ ］こポイントやな.h［h    ］
06  →   C：   ［んで：］           ［°ん°-］んで,
07         荷物取りにきました：みたい＞な感じ＜で来て：,
```

上のトランスクリプトでは、「¿」が弱い上昇調の抑揚を、数字が沈黙の秒数を、「＞＜」が速く発せられていることを、「［」が発話の重なりの開始を、「］」が発話の重なりの終了を、「：」が語尾の引き延ばしを、下線が強調されている音を、「°°」が小さく発せられた音を、「h」および「(h)」は笑いを、「.h」は吸気音を、「.」は下降調の抑揚を、「,」は継続を示す抑揚を示す（詳細は第3章第7節を参照）。

断片1-1は、BとCが事前に見たアニメーションの内容をAに説明し、それをAが記憶するという課題の1場面である。アニメーションの登場人物である猫が、自分の正体を隠すためにホテルのベルボーイに扮したことを断片1-2の直前にCが述べた直後に、Aが「耳は¿」と質問をする（01行目）。するとCが「耳は隠している帽子を被ってる＞から＜こ:::」と答えている（03行目）。Cの返答に対してAが「°なるほ(h)ど°」と言った（04行目）直後にCとBは笑う（03、05行目）。その直後に、Bの「.hそ」という発話と、Cの「んで：」という発話が重なる（05–06行目）。しかし、Cが先に進むことを示す継続標識の後に何も続けずに発話を止めていることで、それ以上重なった状態が続くことを阻止している（06行目）。重なった後に生き延びたBの発話が完了し、その直後のBの笑いに重ねてCは再び「°ん°-んで,」と発話し始め、アニメーションの内容の説明を再開する（06–07行目）。これは、06行目の最初に重なった「んで：」を繰り返すことで、中断された発話がやり直されたものである。しかもCは、2度目の継続標識を発するときに「ん」を2回言うことで、「で：」が重ならない形で産出することを可能にしている（「発話の重なりoverlap」と発話順番

冒頭部における語句の繰り返しについての詳しい分析は Schegloff (1987) を参照）。

　以上のように詳細なトランスクリプトをもとにすることで、どの時点で発話の重なりが生じ、どの時点で解消されているか、そしてどの位置からどのような形で発話が再開されているのかを記述することができ、発話順番冒頭部の重なった個所とその直後にみられる参与者の調整された振る舞いが明らかになり、相互行為が秩序だっていることを目の当たりにすることができる。こうした相互行為の秩序を示すために会話分析では、分析者の解釈に基づくのではなく、トランスクリプトに記された参与者たちの発声の様子や発話の位置関係に基づいて分析が進められることに留意されたい。そもそも、会話に参与している人たち自身が、会話の中で対話者が発する言葉や身体動作を観察し、分析しながら対話者がどのような行為をしているのか、それに対してどのような行為を返すべきなのかを考えて行為を産出する。トランスクリプトが示すのは、人びとが会話において互いに見聞きすることのできる行為と行為の連なりである。つまり、彼らにとって認識可能である行為を詳細に記述すること、それらの接続位置を参照することで秩序を明らかにするというやり方は、参与者たちの視点からの分析であり、人びとのやり方を探究するのにふさわしい分析手法であるといえる*7。

4. 会話分析に依拠した相互行為研究

　ここまで、ジェスチャーの同期を研究対象とする上で、それが何なのか、なぜ研究する必要があるのか、どのような手法で研究を進めるのかについて述べてきた。この先、本書の中で解明されていくことは、どのような学問領域にかかわり、貢献していくことを目指しているのかを、説明しておく。

　詳しくは第2章で論じるように、同時に同じ振る舞いを行なうことは、人間以外の種にも観察され、人間においては多様な部位について、個人内および個人間、さらには集団内での同期現象が見られることが、生物学、非線形科学、神経科学、情報工学、心理学など

で明らかにされている。本書は、こうした異分野横断的な研究対象である「同期」を、会話分析を用いて分析する。その成果は、「人間とは何か」について、行動を分析することで迫ろうとする心理学を始めとする行動科学の諸分野に還元されるはずであると筆者は考えている。

　一方で、本書は、研究手法として採用した会話分析自体への貢献も視野に入れている。会話分析は、人文・社会科学のみならず情報学や工学でも採用される研究手法でありながら、1つの学問領域を形成する存在（Sidnell and Stivers, 2013）である（第3章にて詳述）。会話分析という研究プログラム自体、さまざまな領域とつながっている。そして、会話分析は、会話の分析のためだけの研究プログラムではなく、実際のやりとりが秩序だっていることを示すのに優れた研究プログラムである（高木・細田・森田，2016；串田・平本・林，2017）。人びとが、その場やその状況に「合わせて」行為を接続し合うことができるのも、分析者がそのやりとりを参与者に寄り添った形で（相互行為の内部から）記述することができるのも、やりとりによって相互行為秩序が維持されているということ、そして、あらゆるやりとりを通じて、その秩序は見出されうるからにほかならない。本書が、会話分析を用いたジェスチャーの同期の記述によって、このことを適切に示すことができたのであれば、相互行為を研究対象とする領域、人間の社会性を探究するような領域、学問で言えば、言語学、社会学、人類学、コミュニケーション学、もちろん、先述の心理学にも貢献しうる。

　本書が明らかにする相互行為における「同期」は、多くの読者が思い浮かべるような「生物の社会性の基盤となる理論」とは、かけ離れているかもしれない。少なくとも、筆者は本書の中で、理論構築をしようとはしていない。やや論点先取をすれば、研究対象である「ジェスチャーの同期」は、そのつど、その場に即した、合理的なやり方で組織される。それらの「やり方」の構造を抽象して論理的に形式化した理論モデルを打ち立てるということは、本書では行なわれない。筆者の研究関心は、人びと（読者のみならず筆者自身も含む）が、その場やその状況に「合わせて」どのような振る舞い

をするのか、その組織のされ方にある。したがって本書では、この組織化の一端を示す。具体的には、人びとが誰かとなんらかの活動にたずさわっているとき、（1）相手に、（2）活動に、（3）その場の環境に、（4）活動の前後にある（はずの）別の活動に、（5）自身に可能なことに、「合わせて」どのような振る舞いをするのかをつぶさに観察し、ジェスチャーの同期自体の達成過程およびその相互行為上の効果を記述していくことを通して、人びとにとって「同じ」を生み出すことの意義に迫ることが、本書の方針である。

　本書は、人間の行動を探究しようとする多くの人びとに届くことを願っているが、「ジェスチャーの同期」という研究対象の狭さ（微視的さ）と会話分析特有の「記述」の言い回しなどで、会話分析に不慣れな人には不親切な部分もあるかもしれない。とはいえ、量的な研究手法のみでは明らかにすることが困難な現象としてジェスチャーの同期の存在を示し、その分析方針を会話分析に基づいて定めることで、その達成過程と相互行為上の効果を明らかにすることは、同期・模倣研究や相互行為における身体研究の新たな方向性を示すことができるはずである。この方向性は、異分野融合研究を推進していく上でも参考になる点があるであろう。

5．本書の構成

　本書の構成は次の通りである。第1章では、研究対象の説明と「相互行為における同期現象」を会話分析で扱う意義を示すことで、同期・模倣研究および相互行為・コミュニケーション研究についての筆者の問題意識を述べた。第2章では、同期研究および人間行動の同調・模倣に関する先行研究を概観し、（1）従来の研究は、相互行為の外部から現象の同時性や同形性を定義し、計測・判定する研究が大半であることを示した上で、（2）人びとの相互行為において現象がどう生み出され、どう作用するのかを明らかにするためには、相互行為の内部からの分析を基本理念とする会話分析が有用であることを述べる。第3章では、研究方法として採用した会話分析の学問的背景と基本的概念を紹介する。その後、会話分析の研究

領域においてジェスチャーを扱う枠組みを整理し、本書の分析方針を明示した上で、取り扱うデータの収録状況等について述べる。第4章では、ジェスチャーの同期についてわかりやすい例を分析し、ジェスチャーの同期が達成される際に観察できる特徴を示す。その後、ジェスチャーの同期を可能にする身体的・物理的資源について論じる。加えて、ジェスチャーの同期本体にて生じる共同産出者間のジェスチャーのずれについて考察し、操作的定義に依らずに人びとにとっての同期を探究する必要性を示す。その上で、同期達成の条件は満たされていたにもかかわらず、表現が不一致であった例を分析し、人びとにとってのジェスチャーの同期とは何かについて考察する。第5章では、会話分析的手続きに則り、ジェスチャーの同期が達成される相互行為上の位置について分析し、整理する。第6章では、ジェスチャーの同期によって達成される行為・活動について検討し、整理する。第7章では、ジェスチャーの同期の「同時性」「同形性」という性質を利用することによって生じうる相互行為上の効果について検討し、整理する。第8章では、これまでの分析と考察をまとめ、本書から得られる知見の意義および今後の展望について述べる。

---

*1 本書では、人びとが何かに方向づけられて言葉を発したり、手を動かしたりすることで行為を構成するときの、方向づけのことを志向と呼ぶ。相互行為を行なうにあたり、人びとは目の前の相手の振る舞いから相手が何に志向しているかを知る。たとえば、あなたが友人とケーキを買いに行ったときに、ショーケースを前にして「いちごのショートケーキが売り切れているね」と友人が言ったとしよう。友人のその行為は、ショーケースに陳列されているどのお菓子でもなく、いちごのショートケーキに方向づけられ、そしてそのケーキがショーケースにないことをあなたと共有しようとしていることをあなたは理解するだろう。その理解に基づいて、あなたは「そうだね」と受け取りを示したり、「食べたかったな」と受け取りを前提として売り切れたケーキに対する残念さを示したりという行為が可能になる。より詳細な説明は西阪（2008b: 75）を参照のこと。

*2 本書では、友人同士の会話、大学の演習などで実験者に課せられたやりと

り、職員会議、観光中のやりとりなどの日常のさまざまな場面でみられる人びとのやりとりを、総じて相互行為と呼ぶ。本書で扱う相互行為の多くは、読者にとってはコミュニケーションと呼ぶ方が理解しやすいものかもしれない。学問領域に言及する際を除き、あえてコミュニケーションという用語を避けているのは、いわゆる送信者による物事の意図的な「伝達」と受信者による「推論」もしくは「解釈」を経た伝達内容の受容といった「コミュニケーションモデル」の在り方に違和感を覚えるためである。コミュニケーション研究によくみられる、行為を行動と意味の二重体としてみる見方（ゆえに研究者は、人が行動を目にした際に意味を推論したり解釈したりといった過程を認知的に処理していると、想定しなければならない）の問題点については、西阪がRyle（1949）やWittgenstein（1958＝1976）の議論をもとに日本語会話の例を分析しながら論じているので参照のこと（西阪、1995;1997など）。また、コミュニケーションモデルにおいて自明とされている送信者（話し手）と受信者（受け手）という固定的な会話の参加役割に疑義を呈し、人びとの会話への参加は、発話の統語論的配列を通して、さまざまな形でそのつど認識可能になるものとして組織されていることを明らかにしたものとして、串田（2006）を参照のこと。

＊3　本書では、会話中の人びとの役割を区別するのに、基本的には話し手 speakerと受け手 recipientを用いる。ただし、先行研究に準じる場合や、分析対象とする活動においてよりふさわしい役割で記述すべきと判断した場合は「語り手」、「聴き手」といった語を用いる。

＊4　本書では、practiceの訳語として「やり方」を用いている。西阪（2008b）ではやり方（プラクティス）、高木・細田・森田（2016）では実践（プラクティス、とルビが振られている）のように用いられている。

＊5　Sacksらは、「会話のための順番交替の組織 the organization of turn-taking for conversation」と呼んでいる。本書では、会話のための順番とは発話の順番のことであるため、発話順番交替と呼ぶ。

＊6　発話順番交替システム turn-taking systemと混同しないよう注意されたい。発話交換システムは発話を交換して行なわれる活動のことである（サックス・シェグロフ・ジェファソン、2010: 7（訳注））。発話順番交替システムは、会話という活動における発話の交換のために利用される1つのシステムであると考えてもらいたい。

＊7　人びとが互いの行為をどのように理解し、その結果どのような行為を接続しているのかについては、串田（2010）がわかりやすく示している。

第2章
「同じ」をめぐる先行研究

　本章の目的は、相互行為におけるジェスチャーの同期を研究する意義を学術的に示すことにある。まず、同期現象について、時間関係、動作内容（形・パターン）が分析上どう扱われてきたのかという軸から検討する。次に、本書の新規性と独自性にかかわる整理として、相互行為の「外部／内部」という視点を導入し、相互行為の内部から同期現象を分析する意義を主張する。そして、ジェスチャーの同期について具体例を示しながら、ジェスチャーが同期する一瞬だけではなく、なぜ、その過程を分析する必要があるのかを論じる。最後に、研究対象を「ジェスチャーの重ね合わせ gestural matching（Lerner, 2002）」と呼ばず、あえてジェスチャーの同期と呼ぶ理由を説明することで、本書が異分野融合的な同期研究の発展に資することを述べる。

1.「同時」に行なわれる「同じ」振る舞い

　同期という現象は、無機、有機を問わずさまざまな存在物において観察できる。生物においては、個体内に見られる内的同期（たとえば、臓器間における同期）と、個体と環境との間に見られる同期がある（Strogatz, 2003 = 2005）。Strogatzの区別によれば、本書の対象は後者の同期の中でも、同種個体間の同期に含まれるため、まずは同種個体間の同期を対象とした研究を概観する。

　同期が複数の行為主体によってなされるものである以上、複数の振る舞いの間には必然的に時間的な前後関係（一致も含む）が生じることになる。ある動きのタイミングが一致しているものは、「同期／シンクロナイゼーション synchronization」*1の語の下に幅広く研究されている。シンクロナイゼーションで重要視されるのは時

空間的な調整であり、ホタルの周期発光（Buck, 1938）やコオロギの鳴き声（Walker, 1969）、魚の群れの泳ぐスピード（Partridge, 1981）、離着陸時に見られる鳥の羽ばたき（Ward, Axford, and Krause, 2002）のような、時空間に表出される一定にの動きのパターンが、ある範囲内の同種個体間で一致していく現象がこれにあたる。人間では、姿勢（Bernieri and Rosenthal, 1991）、身体動作（Condon and Ogston, 1966; Condon and Sander, 1974）*2、拍手（Néda, Ravasz, Vicsek, Brechet and Barabasi, 2000）などにおける動作パターンの一致傾向*3についての研究がある。こうしたある動作についての時空間的な調整が一致する傾向は、同期した当人の意図にかかわるのではなく、生物がそれぞれ有する振動子のリズムが互いに引き合うことにより生じるとされている。

　応用数学や物理学の分野ではさまざまな同期を生み出すモデル（たとえば蔵本モデル（Kuramoto, 1984; Strogatz, 2000）が提唱され、シミュレーションを通じて同期のメカニズムが検討されている。現段階で明らかになっているメカニズムをもとに、生物学では同期がもたらす機能の解明（たとえば、Buck, 1988）が進められており、電子工学や医学ではレーザーや送電システム、ICや心臓のペースメーカーなどへの応用が実現している（生物、人間、または物理的な同期現象の発見からそのメカニズムの解明、応用に至るまでの研究の幅広いレビューとしてStrogatz, 2003＝2005を参照のこと）。

　シンクロナイゼーションと同様に幅広く研究されている対象として「模倣 mimicry/imitation」がある。模倣とは、動作のパターンないし表現・形状がすでに成立しているときに、その後に同様のものが産出される現象である。動作パターンが同じ、という点はシンクロナイゼーションと重なる部分もあるが、すでに表出されたパターンを「真似る」という点に焦点化している部分が相違点である。模倣を扱う研究では、真似る際の時間関係ではなく、研究対象となる動作パターンないし表現・形状の一致が重要視されている。語彙選択（Garrod and Anderson, 1987）や統語（Branigan, Pickering, and Cleland, 2000）、姿勢（Chartrand and Bargh, 1999; LaFrance,

1982; LaFrance and Broadbent, 1976)、貧乏ゆすりなどの癖（Chartrand and Bargh 1999; Lakin, Chartrand, and Arkin, 2008）表情（Bavelas, Black, Lemery, and Mullett, 1986; 1990; Field, Woodson, Greenberg, and Cohen, 1982; Meltzoff and Moore, 1977; Provine, 1986; Strack, Martin, and Stepper, 1988）、手や腕を用いたジェスチャーによる表現（Kimbara, 2006; Holler and Wilkin, 2011）などの模倣研究が知られている。

　模倣研究においては、人間による模倣の発達的・社会的機能が問われてきた。養育者と乳児による身体動作の模倣研究では、模倣が他者とのコミュニケーションの仕方を学ぶことに役立つとされている（Meltzoff and Moore, 1994; Condon and Sander, 1974）。成人同士の模倣研究からは、社会的なラポールの形成（Bernieri, Reznick, and Rosenthal, 1988; Bernieri, Davis, Rosenthal, and Knee, 1994; Bernieri, Gillis, Davis, and Grahe, 1996; Grahe and Bernieri, 1999）、双方の積極的な関係性の表明（Lakin, Jefferis, Cheng, and Chartrand, 2003）、対話者への手助けや優しさの提示（van Baaren, Holland, Kawakami and van Knippenberg, 2004; van Baaren, Holland, Steenaert and van Knippenberg, 2003）などの効果が知られている。

　「模倣」概念に mimicry/imitation のどちらをあてるかは、各研究者の裁量にゆだねられてきた。この2つの用語の両方を含意するものとして、収斂 convergence や一致 congruence という語を用いる研究者もいる（たとえば、Scheflen, 1964; Giles and Smith, 1979; Trout and Rosenfeld, 1980; Kimbara 2008）。

　シンクロナイゼーションと模倣は、同時に扱われることもある一方で、区別して用いるべきとの提言もある（たとえば Bernieri and Rosenthal, 1991; Richardson, Marsh and Schmidt 2005）。Richardson, Marsh and Schmidt (2005) は、シンクロナイゼーションの先行研究においては時間的な相互調整が問題になってきたのに対し、模倣の先行研究においてはタイミングよりも表現の一致やそれに伴い生じる社会－認知的効果（たとえばラポールの形成や共感の促進）に焦点が当てられてきたと整理している。このように

シンクロナイゼーションと模倣では振る舞いの調整に関して捉えようとしている側面に違いがある。

2. 相互行為の外部から分析した「同じ」振る舞い

　前節のシンクロナイゼーションと模倣の区別に関する議論は、研究者による操作的定義や研究者が有する興味・関心に基づいたものであった。本書で焦点を当てたいのは、実際に同期を生み出す者たちにとって、同時に同じ表現をすることがどのようにして達成され、それが彼らにとってどのような効果をもたらしているのか、である。ここまで先行研究として挙げてきた研究群の視点を「相互行為の外部から分析する」、本書の視点を「相互行為の内部から分析する」と、ここでは呼んでおこう。本節では、本書の研究対象であるジェスチャー表現を対象としたシンクロナイゼーションおよび模倣研究を概観することで、これらの研究視点について整理する。

　ジェスチャー表現が対話者のそれと同期する、もしくは模倣されることに関する研究群は、ジェスチャーが対話者への理解や同意や結びつき affiliation を示すといった会話への強い関与を表すことを主張してきた（de Fornel 1992; Tabensky 2001; Kimbara, 2006; 2008; Streeck, 2009a; Graziano, Kendon and Cristilli, 2011; Holler and Wilkin, 2011）。以下、相互行為の外部、という表現が含意するものを想像しやすくするために、各研究を簡単に紹介しよう。

　de Fornel（1992）は、フランス語の2者会話を対象に、話し手のジェスチャーを、受け手がその直後の話し手として利用する「再発するジェスチャー return gesture」について分析した。話し手が具体的な事物を手の形や動作によって表し、その直後の話し手が再発するジェスチャーを産出する様子を分析することで、de Fornelは、ジェスチャーが会話の文脈を形成しうることを指摘した。Tabensky（2001）は準実験場面における英語、スペイン語、チリ語の2者会話おける語 word とジェスチャーの繰り返しおよび言い換え rephrase の分析を通して、似た形状のジェスチャーを後続の話し手が産出することは通文化的に見られることを指摘した。また、

ジェスチャーの形状や共起する語の（部分的）変化を観察し、後続の話し手が新しい解釈を示したり、先行する話し手が用いた語とジェスチャーとの結びつきを自らの産出した発話に収斂させたりすることを指摘した。de Fornel（1992）や Tabensky（2001）が示した特徴は、母子間の会話にも見られる（Graziano, Kendon and Cristilli, 2011）。

　Kimbara（2006）は、英語で行なわれたアニメーション再生課題（第3章第3節参照）英語または日本語で行なわれたや日常会話における2者会話におけるジェスチャーの模倣 mimicry の分析を通じて、①ジェスチャーを模倣することによって対話者同士が会話における共通基盤（Clark, 1996）を構築すること、②模倣の過程からジェスチャーの意味を参与者たちがどのようにやりとりしているのかのメカニズムが考察可能なこと、③相互行為において相手を見ながら自らの行為を調整し、共同行為を達成する資源としてジェスチャーが利用できること、の3点を指摘した。自らの質的分析を踏まえて Kimbara（2008）は、実験的な環境で2者会話を収録し、ジェスチャーの手形を定量的に分析することで、互いに見える状況では、参与者たちが共に同じ内容を叙述し合うときに、互いによって生み出されるジェスチャーの手形が影響し合うことを示した。

　相互行為の外部から分析するジェスチャーを対象とした模倣の研究群が共通して明らかにしてきたことは、共同産出者たちは相手と同じ表現をするにあたって、相手に合わせることに志向しているという事実である。本書で取り扱うジェスチャーの同期も、参与者たちによって成し遂げられる同期の一種なので、この点は共通している。しかし、本書ではさらに進んで、そうした事実を可能にしている参与者たちが行なう手続きに迫ろうとしている。

　また、いま説明した研究群においては、相互行為をしている参与者にとって「同じ」振る舞いといえるかどうかという視点が見過ごされている。つまり、似た形状のジェスチャー（同じ振る舞い）を産出するという判定をあくまで研究者側が行なっている。たとえば、ジェスチャーが同時に産出されたとして、その形状が多少異なっていても参与者らは「同じ」と捉えているものに対して、研究者の定

めた判断基準に満たない部分(たとえば「形状が多少異なっている」)があったとしたら、それは、分析対象にさえもならないのである。このことから、相互行為において参与者たちがどのような資源(言葉、文脈、手の動きなど)を手がかりとして、2者間で似たジェスチャーを産出するに至ったかの過程を明らかにしているとは言い難い。

そして、同じ振る舞いを「同時」に行なうことについての検証や考察がほとんどされていない。たとえば、de Fornel (1992) は同時性に起因する効果については言及していない。Kimbara (2008) は共同で語りを行なっている場面全体において産出された、同じ内容について表現したジェスチャーの手形を対象としてジェスチャー表現が参与者間でどのように収斂していくかを検証するために、産出された時間位置については考慮しないという前提を表明している。

本書で扱うのは、外部(研究者)から研究者(もしくは研究者が依頼した分析者)が評定、もしくは、参与者が研究者からの求めに応じて事後的に評価した結果とジェスチャーの同期の程度との相関関係ではない。相互行為において人びとが発言やジェスチャーを用いて表現を構成するときに、参与者たちがどのような調整を行なっているのか、それによって達成される社会的行為や相互行為上の効果が何かを扱う。つまり、人びとが話したり、ジェスチャーをしたりすることによってそのつど相手に働きかけたり応じたりする動きの中で、特に実際に相互行為に参与している者たちが「合わせる」ことを志向したときに生じる相互行為を研究対象とする。

なお、「matching」という語は、心理学の分野では「行動のマッチング」という概念において用いられてきた。行動のマッチングの研究では、シンクロナイゼーションで重要視されるリズムの一致ではなく、一緒に何かを行なうという対話における流れや、相手と似た行為を行なうことにかかわる心的変化の相関関係が重視されてきた (Bernieri and Rosenthal, 1991)。本書が直接の先行研究として依拠している社会学者のLerner (2002) が、心理学で用いられるマッチングとは異なる意味でmatchingという語を用いていることには留意されたい。

3. 相互行為の内部から分析した「同じ」振る舞い

3.1 唱和的共同産出とジェスチャーの同期＊4

当該場面で1度も行なわれていないジェスチャー表現が、話し手と受け手との間で同時に「共同産出 co-production」される現象を最初に詳細に分析したのは Lerner（2002）である。Lerner（2002）は、まず、2人以上で言葉が唱和的に共同産出される現象 choral co-production を分析し、その産出過程と相互行為における利用のされ方を明らかにした。そして、ジェスチャー表現も発言と同じように同時に重ね合わせられ、行為として用いられていることを指摘した。

本書で分析対象となる現象は、Lerner（2002）の仕事に端を発するものである。Lerner は、唱和的共同産出に関する分析を体系的に行なったあと、ジェスチャーの同期も同じように扱えることを述べるために、2つの断片を鮮やかに分析してみせた。唱和的共同産出に関しては、先行研究が蓄積されている（Lerner, 2002; Hayashi, 2003；串田, 1997b; 2006＊5）。本節では分析上必要となる概念である、「高められた投射可能性」「発話権の緩み」「同期によって生じる相互行為上の効果」について述べる。

唱和的共同産出に関する先行研究は、言葉を重ね合わせるに際してどのようなことが言われそうかだけではなく、特定の語句までもが同期を試みる受け手に予測可能になっていなければならないことを明らかにしている。たとえば「東京へ向かう際、京都からのぞみに乗ったら、次の駅は」と人が言うのを聞いたなら、次に「名古屋」という名詞が発されることが予測できるであろう。このことが予測できてはじめて、偶然に頼らずに音声を重ね合わせることが可能になるはずである。ジェスチャーの同期の場合、事情はより複雑である。というのも、たとえば「猫」がジェスチャーで表現されそうなことがわかったとして、ジェスチャーでその「猫」をどう表現するのかは前もって決まっていない。話し手は登場人物（行為者）の視点 character-viewpoint（McNeill, 1992）から両手を軽く握った状態で前脚に見立て、自分の頬の横で小刻みに上下に動かしてみ

せるかもしれない。あるいは観察者の視点 observer-viewpoint（McNeill, 1992）から指一本で猫を表し、その猫が歩いた経路を描くかもしれない。加えて、ジェスチャーによる表現がいつ始まるかも明確でない。話し手が創発的に組み立てるようなジェスチャーの場合、これらの事柄の予測はかなり困難なものになるはずである。

以上のように、同期を達成しようとする対象がジェスチャーである場合、受け手は特定の表現対象のみならず、その対象をどう表すのかをも予測できている必要がある。Lerner の言葉を借りるなら、特定の対象がどう表されるのかに関する投射可能性が、通常の状態より「高められている enhanced」（Lerner, 2002: 229）必要がある。Lerner（2002: 244-249）が分析したのは、相互行為上で視覚的な表現を行なうことが適切であるような参加機会が与えられ、この参加機会でジェスチャーの同期が生じる例である。たとえば、話し手が特徴的な髪型で有名な人物の名を挙げるが、その髪形自体はまだ表現していない場合に、その次の参加機会で髪型を視覚的に表現することが適切になり、ここでジェスチャーの同期が生じる。

唱和的共同産出の先行研究では、あるタイミングで発せられそうな語句やジェスチャーについての予測についてだけではなく、2人以上で話すことのできるような参加機会（第3章第5.3節でスロットと呼ぶ）がどのようにしてできるのかについても述べられている。会話においては、話し手が1人で発話する権利（発話権 speaker's entitlement）を得て、基本的に1度に1人が話す（詳細は第3章第2.1節参照）。しかし、この発話権は話し手によって緩められる re-laxed 場合がある（Lerner, 1996; 2002 ; 串田, 2006）。

3.2 予備的分析　ジェスチャーの同期の組織化と相互行為上の効果

複数人で同時に同じ語句を発するためには、どのタイミングで特定の語句が発せられるかがわかること、一時的に発話権が緩んで、複数人で発話する機会が生じることが必要である。そしてジェスチャーの同期が成し遂げられる場合は、発話権の緩みに加え、視覚的に表現することが適切となる連鎖的な参加機会が生じる。では、

それらを通じて達成される同期は、相互行為においてどのような効果をもたらすのであろうか。1つ例を見てみよう（転記記号は第3章第7節を参照）。

(2-1) ［Grestaurant- ほうれんそう］
((食事中の女性4人，男性1人の会話の1部分.))
```
01      まお   ：（・・・・）にあんなこと言われたって＝
02                 ＝もし言ったら
03      さき   ：hあ，［そ う 言 わ れ た ｡そう｡］＝
04      ののか ：   ［¥そうほうれんそう¥っぽい．］
05      さき   ：＝ほうれん［そう］
06      まお   ：        ［ほう］れんそう＝
        〈さきがストローから口を話して姿勢を変化させ始める〉
07      あかり ：＝な↑にほうれんそうって＝
```

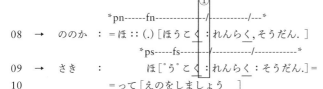

```
08  →  ののか ：＝ほ::(.)［ほうこく：れんらく,そうだん.］
09  →  さき   ：  ほ［｡う｡こく：れんらく：そうだん.］＝
10             ＝って［えのをしましょう    ］
11      あかり ：     ［へえ::::::      ］
12      内村   ：     ［へえ：ほうれんそう.］
```

就職して数ヶ月のまお、さき、ののかは、新人研修で「ほうれんそう」が大事だと教えられたという話で盛り上がっていた（01–06行目）。大学院生のあかりは、「な↑にほうれんそうって」と質問することで、「ほうれんそう」について知らないことを表明している

(07行目)。その問いに対して、ののかとさきが声をそろえて返答している（08-10行目）。

　ののかとさきは、発言に合わせてジェスチャーを3回繰り返す。「報告、連絡、相談」のそれぞれの語を言い始めるタイミングで左手を少し持ち上げながら指を折り、言い終えるタイミングで指を折り曲げた手を小さく前に突き出すというリズムを刻むジェスチャーを産出する。ジェスチャーの開始は、それぞれの単語の1モーラ目（「ほ」、「れ」、「そ」）である（fnとfsおよびそれぞれのスラッシュが、08、09行目の発言のタイミングと対応している）。

　最初に、視覚的に表現することが適切になる連鎖的な参加機会について述べよう。「報・連・相」という略語を新人研修で教えられたという3人（まお、さき、ののか）に対して、その意味内容を知らないあかりが質問している。「ほうれんそう」を構成する音調は、野菜のホウレンソウと同様である。つまり、「報・連・相」を知らない者は、「ほうれんそう」が「報・連・相」という3つに区別でき、順序関係も内包するような構造を有することを知らない*6。ゆえに、この場においては、たんに「報告・連絡・相談」と言うだけでなく、「発言と合わせて順番に指を折ってみせる」ことがあかりの問いに適切に返答するやり方となっている。

　さらに、この断片における同期の達成に関わる振る舞いについて4点挙げておこう。まず、ストローで飲み物を飲んでいたさきは、あかりの発話終了とほぼ同時に姿勢変化のスピードを速める。次に、ののかによる「ほ::」（08行目）というやや長めの引き延ばしは、発話の産出が滞っているものとして他の参与者にとって認識可能である。発話順番の産出に問題があることが明らかなとき、その話し手の発話権は緩められる。ののかの引き延ばしは、たんに発話の非流暢さを示すだけでなく、さきにとってはあかりの質問に応じるための準備を整える時間を確保することができる機会（ジェスチャーの同期を成し遂げるための拡張された機会）にもなる。そしてさきは、ののかが「ほ::」（08行目）と引き延ばしている間に、ストローを持っていた右手を離して手を振り上げて、振り上げの終了間近で「ほ」と発する（09行目）。その上で、ののかは、さきの

「ほ」と同時に手を前に突き出し、間髪入れずに「ほうこく」と発する。

以上から、さきがあかりの質問に答えようとする志向性と、ののかがさきと共同であかりへの答えを構築しようとする志向性が観察できる。その後、ののかとさきは発言とジェスチャーの両面において同期を達成しており、このときの産出リズムの一致は、まさに2人で足並みをそろえて返答することができることを表している*7。

この時点でジェスチャーの同期を成し遂げることの明らかな相互行為上の効果としては、以下のことがいえるであろう。まず、「ほうれんそう」について知っている者たちが知らない者たち*8に対して、共同で説明することが可能になっている。次に、「新人研修」を受けたという経験を有する者（知っている者）同士として振舞うこともできている。まお、さき、ののかの3人は、それぞれ違う会社に勤めているので、一緒に研修を受けたわけではない。にもかかわらずジェスチャーを同期させることができるという事実を鑑みると、同じような経験を有する者たちの間の連帯感を際立たせることも可能にしている考えられる。

4. ジェスチャーの「同期」という用語について

第1章でも簡単に触れたが、Lernerのいう「ジェスチャーの重ね合わせ」と本書のジェスチャーの同期は、ほとんど同じ現象である。Lerner（2002）によると、ジェスチャーの重ね合わせは、成し遂げられた同期（Lerner, 2002: 253）の一種である。したがって、本書の研究対象をジェスチャーの同期と呼ぶこと自体は、Lernerが探究する方向性と大きく違わない*9（むしろ、きわめて近い）。それにもかかわらず、あえて「同期」と呼ぶのはなぜかについて述べたい。

いま、ここで述べてしまうのは、時期尚早なのかもしれないが、ジェスチャーの同期は、1度生じると、2度、3度と生じやすくなる可能性がある。そして、ジェスチャーの同期が生じうる機会の増加傾向は、その場で行なわれている相互行為自体の構造と関連する

可能性があるかもしれないと筆者は考えている。こうした傾向の分析は、むしろ従来の同期・同調研究が得意とする領域であろう。

本書では、人びとがそれぞれの場面に固有の目標をかなえたり課題に対処したりする中で達成される「ジェスチャーの同期」を分析し、それらをもとに、その場の人びとにとっての「同じ」を生み出す体系的な、繰り返し利用可能なやり方を明らかにすることを目的とし、今回は現象の頻度や増加傾向については扱わない。本書で目指されることは、外部からの判定をもとに「同時性／同形性」を扱ってきた従来の同期・同調研究が捨象してきた振る舞いの中に、相互行為の参与者にとって「同じ」とみなされてきたものがあることを具体的に提示することである。

しかし、この傾向について筆者は、今後探究されていくべき対象だと考えている。「ジェスチャーの同期」と呼ぶことで、今後、「外部」から観察する同期研究との融合により、実態が解明されやすくなるかもしれない。その希望を「同期」という用語に託している。

5. まとめ

第2章では、「同時」に行なわれる「同じ」振る舞いを研究対象とする上で必要な先行研究の整理と、本書で分析していくジェスチャーの同期に関して重要な概念を紹介した。まず、多くの生物で、同種個体間における「同時」に行なわれる「同じ」振る舞いが観察されることを示した上で、人間においては相互行為の外部からと内部からの視点による研究成果が蓄積されていることを概観した。次に、本書では、人間の相互行為の内部からの視点による、人びとがジェスチャーの同期を達成するやり方を明らかにしていくことを述べた上で、これまでに会話分析を用いて明らかにされてきた唱和的共同産出とジェスチャーの同期を可能にしている諸条件（高められた投射可能性、発話権の緩み）を確認し、ジェスチャーの同期が成し遂げられることにより得られる効果を簡単に述べた。最後に、筆者が本書でジェスチャーの「同期」と呼称する理由について述べた。

*1 一般に、この段落で紹介している研究群は同期を対象としている。しかし、本書では、第2章第4節で述べるようにやや特殊な事情で研究対象を「ジェスチャーの同期」と呼称するため、それと区別するためにシンクロナイゼーションと呼ぶ。
*2 Condonは相互作用者間における身体動作のシンクロナイゼーションをentrainmentと呼んでいる（たとえばCondon and Sander, 1974）。日本語では、引き込みとも呼ぶ（渡辺・大久保、1998など）。
*3 同調傾向と呼ばれることもある（長岡、2006を参照のこと）。
*4 本項の一部には、城・平本（2015）の一部を転載し適宜改変した内容が含まれる。
*5 串田（1997b; 2006）では、ユニゾンと呼ばれている。基本的には、唱和的共同産出と同じ現象を指す。
*6 インターネットで「報・連・相」を検索してみると、「報・連・相よりも相・連・報」といった記事がみつかる（2017年10月時点）。これらは、「報・連・相」の語呂の良さだけではなく、順序関係にも志向した造語であると思われる（「相・連・報」は「報・連・相」と対比させることで、まず相談をして効率の良い方法を見出し、密に連絡を取り合った上で、最終的に報告をして業務を完了させることを念頭に置いた順序関係だと考えられる）。
*7 断片2-1は、本書の分析でいうと第4章第2節、第5章第2節、第6章第1節、第7章第2節と関連が深い。また、詳しくは論じられないが、第4章第4節と第5節にも関わる。
*8 質問をしたあかりだけではなく、内村も知らない者であるため、複数形で表現している。
*9 ただしLernerが、同期という語の有するであろう科学的な法則性のようなイメージを排除し、徹頭徹尾、人びとの社会的営みとして行為を記述するために「重ね合わせ」という語を選んだのだとしたら、その点は異なるかもしれない。

第3章
研究方法とデータ

　第2章では、研究対象であるジェスチャーの同期について理解を深めるために、まず、同期・同調研究、模倣研究、特にジェスチャーの模倣に関する先行研究を概観した。次に、相互行為の「内部／外部」からの視点について言及し、本書では相互行為の内部からの視点に基づきジェスチャーの同期を分析する方針を述べた。

　本章では、相互行為の内部からの視点に基づき分析を進めていく上で重要な指針と研究方法を与えてくれる会話分析について述べる。まず、会話分析が生み出されるに至った経緯を紹介し、本書の分析にかかわる基本的概念を説明する。次に、相互行為の組織化に資するジェスチャーの分析を進めるために、言語とジェスチャーとの関係に焦点化した研究、および会話分析における視線またはジェスチャーに焦点化した研究を紹介する。ジェスチャーの同期を分析するために必要な諸概念を説明し、本書の研究姿勢の根幹でもあるジェスチャーの認識可能性について述べる。最後に発言とジェスチャーの様式的特徴を確認したあと、分析のための転記方法とデータの概要について説明する。

1. 会話分析

　会話分析とは、社会学の一分野である「エスノメソドロジー Ethnomethodology」から生まれた分析手法である。エスノメソドロジーはその名が示すとおり、人びとの (ethno) 方法論 (method) を探究する学問である。エスノメソドロジーは、日常生活を営む人びとが何気なく行なっているさまざまな行為がどのようなやり方で行なわれているのかを解明することによって、それぞれのやり方がいかに秩序だっているのかを明らかにすることを目指す。

エスノメソドロジーを出発点として、会話に参与している者（参与者）によって、会話がどのようなやり方で達成（組織化）され、そしてその組織化がいかに秩序だっているのかを明らかにする研究方法が会話分析である。

　第2章では、分析におけるトランスクリプトの有用性を説明した。同じトランスクリプトを用いて、会話分析が、相互行為の秩序を明らかにすることに長けていることを示そう。

(3-1)［anime02-耳］（断片1-1再掲）

```
01        A：耳は¿
02           (0.3)
03        C：耳は隠してる帽子被ってる＞から＜［こ：：：    ］hh
04        A：                         ［°なるほ(h)ど°］
05   →    B：hhhhh［.hそ  ］こポイントやな.h［h     ］
06   →    C：    ［んで：］            ［°んｰ°］んで,
07           荷物取りにきました：みたい＞な感じ＜で来て：,
```

　第1章ではBとCの発話が重なった後に、主にCがどのような調整を行ない、説明を再開する（05、06行目）かを確認した。Cは確かに、「んで：」で発話を中断することでBとの発話の重なりを最小限に抑え、Bが話し終えそうな位置で2度目の継続標識を発するときに「ん」を2回言うことで、自らの発話がBの発話と重ならない形で産出することを可能にしている。しかし、このような1度に1人が発話するという秩序だった振る舞いは参与者たちには「当たり前」であるがゆえに、それを行なう際にはトラブルでもない限り、その「当たり前」さは、参与者たちには意識されないであろう。つまり、この「当たり前」が達成できるのは「目の前に見えてはいるのに気づいていなかった seen but unnoticed」（Garfinkel, 1967: 37）振る舞いによってなのである。このような、我々が「当たり前」のようにできることが、どのような方法によって成り立っているのか解明することを目指す学問が、エスノメソドロジーである。

　会話分析は、Garfinkel以外にもう1人の社会学者Goffmanから

も強い影響を受けている。Goffman（1963 = 1980）は、「すでに存在する（あるいはこれから存在することになる）集まり〔直接的に居合わせる2人以上の集合〕*1の空間的環境の全体（ゴッフマン, 1980: 20）」を状況と呼び表し、社会学において相互行為秩序 interaction order を探究する上で、実際に人が居合わせる場の、人の振る舞いと環境それ自体を分析の俎上に載せた。

エスノメソドロジーの影響下のもと、Goffman の洞察力と独特の叙述スタイルによる記述・観察の成果を取り入れながら生まれたのが、会話分析である。会話分析の創始者 Sacks は、「成員にとってそのようなものとして認識可能になるようになされた諸活動が、どうやってなされるか、そしてどのように認識可能になっているかを決めるような装置」（Sacks, 1972: 332）を見つけ出してゆくという研究方針を立てた。研究者が人びと（社会成員）の振る舞いの意味を解釈する前に、人びとはすでに互いの行為の意味を難なく理解し、相互の理解に基づいて相互行為を秩序だったものとして組織している。人びとは好き勝手に互いの行為の意味を解釈しているのではなく、互いにとって理解可能な行為を産出するための「形式的特性 formal properties」（Garfinkel, 1967: vi–vii）をもっているはずである。この考え方に基づき、会話分析者は主に発言に着目し、その形式的組織を調べてきた（たとえば発話順番交替組織や行為連鎖組織）。Sacks のあまりにも早い死の後、会話分析を牽引してきた Schegloff は、会話分析が扱っている主題について以下の（1）～（6）を挙げている（Schegloff, 2007）。

（1）発話順番交替 turn-taking
会話は、人びとが発話を交わし合うことによって成立している。人びとが発話の順番をどのように円滑に交替していくのかという問題を解決する手続きの体系を、発話順番交替組織と呼ぶ。

（2）行為の構成 action-formation
人びとはただ発話するだけでなく、発話を通じてさまざまな行為をしている。他者にも理解できる形で、行為はどのタイミングで、どのような資源を用いて、どのように組み立てていくのか、そして

受け手側はどのように理解をしているのかという問題を解決するために、会話分析では、厳密に、形式的に記述をし、行為とその行為に対する反応の連接関係を分析する＊2。

(3) 連鎖組織 sequence organization

発話（を通じて遂行される行為）は、たとえば「質問―返答」のようなまとまりとして認識される。このまとまりを連鎖 sequenceと呼ぶ。直前の発話とその次の発話とが、どのようにして一貫性 coherence を生み出すのか、そして、発話間の関係性にはどのような種類があるのかという問題を解決する手続きの体系を、連鎖組織と呼ぶ。

(4) トラブル trouble

発話はいつでも円滑に問題なくやりとりされるとは限らない。発話の産出（e.g. うまく言えない）、聞き取り（e.g. 聞こえない）、理解（e.g. 聞き取れたがよくわからない）についてトラブルが生じた際に、人びとがどのようにしてトラブルを検知し、修復するのか、それはどのタイミングで誰によってなされるのかという問題を解決する手続きの体系を、修復組織 repair organization と呼ぶ。

(5) 言葉の選択 word selection

私たちは、特定の行為をする際に、状況や相手に応じて、同じ行為をするにも異なる言葉を用いることがあるはずである。発話を組み立てる際に、どのような言葉を用いるのかという問題を解決する手続きの体系を、言葉の選択の組織と呼ぶ。

(6) 全域的構造組織 overall structural organization

相互行為において生じる諸活動には、始まりがあって終わりがある。たとえば電話会話は、通信が始まってからいきなり掛け手が用件を言う（たとえば子どもが親に「迎えに来て」と言う）ことはあまりなく、まずは「もしもし」を交わし合ってから、用件を切り出そうとする。用件が終わってからもいきなり電話を切るのではなく、「じゃあ5分後に」「またあとで」などが交わされてから終了する。このように、相互行為全体の中で、開始部、用件、終了部のような行為や活動の順序や構造がどのように生み出されているのかという問題を解決する手続きの体系を、全域的構造組織と呼ぶ。

上記の整理を踏まえ、串田（2010）は会話分析の発展について、次のような3つの主要な流れを整理している。

A：制度的場面の会話分析 conversation analysis of institutional settings
B：複数の感覚様式からなる相互行為の分析*3 multimodal interaction analysis
C：相互行為と文法 interaction and grammar

Aの「制度的場面の会話分析」は、特定の制度的な場面での相互行為が日常の会話とどのように異なるのかに焦点が当てられた、社会学的関心に基づいた研究群である。特定の制度的な場面とは、たとえば教室（Mehan, 1979）、ニュースのインタビュー（Clayman and Heritage, 2002）、医療場面（Heritage and Maynard, 2006；西阪・髙木・川島, 2008）などであり、制度的場面での相互行為をテーマにした論文集（Drew and Heritage, 1992；水川・秋谷・五十嵐, 2017）も刊行されている。

Bの「複数の感覚様式からなる相互行為の分析」では、分析に発言（聴覚）だけではなく、視線やジェスチャーなどの身体的資源（視覚や触覚）や、道具の使用、環境なども含めているもので、心理学や認知科学、工学の分野で探究されてきた関心と組み合わさることで学際的な研究領域へと発展している。第1章第2節でも述べたように、2000年代から研究が増え、2010年代に盛り上がりを見せており、2013年、2014年と *Journal of Pragmatics* 誌では相互行為における身体の重要性に着目した特集号が組まれている（Deppermann, 2013; Hazel, Mortensen and Rasmussen, 2014）。日本でも2011年に学術雑誌『社会言語科学』で「相互作用のマルチモーダル分析」という特集が組まれた（細馬・片岡・村井・岡田, 2011）。

Cの「相互行為と文法」では、連鎖分析の観点から実際の会話を用いて言語構造を分析することによって、従来の言語研究に新たな視点を提供している。Ochs, Schegloff and Thompson（1996）の

論文集タイトル『相互行為と文法 *Interaction and Grammar*』が言語学における一領域を示す呼称として用いられたのち、英語会話だけでなく日本語会話（Mori, 1999; Hayashi, 2003）、フィンランド語会話（Sorjonen, 2001）、ロシア語（Bolden, 2004）などをデータとして数多くの研究が蓄積された。2000年代以降は、文法のみならず言語現象一般を研究射程とする意味も込めて、相互行為言語学と呼ばれるまでになった（Fox, Thompson, Ford, and Couper-Kuhlen, 2013；横森，近刊）。

以上、会話分析がどのように生まれ、どのような研究をし、どのように発展してきたかについて述べた。次節からは、会話分析の基本的概念ついて説明する。

2. 会話分析の基本的概念

2.1 発話順番、発話順番交替

日常会話では、1度に1人が発話し、その後発話順番（turnもしくはturn-at-talk）が替わった後も1度に1人が発話する、という経験的事実が見られる（Sacks, Schegloff and Jefferson, 1974 = 2010）。このとき重要なのは、どの長さの発話を1つの発話順番とみなすことができるかに関する判断の体系的可能性自体が、規則により定められており、話し手が自由に決められる訳ではないということである。発話順番を構成しうる発話の単位のことを、発話順番構成単位 Turn-Constructional Unit（以下、TCU）と呼ぶ。TCUは少なくとも文（たとえば「今日は雨が降っているね」）、節（たとえば「いまから行くから」）、句や語（たとえば「何食べたい？」という質問に対する「ジューシーなハンバーグ」）といった統語的単位から構成されることがわかっている。

発話順番を取得した者には、少なくとも1つのTCUを完了させる権利が与えられる。この、最初の1つのTCUが完了しうる時点が、ふつう順番が交替してよい場所 Transition-Relevant Place（以下、TRP）になる。たとえば「今日は雨が降っているね」という文からなるTCUが完了しうる地点で発話順番交替の可能性が生じ、

他の者が「傘を持っていかなきゃ」などと話し始めることができる。いま「他の者」が順番を取得できると述べたが、TRPでは必ず「他の者」への順番移行が生じるわけではない。TRPでは、次の規則に沿って順番が参与者に割り当てられる。

（1）いま、任意のTRPにおいて
（a）現行発話の中に次の話し手を選択する要素が含まれているなら、選ばれた者が話し始める義務を負う。
（b）現行発話の中に次の話し手を選択する要素が含まれていないなら、現行の話し手以外の者が話し始めてよい。
（c）現行発話の中に次の話し手を選択する要素が含まれず、かつ規則（1b）が適用されなかったなら、現行の話し手が話し続けてよい。
（2）（1c）が選択されたなら、次のTRPにおいて（1a）〜（1c）が再び適用され、この取り決めは実際に順番交替が生じるまで保持される。

「次の話し手を選択する要素」というのは、「質問」や「依頼」などの隣接ペア（第2.3節）第一成分に加えて名前を呼ぶこと（Lerner, 2003）、視線（Lerner, 2003）、指差しなどの宛先を示すやり方を用いて、次の話し手を選ぶ技法を構成する要素である（たとえば「田中くん、そのペンとってくれる？」）。この要素が含まれたとき、選ばれた者が話し始めることになる（1a）。もし、次の話し手を選択する要素が発話に含まれていないなら、受け手の誰かが順番を取得してよい（たとえばA：「今日は暑いなあ」B：「夏だもの」）（1b）。そして、（1a）も（1b）も生じなかったとき、現行の話し手が話し続けるという選択肢が生じる（たとえばA：「今日は暑いなあ」（1秒あいて）A：「溶けてしまいそうだ」）。

このように、（1a）〜（1c）が優先順位をもっていることに注意しよう。この序列関係が存在するからこそ、複数の人が同時に発話を開始することはあまり生じず、たとえ生じた場合でもそれが重なったoverlapped状態として人びとに理解される。すなわちこの体系

的な組織が、「1度に1人が話している」状態が順番を交替しながら続いてゆくことを可能にする。

　第2章第3節でも触れたように、順番を取得した者には少なくとも1つのTCUを完了させる権限（発話権）が与えられる。この規則が破られたとき、破った者は発話に割り込んだ者として認識されることになるであろう。ただしこの規則（あるいは発話権）は、話し手の方から緩められる場合があることがわかっている（Lerner, 1996; 2002；串田，2006）。たとえば、ふたりである内容を共同で説明している場合を考えてみよう。次の断片3-2は、BとCが事前に見たアニメーションの内容をAに説明し、それをAが記憶するという課題の1場面である。アニメーションの登場人物である猫が、ビルの上階にいる小鳥を捕まえるためにシーソーのような仕組みを使ったと述べた直後にCが、「こう重りぴゅって投げて：,」と詳細を描写し始める（01行目）（トランスクリプト記号の説明は、第7節を参照）。

(3-2)［anime02-重り落として上がって］
```
01        C：こう重りぴゅって投げて：,(0.5)ぼん.
02            (0.4)
03        B：[で：(・・)]
04        C：[で：　反　]対側に落とし̲て：,
05            (0.4)
06   →    B：>で<自分は(.)その勢いで>こう反対側のっかっといて<＝
07   →    　＝ぼ：んって上がっ[て
08        C：              [>そう<空飛んで↓：
```

　Bと発話冒頭が重なったあと、Cは「反対側に落とし̲て：,」と言い（04行目）、0.4秒ほど発言しない。すると、BがCの描写の続きを話す（06-07行目）。このBの発話が、統語的にCの発話の続きとしてデザインされていることに注意しよう。他方で、Cは、「>そう<」と言ってBの描写を承認することを通じて（08行目）、自分の発話順番へのBの参入が正当なものだったことを認めている。この断片でみられるようなTCU産出中の中断が発話権を緩め、リ

スト形式（Jefferson, 1990）が他者の参入を可能にする手続きに利用される。

　発話順番が組み立てられている最中に他者が参入する、また、発話順番の続きを他者が「先取り完了 pre-emptive completion (Lerner, 2004)」することが組織されるには、たんに現行の話し手のTCU産出の権限が緩められるだけではなく、同時にどのようにして発話順番を引き取って終えたらよいかが受け手にとって十分にわかっている必要がある。たとえば、新しい話題を始める際、発話順番の冒頭でいくら言葉探し word search を行なっても、受け手にはどう引き取って終えたらよいかがわからないであろう。だが、発話順番の末尾で、容易に予測できる1つの語だけを残して話し手が発話産出をやめたなら、先取り完了は簡単なものになるはずである。リスト形式以外にも、引用形式（X said Y）、さらに条件節・理由節（if X, then Y や because X, Y）からなる「複合的TCU compound turn-constructional unit」（Lerner, 1991）なども、受け手に、次に何が生じそうかを十分に予測可能にするために使いうる手続きである。

2.2　投射と高められた投射可能性

　相互行為において参与者は、一定の時間的あるいは空間的幅を有する振る舞いが生起した際に、それが完了してから反応するのではなく、進行中にその振る舞いが次にどう展開するかを、これまでの振る舞いから予測し、自分の振る舞いを相手の振る舞いに接続してゆく。たとえば、発話においては、発話順番がTRPに到達してから順番交替を交渉していたのでは、発話順番と次の発話順番との間に切れ目が生じてしまう。しかし実際には、TRPに到達する前にその到来が予測できているからこそ、発話順番と次の発話順番とを切れ目なく接続してゆくことができる。ここで、このような予測を可能にする道具である「投射 projection」について説明しよう。

　私たちが言葉を発するとき、時間の進行の中で一音一音が出現し、言葉の終わりへと向かう。発話の各部分は、発話が進行するにしたがって、発話の各部分は、次にどのような音、どのような語が来る

のか、その発話はいつ終わるのかなどを、刻々と受け手に明らかにしてゆく。この明らかにしていくはたらきを投射と呼ぶ。いま、投射の説明をした1文において、主語が人ではなく「発話の各部分」であることに注意してほしい。誰がそれを発するかにかかわりなく、発話順番を構成する要素、たとえばTCUはその続きを予測可能にしていっている。TCUの場合、投射はたとえばTCUの型（文・節・句・語のどれなのか）と形状（どのくらいの長さなのか）(Schegloff, 1987) が、そのTCUによりどのような行為が行われるかなどを公的に（たとえば日本語を「知って」いる参与者であれば誰にとっても）*4 予測可能にする。加えて、特定の資源を用いることにより、投射可能性 projectability（投射の度合い）を操作することもできる。この操作の代表的な例が先にみた複合的TCUやリスト形式の使用などであり、これらにより発話順番がどのような軌道を辿りそうかが高度に予測可能になるからこそ、「先取り完了」が実現するのである。誰がそれを発するかにかかわりなく、発話順番を構成する要素が有する性質であるからこそ、投射は誰もが公的に利用することができ、それにより会話における順番交替―ひいては相互行為の中のトーク―が秩序だてられるのである。

　さらに投射可能性の操作は、会話において、特定の語句を会話において重ね合わせることをも可能にする。本書で扱うジェスチャーの同期と密接にかかわるので、ここで、発話の特定の部分を2人以上で重ね合わせる手続きについて触れておこう。通常、1度に1人が発話するという規則に従い発話順番交替を組織しているため、複数の参与者の発話は重なりにくく、重なった場合も、すぐさま発話の中断による一方の話し手の脱落が生じ、1度に1人の状態が回復される (Sacks, Schegloff and Jefferson, 1974 = 2010; Schegloff, 2000a)。しかしLerner (2002) は、こうした規則の中で、2人で1つのスロットを満たす場合があることを指摘している。たとえば、声を揃えて挨拶する場合や、複数の人が同時に答える場合（唱和的共同産出）などが、これにあたる。

(3-3)［blindDroom-C50円］
```
01        C：な［ん円か-  ］
02        A：  ［指定され］た.えっとひゃ-(0.3)く円>1枚<↑と：=
03   →       =1円1枚↑と：10円い(.)>あちゃう<［50円］(.)1枚.
04   →    B：                              ［50円］
```

　断片 3-3 は、3 人が直前に参加していた実験（「目隠し体験再生課題」の詳細は第 8 節参照）について話している場面である。この断片の直前では、A と B が C に向けて、財布から小銭を出す課題であったことを伝えていた。その後、C が「何円か-」（01 行目）と質問しかけたことについて、A はその質問を教示された内容（財布からどの小銭を取り出すのか）に関する質問と受け取り、まずは 100 円玉と 1 円玉をそれぞれ 1 枚ずつ取り出すように言われたことを説明する（02–03 行目）。だが A は最後の小銭として、正解である 50 円玉ではなく「10 円」と言う。続いて、おそらく「1 枚」の言いかけであろう「い」で発話を中断し、少し間を置いてから、「>あちゃう<」*5 と自分の間違いを早口で指摘した後で、「50 円」と正解を述べる（03 行目）。

　注目すべきは、この「50 円」を、同じタイミングで B も発していることである（04 行目）。Lerner（2002）は、数多くの事例を観察し、投射可能性を高める enhance ことによって唱和的共同産出が可能になっていることを指摘した。投射可能性を高める資源にはさまざまなものがある（Lerner, 2002）。言い換えれば、さまざまな資源を組み合わせることによってはじめて特定の言葉を重ね合わせることができるまでに投射可能性は高められる。断片 3-3 に即していえば、第一に、A は［小銭の種類＋枚数］という形式を用いてリストを構成し、100 円玉と 1 円玉を説明している。第二に、1 つ目のアイテム（100 円玉）と 2 つ目のアイテムの後に「と」という接続助詞を用いることにより、3 つ目のアイテムが産出されることを予測可能にしている。第三に、B は A と同じ実験に参加しているので、取り出すように教示された 3 種類の小銭のうち、残りが「50 円玉」であることもわかる。その結果、いったん A が間違えて

「10円」と言ったとき、BがAを手助けする機会が生じることになる（発話権が緩められる）*6。さらに、「い」での発話の中断（03行目）によりAが発話産出のトラブルを抱えていることが公的に理解可能になる（第2.4節の修復の説明を参照）。そのあとに、「あちゃう」によってその次の位置に「正解」である「50円」が発されうることがわかったとき、これらの資源を総合的に動員してBは、「50円」をAと重ね合わせる。このように唱和的共同産出とは、たんに結果として特定の言葉が物理的に重なり合うだけではなく、重ね合うことに志向した形で組織され、重ね合わせることにより相互行為上の効果—たとえば、正しいのは50円なのだと勘所を際立たせること—（第7章第2節参照）が生み出されるような手続きである。

　以上、発話順番交替組織が、1度に1人が話すという順番が交替してゆく状態を生み出しながらも、投射可能性の管理と発話権の緩みを伴って、1つの発話順番へ他者が参入することも可能にしていることを述べてきた。この発話順番交替組織が、参与者の行為と行為とを接続してゆくための基盤を与えることになる。だが、行為の交換自体は、発話順番交替とは独立の組織によって行なわれている。次に、行為の交換を可能にしている行為連鎖組織について説明しよう。

2.3　行為連鎖と隣接ペア

　「質問」や「依頼」、「挨拶」のような発話による「行為」は、なんであれ発話順番を基盤として行なわれる（たとえば、「いま何時ですか？」という発話は発話順番を基盤として質問という行為を行なっている）。そして特定のタイプの行為は、他者によって行なわれる対となるような行為と「交換」される。たとえば「質問」には「返答」が、「依頼」には「受諾／拒否」が、「挨拶」には「挨拶」が返ってくる。このような特定のタイプの行為同士の連なりを可能にするのが、「行為連鎖組織 sequence organization」*7（Schegloff, 2007）である。Schegloff（2007）によれば、行為連鎖のもっとも基礎的なものは隣接する2つの発話順番からなる「隣接ペア adjacency pair」である。「質問－返答」、「依頼－受諾／拒否」、「挨拶－挨拶」、「不平－受け入れ／拒絶」、「呼びかけ－応答」など、特定のタイプの行為が隣接ペアと呼ばれる。隣接ペアは以下のような性質を備える（Schegloff and Sacks, 1973 = 1989）。

(1)　2つの発話順番から成る
(2)　(1)は別々の話し手により発される
(3)　(1)は隣接する
(4)　(1)は「第一成分 First Pair Part」（以下FPP）と「第二成分 Second Pair Part」（以下SPP）に序列化される。
(5)　ペアの型は関連づけられている。

　(1)〜(5)を簡単に説明してゆこう。まず、(1)隣接ペアは2つの発話順番からなるが、(2)この2つの発話順番は別々の話し手により産出される。たとえば、「いま何時ですか？」という「質問」に対して「10時」と自分で答える者はいないであろう。もし自答するなら、「（時計をみつけて）あ、10時か」のように、答えを「見つけた」ことや「思い出した」ことが（つまり「質問」が無効になったことが）示されるはずである。次に、(3)2つの発話順番は隣り合う。すなわち、「質問」の後に「返答」が来るのであって、その間に関係ない発話が差し挟まれるべきではない。もちろん、実際には「質問」の直後に「返答」が来ないことも多々ある。だがそのような時は、「さっきの質問だけどさ、いまは10時だよ」のように、「返答」が「質問」に隣接すべきであったことが示されながら「返答」が組み立てられるであろう。繰り返し述べるように、会話分析が記述する対象は事実ではなく、事実をそのようなものとして理解可能にするための規範的な装置や人びとが採用している手続きである。隣接ペアの「隣接」は、2つの発話順番が隣接するという事実を述べたものであるというよりは、2つの発話順番が隣接されるべきものとして参与者に理解されているという志向性を表している。次に、(4)2つの発話順番はその相互行為上の位置として互換可能ではなく、最初に置かれるものがFPP、その次に置かれるも

のがSPPという序列が存在する。最後に、(5) FPPで行われる行為とSPPで行なわれる行為はどのような組み合わせでも可能な訳ではなく、「質問」は「返答」と、「挨拶」は「挨拶」といったように、ペアの型が関連づけられている。「質問」に対して「挨拶」は返ってこない。もしも「いま何時ですか？」に対して「こんにちは」と返したとしたら、「こんにちは」という発話は、行為連鎖上の違反として、もしくは親しい間柄における冗談として理解されるだろう。

　隣接ペアは、さまざまな場面で、さまざまなタイプを観察することができ、それらは実際的目的を遂行するために利用されている。断片3-4は、認知症高齢者を対象としたグループホームにおいて、介護職員が利用者それぞれの現状を理解し、それに基づく介助方針を立てるための定例会議からの抜粋である。

(3-4)［GH111109-クッションの位置］
((介護職員による定例会議．副施設長の浅葉が，ある利用者の就寝時の体位について懸念と介助方針を述べている．))
01 → 中平：　＞すいません．＜クッションの位置をどことどことどこに＝
02 →　　　　　＝入れるとか［::　　　［ゆっ［といてもらえると＝
03　　　 須戸：　　　　　　　　［↑ああ:［: .
04　　　 浅葉：　　　　　　　　　　　　　　［あ::::
05 → 中平：＝ありがたい［［です　］］　　　 FPP「依頼」(01, 02, 05)
06　　　 高杉：　　　　　　　　［［うん．］］
07 → 浅葉：　ほやなあ．　　　　　　　　　 SPP「受諾」
((浅葉がクッションを入れる位置について話し出す))

　介護職員の中平が、副施設長の浅葉に対して、利用者の身体に対してクッションをどのように差し挟むと利用者にとって楽な（褥瘡になりにくい）体位になるのかを説明してほしいと依頼している（01、02、05行目）。それに対して、浅葉は受諾し*8（07行目）、このあと利用者の身体に対してクッションをどの位置に入れるかについて話し始める。
　断片3-5は、長友、姜、郷が3人で京都観光をしている場面である。

(3-5) [Kyoto tourists- 岡崎神社へ]
((長友, 姜, 郷は平安神社の境内で全域図を見ている))
01　　　　郷　：どうしよっか↑な：
02　　　　　　　　(0.3) ((郷, 全域図から遠ざかり始める))
03　→　　郷　：＜岡崎＞：[：神社＝
04　　　　長友：　　　　[あっ
05　→　　郷　：＝行くんだったら岡崎神社に行った方が＝
06　→　　　　　＝＜いい＞[↑かも[：：：　　　　　　FPP「提案」(03, 05, 06)
07　→　　姜　：　　　　　[そう　　　　　　　　　　SPP「受諾」
08　→　　長友：　　　　　　　　　[＞うんうんうん.＜SPP「受諾」
((3人は, 応天門（出入り口）に向かって歩く))

　京都在住の郷が、同行者の長友と姜に対して、岡崎神社に行くのであれば、平安神宮の神苑に入らずに岡崎神社に向かった方がよいと提案している（03、05、06行目）。それに対して、姜と長友はそれぞれ同意を示して、郷の提案を受諾している[*9]（07、08行目）。

　断片3-4や3-5で見た隣接ペアは、会議における理解の深化や観光における次の目的地を決定することといったような、その場におけるやりとりの中核（ベース）となる行為を形成している。こうした性質の隣接ペアを、「基本連鎖 base sequence」と呼ぶ。実際の会話では、基本連鎖をめぐって、より複雑な行為連鎖も組織されうる。たとえば次の断片3-6をみてみよう。とある飲食店で、男女6人が、食事が終わってからどこへ行くかを検討している場面である。この断片の直前、寺里が動物園へ行くことを提案した後、それに対して郷が、席を外していた滝田の意向を伺うことを寺里に勧めていた。滝田が他のメンバーのもとに戻ってきた後のやりとり（断片3-6）は、滝田に動物園へ行くことを提案するもの、連鎖構造に照らしていうと、「提案－受諾／拒否」が中核となるものであるが、やや複雑な連鎖が積み重ねられている。

(3-6)［Kyoto tourists- 動物園へ］
((席を外していた滝田が戻ってきた.))
```
01        寺里：>°あのね°<
02             (0.5)  ((滝田,自席の椅子を引く))
03        寺里：滝田先生は：
04             (.)
05        滝田：はい.
06             (0.7)
07   ⇒    寺里：<動物>好き：？                        Pre-FPP
08             (0.3)  ((椅子に腰掛けて悠然と座る))
09        郷　：.ha ha hhh
10   ⇒    滝田：人間も含むんで[すか？               Ins-FPP
11        郷　：              [A HAHA   [↑ha↑ha=
12        姜　：              [fufufu↑fu
13   ⇒    寺里：                        [ええ((うなずく))  Ins-SPP
14        郷　：=↑ha↑ha[°↑ha°
15   ⇒    滝田：       [じゃあ好きです((頭を反らせながら)) Pre-SPP
16             ((郷,姜,楠田が笑う間,寺里と滝田がうなずき合う))
17             (1.0)
18        姜　：↑ha↑ha[↑ha
19        郷　：      [なん－どういう聞き方[なの(h).
20        姜　：                          [hhh  ↑h
21             (0.3)
22   →    寺里：じゃオッケ↓：だ↑ねえ[↑：
23        姜　：                    [A [HA
24   →    滝田：                       [どゆう－あっ
25             (0.5)
26        滝田：なるほど.((うなずきながら))
27             (0.7)
28   →    滝田：行きましょうか°ね°
```

　最初に、寺里が滝田に動物が好きかどうかを聞いている（07行目）。この、やや唐突な問いかけに対して、滝田はすぐに答えない。そのかわり滝田と寺里の間では、「人間も含むんですか？」（10行目）、「ええ」（13行目）という、質問の中身を確認するためのやりとりが生じる。寺里の質問の「動物」には人間も含まれることを確かめた上で、滝田は「じゃあ好きです」と寺里の最初の質問に答える（15行目）。

ここで、2つの行為連鎖が組織されている。まず、動物が好きかどうかについての質問（07行目）－返答（15行目）連鎖。この連鎖は、それ自体で「確認要求－確認」の隣接ペアを形成している。このような、やりとりの中核となる基本連鎖の「前置き」として組織される行為連鎖のことを、「前置き連鎖 pre-sequence」（Sacks, 1992a）という。前置き連鎖の SPP の返答次第では、やりとりの中核に進めないこともありうる。たとえば、もしここで滝田が動物は嫌いだという返答をしたら、寺里は動物園へ行こうという提案をすることができなくなるであろう*10。

　次に、質問の中身を確認するためのやりとりも、質問（10行目）－返答（13行目）連鎖を形成している。この連鎖の注目すべき点は、このやりとりが終わった直後に滝田が、07行目のBの質問への返答を行なう（15行目）ことである。質問の意味するところが確かめられた後すぐ返答を行なうことにより、滝田は、隣接ペアにおいて FPP と SPP が隣接すべきものとして扱われていることを示している。このような隣接ペア（07と15行目）の「間」に挟まれ、自らを挟み込むこととなる連鎖*11で行なわれる行為を遂行するために必要とされる仕事を担う隣接ペアのことを、「挿入連鎖 insertion sequence」（Schegloff, 1972; 2007）という。

　この断片が、隣接ペアと相互行為上の位置を説明するには複雑な構成にみえるのは、基本連鎖が産出されていないためである*12。寺里は、滝田に対して動物園へ行こうという提案をいっさいしていない。ここで、提案がないという記述が可能なのは、研究者側の判断に依るものではなく、断片の分析から導かれる。2点、根拠を述べよう。1点目は、隣接ペアの拡張には、「挿入」拡張以外にも「前」と「後」が存在するという事実である。「前」については前置き連鎖の説明をすでに終えた。「後」とはどういうものか。寺里が「じゃオッケ↓ーだ↑ねえ↑：」と言っていることに注意しよう。寺里の22行目の発話は、このやりとりで中核として行なわれることが、彼にとってはさも完了したかのようにデザインされている。すなわち、寺里の発話は、基本連鎖の「後」の第三の位置に置かれ、行為連鎖を閉じるはたらきを備える要素「連鎖を終了させる第三要

素 sequence closing third」（Schegloff, 2007）であるかのように組み立てられているのである＊13。

 2点目は、寺里の22行目の発話に対する滝田の反応である。寺里の発話が中核となるやりとりを終えたかのようにデザインされているがために、滝田は「どゆう－」（24行目）と疑義を呈しかけた。これは、寺里の物事の進め方に疑問を感じ、質問をしかけたといえる。しかし、途中でその発話を遮って「あっ」と認識に変化が生じた（ここでは、寺里の物事の進め方に合点がいった）ことを示す（Heritage, 1984）。そして、滝田は落ち着き払って、「行きましょうか°ね°」と言う。認識に変化が生じた後の滝田の発話は、断片内では1度も利用されていない「行く」という動詞が用いられていることに注意しよう。動物園に行くかどうかというやりとりは聞いていない滝田が「行きましょうか°ね°」と言うことは、本来行なわれるはずだった基本連鎖が「動物園へ行くという提案－受諾／拒否」であると理解した上で、その提案を受諾したことを示す振る舞いにほかならない。

 「何かが（い）ないという観察 negative observation」自体は、無数に行なうことができる。たとえば、昼食時に大学の食堂を訪れたら、メニューにパスタ料理がない、傘がない、食事をしている未就学児がいない…などなど。しかし、食堂を例として挙げた（い）ない事柄は、存在していてもいいし、不在でも構わないといったような個人的問題として解決できるのではなかろうか（たとえば、パスタが食べたかったけれどもメニューにないから諦めるなど。パスタが食べたいという欲求がなければ、不在でも構わない）。他方、動物園に行くことを友人に提案する相互行為において提案自体がないことは、本来あるべきなのにないという社会的問題として観察することができる。本来あるべき事柄の不在は、何かが（い）ないという観察における特別なケースとして、「人目をひく不在 noticeable absence」（または、公的な不在 official absence、関連性のある不在 relevant absence）と呼ばれる（Schegloff, 2007: 19-20）。

 このように、会話の中で行為を接続し、連鎖を紡いでゆくやり方には、それ自体の規則の体系が存在する。発話順番交替組織は、参

与者が居合わせる時間を切り分けて構造化する。行為連鎖組織は、切り分けられた時間に意味を与えて、参与者が理解可能な世界を形成する。発話順番という形で与えられた、行為を行なうための参加機会のことを、「スロット」という。ある発話が何を行なっているものとして理解されるかは、それがどのスロットに置かれたかということに常に依存している。言い換えれば、「発話の組み立て composition」（どのように組み立てられているか）だけではなく、その「発話が置かれる位置 position」が、行為の理解に決定的な役割を果たす。隣接ペアを例にとって考えてみよう。誰かと出会い頭に「おはよう」と言ったなら、それが出会い頭の最初の一声であるという「位置」と「おはよう」という発話の「組み立て」の2つの要素により、その発話は「挨拶」を行なっている可能性のあるものとして理解できるであろう。ところで、先述のように「挨拶」は隣接ペアのFPPである。このFPPに対しては「挨拶」というSPPが組み合わせられることが規範的に期待される。隣接ペアのFPPがSPPの生起を条件づけるこの規範的な拘束力を、「与えられた条件のもとでの関連性*14 conditional relevance」（Schegloff, 1968）という。

　ここで与えられた条件のもとでの関連性は、最初の「挨拶」の次のスロットに対して及ぼされることになる。もしここで、受け手が話し手の顔を見ながらも何も言わなかったとしたらどうであろうか。おそらくこのとき、話し手は受け手が「挨拶」を「無視」したものとして認識する（受け手側からの挨拶が人目をひく形で不在である）。この記述だけでは当たり前のことを述べているようだが、次のことに注意しよう。同じように言葉を発していないにもかかわらず、1人で食事をしているときは何かを「無視」したとは記述されない。この違いはあくまで、その振る舞いがどのスロットに置かれているかに依存している。すなわち、「挨拶 - 挨拶」の隣接ペアFPPの次の位置に置かれているからこそ、何も話さないという振る舞いは「無視」をしているものとして理解されるのである。

　スロットは物理的あるいは客観的な時間の幅を意味する訳ではなく、徹頭徹尾、発話順番交替組織や行為連鎖組織によって形成され、意味付けされる相互行為上のオブジェクトであることに注意しよう。

会話分析はこのように、振る舞いの行為としての理解可能性を生み出すために体系的に存在する仕掛けや装置、規則、手続きを記述してゆく研究プログラムである。行為を接続し、連鎖を紡ぐやり方を分析することで、「動物園へ行くことを提案し、受諾する」という一言ではまとめきれない、友人同士のどこかおかしみのある雰囲気を醸し出すやりとりが断片 3-6 で行なわれていることを明らかにできるのである。

ところで、断片 3-6 の挿入連鎖で行なわれていたことをもう 1 度みてみよう。挿入連鎖では、1 つの際立った振る舞いが頻出する。それは、直前の隣接ペアの FPP で行なわれたことの意味を質問したり確かめたりするような振る舞いである。挿入連鎖が組織されることによって、受け手は直前になされた質問に答えることが可能になっていた。相手が何を言ったかわからなかったり、何かを言い間違えたりしたとき、もしくは、自分の言葉が聞き間違えられたり、意味を誤解されたり、言葉がうまく出てこなかったりしたときに、互いに理解を共有できないという意味で、参与者の間には相互行為上のトラブルが発生しうる。この可能なトラブルを繕い、共通理解(＝間主観性 intersubjectivity)＊15 を打ち立てるためのやり方が、行為連鎖組織とも、発話順番交替組織とも異なる次元で体系的に存在する。次項ではこの組織の概説を行なう。

2.4 修復

相手の言うことが聞き取れないとき、あるいは聞き取れても何を言っているかわからないとき、また自分が何かを言い間違えたとき、言いたい言葉が出てこないとき、そこには相互行為上のトラブル源 trouble source＊16 が現出することになる。いったん何かがトラブル源として扱われたなら、そのトラブルは「修復 repair」されるべきものとみなされることになる。このような、会話の中の何らかの要素をトラブル源として見いだし、それを修復するための一定の手続きの体系を修復組織 repair organization（Schegloff, Jefferson and Sacks, 1977＝2010）という。

修復は一般に次の 3 つの過程を踏んで行なわれる。

(1) トラブル源の発生
(2) 修復開始
(3) 修復実行

次の断片 3-7 を例に説明しよう。

(3-7)［CF-japn1773 1:03-1:09- そっちのほう］
01 　　　A：.hh そっか：(0.2)
02 　　　　　ん：［：］［(たっ–)］
03 →　B：　　［そ］［　っ　］ちのほうはどう？　　トラブル源
04 ⇒　A：.hh え？　　　　　　　　　　　　　　　修復開始
05 　　　　　(.)
06 ⇒　B：そっちのほうは.　　　　　　　　　　　修復実行
07 　　　　　(.)
08 　　　A：元気だよ：¿げ［ん　気］だよ：
09 　　　B：　　　　　　　［(cya)］

　この断片3-7は電話会話の開始部からとられたものである。Bが「そっちのほうはどう？」とAに尋ねる（03行目）が、この発話はAの発話と重なって聞き取られない。するとAが「え？」と聞き返す（04行目）。これによりBの先行発話（03行目）が（1）トラブル源として位置づけられ、同時に（2）修復が開始される。なお、このような、トラブル源の範囲（たとえば先行発話のうちどの部分が問題なのか、また聞き取れなかったのか、理解できなかったのか、など）を限定しないような修復開始のやり方を無限定の修復開始装置 open-class repair initiators *17（Drew, 1997）という。修復はこのように、いくつかの修復開始装置を用いて開始される。この修復開始に対し、（3）Bが「そっちのほうは」を繰り返す（06行目）ことによって修復は「実行」され、共通理解が打ち立てられて、晴れてAが最初の質問に返答できるようになる（08行目）。

　この（1）から（3）の手順は、断片3-7のように話し手と受け手がやりとりしながら修復を行なう場合だけではなく、次の断片3-8のような、受け手とかかわらずに1人の話し手が1人で修復を実行する場合にも適用される。

(3-8)［CF-japn 1773 2: 26-2: 31- 団体帰れば］
01　　　B：mhuhhh　.h＞なんでその＜でもさ,=
02　　　　　　もうだっ –n– n–あ n– =　　トラブル源「だっ」修復開始「–」
03　　　　　　= でn–団体帰ればさ：,　　　　　修復実行「団体」

　この断片3-8ではBが、何度かつっかえながら「団体」という言葉を発している。この断片において修復開始装置とみなせるのは、「だっ」の後に生じたカットオフ（声門閉鎖）である（02行目）。カットオフが生じると、受け手には発話産出上のトラブルが生じたことがわかり、直前の音がトラブル源として位置づけられる。そして何度かの試みを経て最終的に「団体」と発したとき、修復が実行される（03行目）。つまりここでも、(1) トラブル源の発生 (2) 修復開始 (3) 修復実行の手順が踏まれている。容易にわかるように、修復の開始と実行はそれぞれトラブル源を発した者自身（自己）か、他者かが行ないうる。それゆえ修復は、(a) 自己開始自己修復、(b) 自己開始他者修復、(c) 他者開始自己修復、(d) 他者開始他者修復の4つのパターンで行なわれることになる。断片3-7は(c) 他者開始自己修復、断片3-8は(a) 自己開始自己修復の例である[*18]。

　以上、会話分析が「発見」[*19]してきた種々の手続きとその体系を簡単に説明した。こうした手続きは、次に話す者を決めたり（発話順番交替組織）、いくつかの振る舞いを相互に関連づけたり（行為連鎖組織）、相互行為上のトラブルが生じた際にそれを修復したり（修復組織）することを通じて、相互行為自体を秩序だてる。この、相互行為自体の秩序という考え方が、会話分析とそれ以外の相互行為の研究方法との間に存在する差異のうちでもっとも大きなものの1つである。

　相互行為はそれ自体の構造を有し、それに内在的な固有のやり方で秩序だっているが、このことはこれまでの社会科学の伝統の中で問題にされてこなかったと指摘したのはGoffman（1964）であった。会話分析は、この相互行為の秩序を成立させるために社会成員自身が用いている手続きややり方を相互行為のデータの検討から明

らかにしてゆく、経験的な「1つの研究分野 a domain of research」(Sacks, 1984) である*20。

本書で会話分析を採用するのは、ジェスチャーの同期が偶然に依るものではなく、秩序だったやり方で成し遂げられていることを明らかにするためである。また、本書でジェスチャーの同期の「効果」と呼んでいるものは、この、相互行為秩序の次元にかかわっている。主に心理学における先行研究が明らかにしてきた同期の社会－認知的効果、たとえばラポールの形成や学びの促進、社会的関係の表示、優しさの提示といったものと、本書は、この点で決定的に異なる。というのは、相互行為を成立させるために何が課題となるかは、他のさまざまな心理－社会構造的システム（たとえば人の性格、年齢、性別、社会の法システム、経済システム、などなど）とは独立した、まさに相互行為自体の問題だからである。たとえばどのタイミングで発話順番が終わるかを決めなければ発話順番を移行させることができないという課題は、誰が、いつ、誰と、どのような目的で話したのかといったこととは独立のものとして扱われる。この意味で本書は、会話分析の枠組みを用いることにより、たんにジェスチャーの同期達成過程を相互行為として明らかにできるというだけではなく、ジェスチャーの同期という「手続き」が相互行為秩序の形成にどう貢献しうるかという、既存研究の中でほとんど光が当てられていなかった知見を提出することを狙いとするものである。

3. ジェスチャー研究*21

3.1 ジェスチャーがどのように取り扱われてきたか

本節では、分析対象としてのジェスチャーがこれまでどのように扱われてきたかを概観する*22。心理学の分野では、言語以外の行動を非言語行動と呼んで区別し、非言語行動が個人の情動や動機づけといった内的要因を表出することを明らかにしてきた。Ekman and Friesen (1969) は非言語行動をその起源、機能、そして記号化の特性に基づいて5種に分類した。(1) はっきりと定まった意

をもち、言葉の代わりに用いられるエンブレム（標識）、(2) 発話に付随し、言葉の意味内容を補足したり強調したりするイラストレーター（例示子）、(3) 身体の状態を調節したり、身体を環境に適応させるはたらきを備えるアダプター（適応子）、(4) 出会いを方向づけたり、会話の流れを調整したりするレギュレーター（調整子）、(5) 感情表出に役立つアフェクト・ディスプレイ（情緒表示）である。

　ジェスチャーの形態が有する意味が、地域や文化の違いによってどう異なるのかという関心をもとに、エンブレムの比較をしたのがMorrisら（Morris, Collett, Marsh, and O'Shaughnessy, 1979）である。ヨーロッパの広域全域で同じ形態のエンブレムが多くみられるにもかかわらず、その意味は多様であり、共通した意味を有するエンブレムは1～2種類のみであることが明らかにされた。

　以上の研究では、ジェスチャーは手に限らず、身体的振る舞い全体を指すものとして扱われている。手に焦点化した「ジェスチャー」研究が目指しているのは、大別すると、発話産出モデルや知性の発達過程といった個人の認知機構の解明とジェスチャーが有する積極的な伝達機能の解明の2つである。それぞれの研究を紹介していこう。

　発話産出に焦点化した個人の認知機構の解明を試みたのがMcNeill（1992, 2005）である。1980年代から90年代、McNeillおよびその弟子たちは、アニメーション再生課題と呼ばれる、映像刺激（アニメーション）を視聴した被験者が聴き手にその内容を伝えるという実験データをもとにして、ジェスチャーの形態と意味との関係性を分類することに重点を置いていた。

　McNeillらが行なった分類は次の通りである。手の形と意味の間にあらかじめ決まった規則のないジェスチャーを「自発的ジェスチャー spontaneous gesture」と呼び、指差しのように何かを指し示すジェスチャーを「直示的ジェスチャー deictic gesture」と呼ぶ。自発的ジェスチャーの中でも、表現したい内容が具体的な事物で、それを手のかたちや動作によって表すジェスチャーを「映像的ジェスチャー iconic gesture」と呼ぶ。表現したい内容が抽象的なもの

の場合、「隠喩的ジェスチャー metaphoric gesture」と呼ぶ。しかし、McNeill はのちに、こうした分類ではジェスチャーの特質の1側面しか捉えることができないことを指摘し、ジェスチャーの意味や機能を探るには、ジェスチャーのタイプではなく、ジェスチャーの形状や空間・時間内での用いられ方や発話の文脈に着目すべきだと述べている（McNeill, 2005: 44）。

McNeill は発言とともに産出される手のジェスチャーに着目し、「ジェスチャーは言葉と共に思考を形作るのを助ける」（McNeill, 1992: 245）という洞察のもと、発言と手のジェスチャーは、1つの「成長点 growth point」という心的表象の単位から生成されると考えた。そのため、McNeill による発話の生成過程に関する理論は、成長点理論と呼ばれる（McNeill, 1992; McNeill and Duncan, 2000）。成長点は、その名の通り、心的表象の単位を出発点として、その内部にはイメージと言語が含まれている*23。成長点は先行発話や発話状況などが作り出す文脈との対比に基づいて、新しい情報を創造する時に生成され、イメージと言語間で相互作用を続けながら、のちにそれぞれジェスチャーと発言になる*24。

他方、人間行動学的に、言葉とは異なる伝達機能とジェスチャー自体が有する構造に着目したのが Kendon である。初期においては、発言に伴う手の動きだけでなく、視線、姿勢から眉の動きに至るまで多様な身体動作を詳細に分析し、各身体動作と発言との時間関係を明らかにし、コミュニケーションを対象とするさまざまな分野に影響を与えた（Kendon, 1972）。

Kendon は姿勢や頭部などの身体動作だけでなく、手を用いる狭義のジェスチャーにも着目している。Kendon は、ジェスチャーの現象をコード化したり、発生頻度を数えたりすることよりも、その状況に応じた相互行為の断片を注意深く観察することを目指し、構造的アプローチと呼ばれる方法でジェスチャーの時間構造を探究した。その結果、ジェスチャーが表現の核を形成する実行段階 stroke phase を中心とした構造（ジェスチャー単位）を有しており、さまざまな文化・地域の多様な文脈の中でどのように用いられ、それらにどのような機能があるのかを明らかにした（Kendon, 1972;

1980; 2004)。ジェスチャー単位については、本書の研究にもかかわるので、次項で説明しよう。

3.2 ジェスチャー単位

Kendon が提唱した「ジェスチャー単位 gesture unit」という概念は、現在、ジェスチャーのアノテーション手法として普及している。この考え方にしたがえば、手のジェスチャーは「休止位置 rest position」*25 と呼ばれる基準点から開始され、一定の段階を経て再びこの位置に戻ってくる（戻ってこない場合もある）。

休止位置から開始されたジェスチャーは、まず、「準備 preparation」の段階を経る（準備段階は現れないこともある）。たとえば、箸を持って何かを食べる表現をするなら、だらりと下がった腕を胸のあたりまで持ち上げ、開いていた手のひらを丸めて箸を持っているような形にするまでが、このジェスチャーの準備段階になるであろう。

この準備に続いて、表現の核となる部分が「実行 stroke」される。箸を持っているような形の手を口元まで持ってくる表現をしたなら、それがこのジェスチャーの実行段階になる。準備が終わって実行がなされる前に、準備の状態が「保持 hold」される場合がある。これは Kita ら（1998）が、「前－実行保持 pre-stroke hold」と呼んだものである。このようなジェスチャーの保持は、ジェスチャーが実行された後にも行なわれうる。これは「後－実行保持 post-stroke hold」（Kita, van Gijn, and van der Hulst, 1998）と呼ばれている。箸を持っているような形の手を、口元に持ってきた時点で動かさなければ、これが後－実行保持になる。ジェスチャーの実行段階に加えて後－実行保持が行なわれると、実行段階と後が結びついてジェスチャー表現の核 nucleus を形成する（Kendon, 2004: 112）。

ジェスチャーの準備から実行に至るまでのまとまりを、「ジェスチャー句 gesture phrase」という。最後に、実行されたジェスチャーは解除されて、休止位置に戻ってゆく。これがジェスチャーの「復帰／撤回 recovery/retraction」である。丸めていた指を開き、傾けていた腕の伸びを弛緩させて元に戻すのがそれである。ただし

この復帰段階は、準備段階と同様に省略されうる。ジェスチャーはしばしば休止位置に復帰しないまま、実行の後に別のジェスチャーが開始され、複数のジェスチャー句が連続して現れることがある。

ジェスチャーが復帰段階を経て休止位置に戻った時、準備から実行、復帰までのひとまとまりがジェスチャー単位を構成する。つまりジェスチャー単位は、ジェスチャーが休止位置から開始され、また戻ってくるまでの一連の流れからなる。

このようにKendonは、発話と共起するジェスチャーが、ジェスチャーそれ自体で構造化されていることを示した。本書では、ジェスチャーがそれ自体構造化されているという点においては、Kendonの主張に同意する。ただし、Kendonの主張と決定的に違うのは、この構造は、物理的／（研究者が言うところの）客観的というよりはむしろ、規範的なものであるということだ。たとえば相互行為の中で、研究者にとっては曖昧に、あるいは異なって見えるようなふたつ（以上）の振る舞いが産出されたとしよう。そのとき、産出した参与者たち自身がその曖昧さや異なりに志向していないとしたら、研究者側の判断は相互行為の分析にある意味でまったく寄与しない。では、どのようにすれば参与者の志向に基づいたジェスチャーの記述が可能になるのだろうか。次節から、会話分析における身体の取り扱いについて概観し、そのあと、参与者にとって認識可能な形式的特徴の記述という方向性について述べる。

4. 相互行為資源としての身体

第1節でも触れたように、会話分析においても、相互行為上の資源としてジェスチャー、視線、姿勢などの身体動作が重要な役割を担っていることがわかっている。会話分析において身体動作が分析対象となったのは、1970年代からである。Goodwin夫妻やHeathらが牽引してきた会話分析における身体動作の探究は、会話分析の創始者でもあるSacksやSchegloffにも大きな影響を与えた。詳細なレビューはHeath and Luff（2013）や城（近刊）を参照してもらいたい。本節では、ジェスチャーの同期を分析するのに重要な、

視線の分析およびジェスチャーや姿勢を対象とした形式的組織の記述について紹介する。

4.1　会話分析における視線の分析

相互行為における身体動作のはたらきを会話分析的に探究するのに、最初に取り上げられたのが視線である。*The Handbook of Conversation Analysis*（Sidnell and Stivers, 2013）において会話分析における視線研究の章を担当したRossano（2013）は、次の3つに大別してこれまでの研究と動向を紹介している。

(1) 会話への参加と視線の関係を扱うもの
(2) 視線が有する調整機能（例：発話順番交替における視線の役割）を扱うもの
(3) 行為の構成における視線の役割を扱うもの

まず(1)に関する研究を紹介しよう。C. Goodwinは会話への参加がどのように組織化されているかを調べるために、発話中の話し手と受け手の視線に着目した。話し手は発話中に、自分から視線を逸らしている受け手の視線を獲得するために、言い淀みや中断をするなどして受け手の注意を引き、受け手の視線が自分に向くと同時に発話を再開する（Goodwin, 1980）。このような視線の組織化は、医療診察場面における医師と患者とのやりとりでも観察されており、視線がどこに向けられているか、もしくはどこに向けられていないかは、活動の開始や維持をするために重要な相互行為資源となっている（Heath, 1986）。

(2)に関する研究の端緒は、会話分析にとってもっとも重要な論文の1つである発話順番交替組織論文の中にある。Sacksらは、質問などの隣接ペア第一成分を発する際に、宛先表現として視線を特定の参与者に向けることで、その人を次の話し手として選ぶことができると述べている（サックス・シェグロフ・ジェファソン, 2010: 70）。最近では、評価や情報提供などに対して受け手が反応を返さないとき、話し手が受け手を見つめることが、受け手から反応を引き出すために使われると報告されている（Stivers and Rossano, 2010）。

最後に、(3) に関する研究を紹介する。Rossano (2013) によると、この領域に関する研究は近年 Kidwell を中心に進められてきた (ibid: 322)。託児施設における乳幼児間のいやがらせ toddler harassment を観察した Kidwell (2009) によると、いやがらせを受ける子の視線移動は3種類の行為を構成しうる。(i) 職員 caregiver に被害をアピールするために職員を「見ること looking to」、(ii) 職員がやってきたのに「気づくこと noticing」、(iii) 職員にアピールするために職員を「探し出すこと searching out」、この3種類の行為は、それぞれ異なるやり方で組織化される。そして、いやがらせをする子は、彼らが認識している職員の状態（すでにいたのか、いま見つけたのか、もしくは、まだ見つけていないのか）との関連で、相手の視線移動が上記の3つのうち何の行為をしているか（あるいは何の行為を投射しうるのか）を区別し、その理解に応じた行為をする。たとえば、いやがらせを受けている乳幼児がその場にいない職員を探し出そうと視線を移動させるとき、いやがらせをする側の子は、手を止めずにいやがらせを続ける。

4.2　身体行動に見られる形式的組織の探究

ジェスチャーもまた、最初は話し手が受け手の注意を引くための資源の1つとして会話分析の研究対象であった（Goodwin, 1986; Heath, 1986)。その後、発言とジェスチャーの対応関係が注目され、コ系の指示詞は、共起するジェスチャーに視線を向けるよう受け手に働きかける性質を有すると報告された（Goodwin, 1986; Streeck, 1988; Hayashi, 2005b)。とりわけ C. Goodwin は、パートナーの M. H. Goodwin とともに、発言とジェスチャーおよび身体との関係を、文脈やその場の環境の中に埋め込まれたものとして捉える重要性を指摘している。社会学者 Goffman (1981) が提唱した会話における参与枠組み（第1章第3節参照）を身体および環境を含めて動的に組織化されるものとして換骨奪胎する試み（C. Goodwin, 2007b; C. Goodwin and M. H. Goodwin, 2004; M. H. Goodwin, 2006)、専門職に宿るものの見方の組織化（Goodwin, 1994 = 2010)、環境に連接したジェスチャーの組織化（Goodwin,

2007a）など、他にも多数の仕事を通じて相互行為資源としての身体を論じてきた。

　SacksとSchegloffにとって、相互行為における身体行動body behaviorの組織化もまた、研究関心の対象であった。Goodwin夫妻の身体動作を緻密に観察する研究に触発された＊26彼らは、発話順番交替組織論文（Sacks, Schegloff and Jefferson, 1974＝2010）を公刊した翌1975年、アメリカ人類学会で、身体行動の連鎖的組織化を形式的に記述した成果—あるひとまとまりの発言の開始・終了と元の位置home positionを起終点としたジェスチャーの組織化との関係性が、人種や文化を超え、多様な活動の中で確認されること（Sacks and Schegloff, 2002）—を発表した。

　Sacksがアメリカ人類学会の発表前にこの世を去った後、Schegloffは身体動作に見られる形式的組織の探究をいくつか行なっている。たとえば、空間的要素を表現するジェスチャーや映像的ジェスチャーは、「語彙と対応して発せられる性質lexical affiliate」を有する（Schegloff, 1984）。ジェスチャーの開始もしくはジェスチャー表現の核が実行されてから、ジェスチャーに対応する語彙が産出されるまでの区間は、「投射空間 projection space」（ibid: 278）を形成する。

　この投射空間は、さまざまな相互行為に利用可能な資源となる。たとえば、言葉探し中の話し手がジェスチャーをすることによって、受け手がその形状や動きに対応する（形状や動きが投射しうる）ような言葉を探そうとする（Hayashi, 2003; 2005b）、話し手のジェスチャーが開始されたときの動きや形状（認識可能なジェスチャーの準備）から、受け手が焦点となるジェスチャー表現を予測してジェスチャーの同期を達成する（城・平本，2015）ときなどに利用される。

　近年では、Lernerたちが、身体動作の形式的組織の探究を進めている（Lerner and Raymond, 2007; 2017; Raymond and Lerner, 2014）。特に、Lerner and Raymond（2007）の知見については、本書の議論の下敷きとなるので第6節で紹介する。本書の探究は、会話分析の創始期から受け継がれてきた相互行為における形式的組

織─参与者にとって認識可能であり、相互行為上の課題解決に資する手続きの体系─の記述を目的とした一連の仕事の末席に加わるものである。会話分析における複数の感覚様式からなる相互行為の分析では、しばしば、創始期から現在に至るまで会話分析で注力されてきた音声言語を中心とした分析と差別化した形で研究の有用性を示すことがある（Schegloff, 2009: 359）。しかし、参与者にとって認識可能な相互行為における形式的組織の探究という意味においては、会話分析という研究プログラムは最初から、音声以外の感覚様式や環境などとのかかわりについて、その射程に収めていたことに注意されたい（平本，2015；城，近刊）。

5. ジェスチャーの同期を記述するための諸概念[*27]

　本節では、第4章以降、ジェスチャーの同期達成過程および相互行為上の効果を論じるために用いる概念について説明する。

5.1　ジェスチャーによる投射可能性

　発話順番構成単位（TCU）による投射が、発話順番交替で重要な役割を担う。この投射が高められると、どのタイミングで特定の語句が発せられるかが参与者にとって予測可能になり、唱和的共同産出が実現することを第2章第3節および本章第2.2節で述べた。ジェスチャーもまた、投射可能性を有する。

　発言に先行する形でしばしばジェスチャーを産出させるという報告（Kendon, 1972など）の流れを受けてSchegloff（1984）は、発話された語彙と対応して発せられる性質について言及し、発言より早い位置に置かれるジェスチャーは発話順番のはじまりを投射することを指摘した（Schegloff, 1984）（第4節参照）。Schegloffが身体動作による投射をTCUがどのようにデザインされ、組み立てられるのかを探索に用いることを提案したのに対して（Schegloff, 1996）、Streeck（2009b）は、Schegloff（1984）が指摘したような語彙的な投射（どのような語句が次に来うるか）と行為の投射（どのようなことを次にしようとしているのか）の両方は区別可能

だと述べている。前者の例としては、言葉探し中の手や指をくるくる回すジェスチャーがある。Hayashi（2003）は、指示詞「あれ」と映像的ジェスチャーの相互彫琢 mutual elaboration の様相を記述し、それが探索対象となる語を投射し、特定可能性 specifiability を高めていることを明らかにした。後者の例としては、机上の資料を指で差したりペンを持ち上げたりすることによって次に発話順番を取得することを示す（Mondada, 2007a）などがある。

　ジェスチャーの同期にひきつけて考えると、これまでの会話および進行中の発話から、次の3つが参与者にとって理解可能でないと、ジェスチャーの同期は達成されない。第一に、ジェスチャーで何かを表現することが適切な状況であること。第二に、どのようなジェスチャー表現（手の形、動かし方、かたどる際のスケールなど）が次に来うるかということ。第三に、ジェスチャーの表現が適切となるタイミングで、2人以上でジェスチャーをすることが適切な参加機会となっていること。本書では、これらの条件*28 が満たされているかどうかを検証するための概念として、参加機会「スロット」、ジェスチャー自体が有する高められた投射可能性、そして「発話権の緩み」を本書では用いる。発話権の緩みについては第2章第3節で説明・紹介したので、次項では、スロットがジェスチャーをする機会にも利用されることと、ジェスチャー自体が有する高められた投射可能性について説明する。

5.2　ジェスチャーの同期と参加機会「スロット」

　相互行為において同じジェスチャー表現が同じタイミングで合うことの探究は、参与者たちが同時に重ね合わせることを試みている（志向している）という事実の記述からはじめるべきだというのが本書の立場である。このとき、同時性を計時によって何秒以内に生じたものだと定義することはしない。

　では、どのようにして参与者にとっての同時性を担保するのか。このことを明確にするために、会話分析で発話への参加機会を示すのに用いられるスロットという概念を援用する。Lerner（2002）はジェスチャーによる表現を通じて行為を行なうことが可能な連鎖

的なスロットが〔その場の相互行為の進行に応じて〕用意されることを指摘している（Lerner, 2002: 245.〔 〕は筆者による補足）。Lerner（2002: 245-246）が示した断片*29 を確認してみよう。

(3-9)［SARI（Angera Davis look）］(Lerner, 2002: 245-246 より転載)
01　　　A：...I have to (comb it), cause if I don't
　　　　　　私((髪))を梳かさないといけない、だってもしそうしなかったら
02　　　　　I'm gunna have that Angela Davis look,
　　　　　　アンジェラ・デイヴィスみたいになっちゃう,
03　　　　　［That　［went］out　［in the sixties.
　　　　　　あの60年代に出てきた.
04　　　C：［((hair［gest］ure　［onset by C))
　　　　　　((Cによるジェスチャーの始まり))
05　　　B：　　　［Woo］　　［hoohoo
　　　　　　わー　ひゅーひゅー
06　　　B：　　　　　　　　　［((hair gesture onset by B))
　　　　　　((Bによるジェスチャーの始まり))
07　　　　　(0.2)
08　　　　　((hair gesture onset by A))*30
　　　　　　((Aによるジェスチャーの始まり))
09　　　　　((some laughter at apex, then matched/concerted
　　　　　　((全員のジェスチャーが頂点に来た時に笑いが起こり,
10　　　　　decomposition if gesture))
　　　　　　ジェスチャーが合わさり, そして分解される))

　女性3人会話で、AがAngela Davis という髪型に特徴のある著名人の名を言うことで、大きなアフロヘアをほのめかす（02行目）。この言及は、人を指示したあとに描写的な詳述することが、［謎 puzzle + 解答 solution］という連鎖のように導入されている。ここでは、"Angela Davis look" と言う語句から、その後に来ることが期待される描写的な詳述として、話し手自身か受け手によって、その人の見た目（髪型）を表現することが適切な参加機会（＝スロット）が用意される。この断片においては、まず、受け手であったCが（04行目）、途中からB（06行目）とA（08行目）が続いて、自らの頭部付近に髪型を表現するジェスチャーを行なっている。行数としては複数行にわたってはいるが、"Angela Davis look" と言

う語句のほぼ直後にスロットがあり、そこに3人が次々と参加していることに留意されたい。

人びとが発話順番を取得するという形で1つの参加機会を得て、行為を差し出し、相互行為を進めていく中には、上の例のように、2人以上で1つの参加機会を満たすことができるようなスロットが用意されることがある。本書ではジェスチャーの同期を分析するために、(1) スロットの内部でジェスチャー表現を通じて行為を行なうことが可能であり、かつ、(2) 2人以上で1つの参加機会を満たすことができるようなスロットを中心的に扱う。

「2人以上で1つの参加機会を満たすことができるようなスロット」について理解を深めるために、断片3-10を見てみよう。以下は、あえてジェスチャーの同期が回避されたともいうべきケースである。

(3-10) ［trip memories01-淡路島］
01 　　C：淡路島ってどこに(h)¥あるかわかんな［い¥　］((笑いつつ高い音調))
02 　　B：　　　　　　　　　　　　　　　　　　　　［(h)　］

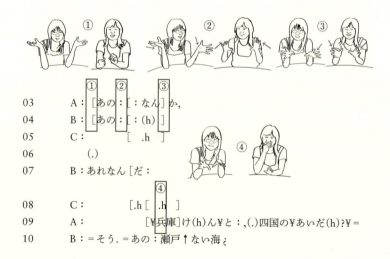

03 　　A：［あの：［：なん］か,
04 　　B：［あの：［：(h)　］
05 　　C：　　　　［　.h　］
06 　　　　(.)
07 　　B：あれなん［だ：
08 　　C：　　　　［.h［　.h　］
09 　　A：　　　　　　　［¥兵庫］け(h)ん¥と：,(.)四国の¥あいだ(h)?¥=
10 　　B：=そう.=あの：瀬戸↑ない海¿

3人は高校生のときに卒業旅行に行ったかどうかを話題にしている。断片3-10の前に、Aは卒業旅行で淡路島に行ったと述べてお

り、それに対してBは受け取りを示していた。他方、Cは淡路島についてよく知らないことを表明する（01行目）。このとき、Cは誰の方にも視線を向けることなく下を向きながら話しており、AとBの話についていけない者として、やや自嘲気味な態度を表明している。話についていけないというCの問題を解消しようと、AとBが同時に「あの::」と発し始める（03–04行目）。このとき、AとBの発話に伴うジェスチャーも同じようなものを表現しようとしているようにみえる（03–04行目：①②③）。ところがその直後、Bが一時的に物忘れをしたような振る舞いをして（07行目）、ジェスチャーを中断して（08–09行目：④）、結局AとBはそれぞれ単独で淡路島の位置を説明している[*31]。

　断片3-10のように、Cの理解の問題（理解に問題があるため、これ以上話についていけない）への対処は、会話における最優先の活動になりうる（サックス・シェグロフ・ジェファソン，2010: 83）。「淡路島ってどこに（h）¥あるかわかんない¥」という地理的情報を有しないことの表示は、その後に、ジェスチャーを用いて描写的に淡路島の位置を説明することが期待されてもよい[*32]。ところが、この会話の参与者にとっては、ジェスチャーを用いて説明をしてもよいスロットではあるが、2人で満たすものとして捉えられていなかったことが、発話の重なりを解消しようとする試み（発話途中であったにもかかわらず2人とも発話を中断し、Bに至っては発話を続けることの一時的な困難さを07行目で示している）からわかる。断片3-10のような例は、ジェスチャーの同期が生じうる連鎖的環境を検討する上で重要ではあるが、参与者たちが焦点となるジェスチャー表現を重ね合わせることを回避していると記述できるため、本書ではジェスチャーの同期が達成されたものとしては扱わない[*33]。他方、本書で中心的に扱うスロットが相互行為上用意され、2人以上で参加したにもかかわらずジェスチャーに差異が生じる場合もある。そのような例については、第4章第6節で詳述・議論する。

5.3　ジェスチャーの同期に利用される高められた投射可能性

　音声の同期である唱和的共同産出に関する高められた投射可能性については、第2章第3.1節および第3章第2節で述べた。同期を達成させようとする対象がジェスチャーである場合、受け手は何が表現の対象となるのかだけでなく、その対象をどう表すのかをも予測できている必要がある（「猫」の描写を例に挙げてジェスチャーの予測が語句のそれより困難であることを述べたこと（第2章第3.1節）を思い出して欲しい）。

　Lerner（2002: 244–249）が分析したのは、視覚的な表現を行なうことが適切な相互行為上の位置が与えられ、この位置でジェスチャーの同期が成し遂げられる例である。たとえば、話し手が特徴的な髪型で有名な人物の名（Angela Davis）を挙げるが、その髪形自体はまだ表現していない場合に、その次の位置で髪型を視覚的に表現することが適切になり、ジェスチャーの同期が成し遂げられる。この断片について、Lernerはジェスチャーの同期が生じうる相互行為上の位置が与えられる仕組みを明らかにしているが、同期に際してジェスチャー自体の組み立て方がどうやって受け手にわかるかは分析していない。本書では第4章において、ジェスチャーそのものが有する高められた投射可能性について検討する。

6.　認識可能なジェスチャーの構造を記述すること [*34]

　本書の目的に鑑みて注意しておかなければならないのは、ジェスチャーの同期達成にジェスチャー自体が有する特定の構造が利用されうるとするなら、それは、参与者（特に受け手）にとって、「特定のジェスチャーによる表現を組み立てるための資源」として認識可能なものでなければならないということである。このことの含意は大きい。というのも、Kendonが提唱したジェスチャー単位は、その認定に際して、分析者が事後的にジェスチャーに対してアノテーション（分析のための情報を付与）するもの（相互行為の外部からの分析）であって、相互行為の参与者にとって利用可能な資

とは限らないからである。たとえば、断片 3-10 の A と B が行なった両手を胸の高さで近づけるようなジェスチャーについて、これがジェスチャーの準備段階なのか表現の実行段階なのか、それを見ていた受け手の C にはわからないであろう。だが、後からその様子を観察した研究者は、何度も繰り返し観察し、発言との共起関係を考慮して、この両手の動きを実行段階にあるものとして記述するかもしれない。したがって、ジェスチャー単位におけるジェスチャーの各段階がそのまま参与者にとって利用可能な資源になるとは限らない。

　本書で問題にするのは、研究者が分析する以前に参与者にとって特定のジェスチャー表現を行なうための資源として理解できるような振る舞いである。ある振る舞いがジェスチャーの同期の資源として合理的に利用されるためには、その振る舞いが何を行なっているかが、話し手と受け手にとってそれぞれ有意味であるだけでは十分でないからである。ジェスチャーの同期が自然に行われるためには、話し手が受け手に、受け手が話し手に、つまり互いに、ある振る舞いを同じことを行なっているものとみることが合理的に期待できなければならない。ジェスチャーの特定の構造がそのような認識可能性を有すると、その構造を生み出している振る舞いは受け手にとって同期の資源として利用可能になる。ジェスチャーの構造の認識可能性は、ジェスチャー以外にも行為連鎖上の位置や発言の組み立てられ方など、さまざまな資源を動員して作り上げられる。本書では、特に第 4 章でどのような資源がジェスチャーの構造の認識可能性に貢献しているかを示す。

　ジェスチャーの構造の認識可能性を探究する際に参考になるのは、Lerner and Raymond（2007）*35 の「手を用いた行為の道筋 manual pathway」である。Lerner と Raymond は、握手や道具の受け渡し、ジェスチャーなどに見られる複数人の間での調整を分析し、その行為の道筋 pathway が、元の位置（Sacks and Schegloff, 2002）に始まり、準備 preparation—焦点となる行為 focal action—復帰 return の段階を経て再び元の位置に戻るように構造化されることを明らかにした。Lerner and Raymond（2007）が「手を用

いた行為の道筋」を通じて主張したことは、道筋における各段階は、相互行為の参与者にも研究者にも認識可能な行為の記述であるという点である。この認識可能性は、ジェスチャー単位のように、ジェスチャーの展開だけから与えられるわけではない。本書の分析を通じて示していくように、行為連鎖上の位置やそのジェスチャーと結びついた発言の展開との関連など、さまざまな資源により認識可能なものとしてジェスチャーの構造は組み立てられる。

　本書では全体を通して、参与者にとって認識可能なジェスチャーを記述し、その上で、ジェスチャーの同期の組織化を明らかにする。LernerとRaymondの主張をもとに、トランスクリプトには、準備preparation—焦点となるジェスチャー表現focal gestural expression—撤回retractionを基本に、適宜、保持holdを転記していく。LernerとRaymondが「復帰」と呼んだものを「撤回」としているのには理由がある。人びとのジェスチャー表現は、いくつかの焦点となる表現が連続して構成されることがあり、先行する表現と後続の表現との間の動きは、先行する表現を引っ込めている（撤回）と同時に後続の表現のための準備にもなっている。このとき、トランスクリプト上ではrとpを併記しているが、このときのrは元の位置への「復帰」とはいえない。したがって、本書では、焦点となるジェスチャー表現の後に表現を引っ込めたり元の位置に戻ったりする動きを総じて撤回と呼ぶ。

　ジェスチャーの同期は、参与者たちが実際に、相手の動きを予測したり、認識したりを体系的に行ないながら、「同じ」ジェスチャー表現を「同時に」達成する現象である。そのため、ジェスチャーの認識可能性が、研究者の「思い込み」ではないことを担保しやすい。副産物として、身体の動きから生み出されるジェスチャーの構造の投射に、どのような仕組みがあるのかを探究する方向性を示すこともできるであろう。次節では、こうした記述のために用いる記号の意味や、図の作成方法について説明する。

7. 転記方法

7.1 ジェスチャーと発言の違い

会話でしばしば見られるジェスチャーは、言語のように明確な配列を有していないと考えられている。たとえば、ハワイをワイハと文字列を並び替えて表現するといった隠語は多数あるが、それにすら規則性があるようにみえる（うまい→まいう、素人→とうしろなど）。しかし、ジェスチャーの構造は言語のようなあらかじめ決められているような文法構造がなく、音声言語や手話のようなはっきりとした象徴性 symbolicity を欠いている（Kendon, 2004; McNeill, 2005）。

もう1つ、発言とジェスチャーの差異について、やりとりに用いられる感覚様式 modality が異なることにより生じる組織化の違いについて述べておく。発言が聴覚的資源であり音声トラックが発言の線状性に大きく制限されるのに対し、ジェスチャーは視覚的資源という点である。産出されるにあたり空間を利用する視覚的資源は、聴覚的資源と並列して用いられることで、相互行為における発言を中心とした発話順番の線上的な時間的境界を拡張し、発話権を参与者たちが相互に補い合うような形で構築することを示す（cf. 細馬, 2009; Mondada, 2007a; Peräkylä and Ruusuvuori, 2006）潜在能力をもっているようにみえる。

参与者たちがジェスチャーの同期を達成するためには、発言、ジェスチャーを始めとする身体動作など複数の資源の収斂が重要であるため、参与者たちが予測するために用いる複数の資源がどのように収斂しているのかを精緻に記述しなければならない。

エスノメソドロジー・会話分析の目指すところは相互行為秩序の解明であり、そのために参与者にとって認識可能な形での記述を研究者は行なう。会話分析で用いられている Jefferson によって開発された転記方法（Jefferson, 2004）は、録音・録画データを繰り返し観察しながら「転記する transcribe」することで、発言がきわめて細かな範囲で秩序だった調整を見せていることを明らかにしてきた。他方、Kendon（2004）のジェスチャー・フェーズは研究者が

付与する注釈として存在しており、「参与者たちが認識可能な」範囲を逸脱する可能性を有する。

　では、参与者間のジェスチャーの軌道や方向の調整はどのように転記すればよいであろうか。これまで、多くの研究者が身体動作の転記方法については試行錯誤を重ねてきたが、現在のところJeffersonによって開発された転記方法のように一般的に用いられる方法はなく（Heath, Hindmarsh and Luff, 2010）、研究者は、それぞれの基準で、データの使用目的に合わせた転記方法を用いている（Mondada 2007b）。とはいえ、発言との関連において理解可能な形で転記されるという点は、多くの研究者間で共通している。

　たとえば相互行為における身体動作の分析の先駆者でもあるC. Goodwinは、1970年代には、分析対象となる発言を中心に据え、記号を用いて発言を挟む形で2人の参与者の視線移動を記していた。2000年代以降は、身体の動きを細かく記号で書き込むことは減り、写真を効果的に編集し、一見してどのようなジェスチャーが行なわれているのかがわかりやすい形で記されている。

　他方、Mondadaは、初期のC. Goodwin式の転記方法で用いられた記号によって発言と動作との関係を示すやり方に加えて、適宜写真を掲載する形式を採用している。参与者にとっての認識可能性を考慮し、身体動作を「ペンで指す points w pen＊36」などと記載する工夫もされている（Mondada, 2016など）。

　多くの研究者は、基本的には、発話順番ごとに改行し、垂直方向に時間が流れていく従来の転記法に身体動作の転記を加える形を採用している。しかし、それでは扱えない現象もあるとして、Iwasaki（2011）や城・細馬（2014）のように水平方向に展開していく転記方法を採用する場合もある。また、Laurierは発話順番を中心に据えるというやり方ではなく、写真に吹き出しを付与してその内部に発言を記載するという、コミック形式の表記方法を用いている（たとえばLaurier, Brown and McGregor, 2016）。

7.2　発言の表記

　本書で用いる断片（トランスクリプト）は、会話分析で一般的に

よく用いられているJeffersonによって開発された転記方法（Jefferson, 2004）をもとに転記したものである。本書において用いられる記号は、それぞれ以下の発声上の特徴を表している。

使用記号一覧

[	オーヴァーラップ（発話の重なり）の開始位置
]	オーヴァーラップ（発話の重なり）の終了位置
	発話の重なりが頻発しているために、一瞥してどの行からどの行までが同時に発せられているのかがわかりにくい場合には、区別するためにブラケットを2つ重ねて記す。たとえば断片3-4では、02、03、04行目にはそれぞれ重なりがあり、05、06行目にも重なりがある。04行目と05行目には重なりはないため、05、06行目の重なりの開始は［［と記している。
=	末尾に等号を付した発言と冒頭に等号を付した発言とのあいだに、感知可能な間隙が全くないことを示す。また、この記号が行の途中に単独で用いられる場合には、1人の発言が完了可能点に達したあと、間隙なしに同じ話し手が発言を続けたことを示す。
→	分析上注目する発話を示す。
⇒	無標の矢印（→）とは区別して分析上注目する発話を示す。
（数字）	丸括弧内の数値は、その位置にその秒数の間隙があることを示す。
（.）	丸括弧内のドットは、その位置にごくわずかの感知可能な間隙（おおむね0.1秒前後）があることを示す。
「文字」	発話者が誰かの発言や心情を直接話法で引用していると見なせる部分。
：	発言中のコロンは、直前の音が引き延ばされていることを示す。コロンの数は、引き延ばしの相対的長さを示す。
–	ダッシュは、直前の語や発言が中断されていると見なせることを示す。たとえば、声門閉鎖音 glottal stop が聞

	こえる場合など。
.	ピリオドは、直前部分が下降調の抑揚 falling intonation で発されていることを示す。
?	疑問符は、直前部分が上昇調の抑揚 rising intonation で発されていることを示す。
¿	天地逆の疑問符は、直前部分が、コンマ（,）より強く、疑問符（?）より弱い上昇調の抑揚で発されていることを示す。
,	コンマは、直前部分が継続を示す抑揚 continuing intonation で発されていると見なせることを示す。たとえば、下降＋上昇の抑揚 falling-rising intonation など。
↑↓	上向きと下向きの矢印は、直後の部分で急激な抑揚の上昇や下降があることを示す。
文字	下線部分が強調されて発されていることを示す。たとえば、同じ話し手の前後の発声に比べて音量が大きい場合や、音が高くなっている場合など。強調の度合いがさらに強い部分は、二重下線を引いて示す。
°文字°	この記号で囲まれた部分が弱められて発されていることを示す。たとえば、同じ話し手の前後の発声に比べて音量が小さい場合や、音が低くなっている場合など。
hh	小文字のhは呼気音を示す。呼気音の相対的長さはhの数で示す。この記号は「ため息」「笑い」などいくつかの種類の異なる振る舞いを示す。聞こえた笑い声がf, fu, haなどに近い場合は、そのアルファベットを括弧で括る。
(h)	h, f, haなどを括弧で括る場合には、特に発言しながらの笑いを示す。
.hh	ドットに先立たれた小文字のhは吸気音を示す。吸気音の相対的長さはhの数で示す。この記号は「息継ぎ」「笑い」などいくつかの種類の異なる振る舞いを示す。
H	ため息や笑い声が相対的に大きく発せられている場合は、大文字で記す。

¥	囲まれた部分が笑いを含んだ声で発されていることを表す。
＜文字＞	不等号で囲まれた部分が、前後に比べてゆっくりと発されていることを示す。
＞文字＜	不等号で囲まれた部分が、前後に比べて速く発されていることを示す。とくに速い場合は＞＞文字＜＜のように記号を重ねて記す。
（文字）	聞き取りに確信がもてない部分は丸括弧で囲って示す。
（X/Y）	XとY、どちらにも聞きうる場合は、スラッシュで区切って併記する。
e, s, n	「え」や「す」や「ん」など、ひらがなで表記できるほどはっきり言っておらず、しかしそれに近いような音が聞こえた場合には、アルファベットで記す。
（‥）	まったく聞き取れない発言は、丸括弧の中に点線で示す。発言の長さを示すときには、点線の長さによって示す。
（（文字））	転記者によるさまざまな種類の注釈・説明は、すべて二重丸括弧で囲って示す。

7.3　ジェスチャーと視線の表記

本書では、発言を前項に記した記号を用いて書き起こした後、視線やジェスチャーの動きを以下の記号を用いて表記する。

＊＊	動作の開始と終了は特定の記号で示す。
---	動作の継続はハイフンで表す。
--/--	動作の継続を示すハイフンの途中にあるスラッシュは、軌道や形状の変化を表す。
-＞または＞-	発言行をまたいで動作が継続している場合は、冒頭と末尾に矢印を記して表す。
＞＞	転記している発言開始時よりも前から動作が継続している場合は、矢印を2つ重ねて表す。
px	発言行の上のpx（xは参与者名の小文字表記）は、その時点でxによるジェスチャーの準備preparationが開始されたことを表す。

hx	発言行の上のhx（xは参与者名の小文字表記）は、その時点でxによるジェスチャーの保持holdが開始されたことを表す。
fx	発言行の上のfx（xは参与者名の小文字表記）は、その時点でxによる焦点となるジェスチャー表現focal gestural expressionが開始されたことを表す。
rx	発言行の上のrx（xは参与者名の小文字表記）は、その時点でxによるジェスチャーの撤回retractionが開始されたことを表す。
〈動作〉	表情や動作の様子を記す。
X	視線行のアルファベットは、当該人物の視線方向にいる人物を表す。
英語表記	視線行の英語表記は、当該人物の視線方向や対象（ジェスチャーなど）を表す。複数の方向を見ている可能性がある場合は、B & Cのように記す。見ている方向に確信が持てないときは、A?のように記す。
,,,,	視線が移動していることを表す。
①	丸で囲った数字は、当該断片内の線画番号と対応する。ジェスチャーその他の身体表現が、その数字を含む四角で囲われた時点で生じていることを表す。断片内の線画には、ジェスチャーの動きを示すために、必要に応じて2種類の矢印を付与した。実線の矢印は、当該位置に至るまでにジェスチャーがたどった軌道を表す。点線の矢印は、当該位置から先にジェスチャーがたどる軌道を表す。

8．データの概要

本書において、分析に利用したデータの概要について述べる。以下に挙げる1から3までは、第3章で会話分析の基本的概念を紹介するために一部分使用した。本書におけるジェスチャーの同期の分

析のもととなる断片は、4から8のデータおよびデータ群から抽出している。4と5は、自然発生的な相互行為場面（実験者がいなくても、またはカメラがなくても生起した会話）だが、6から8は、相互行為に参与している人たちの動きを捉え漏らさないよう、複数のビデオカメラを用いるなどしてやや統制的な場面も分析対象としている。これらはすべてジェスチャーの同期を分析するためだけに設定された場面ではないことに注意されたい。

　不鮮明なもの、結果的にジェスチャーの同期は達成されていないと判断した断片（たとえば断片 3-10）も含めて 62 例検討した。本書には、分析した結果、議論を進める上で代表例となる断片を掲載している。分析したデータおよびデータ群は、以下のとおりである。

1. CallFriend Japanese Corpus: 1990 年代にアメリカで収録された、日本人同士の電話による通話データコーパス。The TalkBank Project（MacWhinney, 2007）にて配布されている。CF-japn1773（断片 3-7、3-8）では、A が女性、B が男性である。
2. 2009 年から筆者が調査をしている関西にある認知症高齢者を対象としたグループホームにおける月例会議のデータ群。このデータ群にもジェスチャーの同期は観察される（細馬, 2012；城, 2017a）が、本書では取り扱っていない。（断片 3-4）
3. 2016 年 11 月に収録された男女 6 人が京都を観光するデータ群。断片 3-5 は女性 3 人の観光場面であり、断片 3-6 は男女 6 人が食事をしている場面である。このデータ群にもジェスチャーの同期は観察されているが、本書では取り扱っていない。
4. 2007 年 6 月に収録された、近畿圏の大学で同じ学部を卒業した女性 4 人とその大学の男性教員 1 人が食事をしながら会話している場面の一部分。（断片 2-1）
5. oil tank データ：2006 年 6 月収録。大学生の男性 3 人、女性 2 人の 5 人会話。5 人は同じ部活の同期であり、OBOG に向けた雑誌作成をしている先輩からの呼びかけに応じて集まっている。本書に掲載したデータ（断片 4-2（6-1）*37、4-3）は、打ち合わせ前にお菓子を食べたりジュースを飲んだりしながら雑談していた部分を抜粋している。

6. データ群「旅行の思い出」(全6組（女性4組、男性2組）：約145分)：同じ大学の学科に所属する同性の学生が3人1組で参加し、円卓に等間隔になるよう着席して、旅行の思い出をテーマに話をするよう実験者から教示を受けて開始したやりとりを2007年夏に収録したもの。話がテーマから逸れてもかまわないこと、開始してから約20分の間は所定の座席を移動させたり立ったりしないこと、円卓の上のお菓子は自由に食べても良いことが告げられている。(断片3-10、4-1、4-4 (7-2)、4-5、5-5)

7. データ群「目隠し体験再生課題」(全10組：約100分)：同じ大学の学科に所属する同性の学生が3人1組で参加し、円卓に等間隔になるよう着席して、アイマスクを用いた2種類の体験課題（飲み物当てと小銭の取り出し）について話をするよう実験者から教示を受けて開始したやりとりを2008年4月に収録したもの。着席する際、3人のうち2人は同じ体験をした者同士、1人だけが異なる体験をした者になるよう割り当てられている。教示では10分の間で説明し合うようにと伝えられた。10分経った後、学生は提出物として互いの課題がどのようなものであったかを書かなければいけなかった。(断片3-3、5-4、6-4、7-3)

【飲み物当て課題】：課題参加者は3人1組で実験室に入室した。着席後、教示を受けてから、それぞれアイマスクを装着した。その後、目の前に並べられたコップを右手側から順番に取り、3種類（三ツ矢サイダー、水、緑茶）の飲み物を飲んだ。全員が全て飲み終えたらアイマスクを外して自分が飲んだ物が何かを用紙に記入した。その後教示者から答えを聞いて、互いの答えを確認し合った。

【小銭の取り出し課題】：課題参加者は3人1組で実験室に入室した。着席後、教示を受けてから、それぞれアイマスクを装着した。その後、目の前に置いてあった小銭入れから指示された種類の小銭（100円玉1枚、50円玉1枚、1円玉1枚）を取り出す時間が与えられる。全員が3枚取り出し終えたらアイマスクを外して自分が取り出した小銭を確認して、それから互いに取り出した小銭が正し

かったかどうかを確認し合った。

8. データ群「対話型アニメーション再生課題」(全9組：約130分)：2009年6月に収録。心理言語学においてジェスチャーを分析する際によく用いられるアニメーション再生課題 (McNeill, 1992) をもとに、課題参加者全員が語り手にも聴き手にもなる状況を設定した会話場面である。同じ大学の学科に所属する同性の学生が3人1組で参加した。2つの映像刺激（約7分間）を用意し、"Canary row"（Warner Brothers）を2人に、"Tweety's SOS"（Warner Brothers）を残る1人に見せた。鑑賞後、3人は円卓に移動し所定の位置について、各自が見た映像についてできる限り詳細に説明し合うよう教示される。教示では会話時間は20分と伝えられたが、20分以内にアニメーションの内容を話し終えた場合は雑談をすることも認められていた。また、会話をはじめる前に、1人だけ異なるアニメーションを見ていたことも伝えられた。この会話の後、学生は提出物として、互いの鑑賞したアニメーションの内容がどのようなものであったかを書かなければいけなかった。"Canary row"と"Tweety's SOS"は、登場人物Tweety（小鳥）、Sylvester（猫）、Tweetyの飼い主である老婦人とお約束の筋書きを共有している。お約束の筋書きとは「猫が小鳥を捕まえて食べようとさまざまな行動を起こす。しかし、小鳥の機転や老婦人の妨害、もしくは猫自身のミスにより、猫は痛い目に合う上に小鳥を捕まえることはできない。」というものである。（断片1-1 (3-1)、3-2、5-1 (7-4)、5-2 (7-1)、5-3 (7-5)、5-6 (6-5)、6-2、6-3）

---

*1 〔　〕内は筆者による補足。Goffman (1963 = 1980) では、まず、集まりが意味するところを定義し、そして状況について定義してから、彼自身による観察が述べられている。
*2 行為の構成の説明文にのみ、「問題を解決する手続きの体系を、〜組織と呼ぶ」と記載されていないことに違和感を覚える読者もいるかもしれない。こ

の違和感を和らげる手立てとして、串田ら（2017）のあとがきを一部引用する。
　会話分析は、この〔社会成員が一定の方法を用いて、相手に理解可能な形で行為や活動を遂行し、社会生活を営む〕プロセスをありのままに、経験的に、厳密に、形式的に記述することを目的とした1つの科学である。本書では、このことを読者に伝えるべく、1本の縦糸と何本かの横糸から成る織物として、会話分析の主要な研究テーマを解説してきた。本書の縦糸は、会話分析の探究目標の中心に位置する行為の構成という主題であった。これと交差する横糸は、このために人々が依拠し、参照している相互行為の組織であった。（串田・平本・林、2017: 311〔　〕内は筆者による補足。章の参照部分は削除。）

*3 串田（2010）では「マルチモーダルな相互行為分析」と訳出されている。
*4 ある現象を目の当たりにした人であれば誰でもそうと理解できるという性質を「公的 public」という語で表す。たとえば、道路の真ん中で立ち止まって地図を眺めたり周囲を見渡したりしている人の振る舞いは、通文化的に、その人が「道に迷っている人」であることを公的に示すだろう。
*5 標準語で「あ違う」を意味する関西方言である。
*6 断片3-3におけるCの質問（1行目）は小銭を取り出す実験に参加したAとB双方に向けられている。というのも、当該場面の特性（3人が互いに課題の内容を説明し合い、後で相手が経験した内容を提出物としてまとめなければならない）として、BとCは同じ課題を経験した者同士（one party）として振る舞うことが十分にありうる。
*7 turn taking を発話順番交替と訳したように、本書では、Schegloff（2007）のいう連鎖組織は基本的に行為の連鎖のことであるため、行為連鎖と呼ぶ。
*8 「ほやなあ」は、標準語で「そうだなあ」を意味する関西方言である。
*9 姜の「そう」（07行目）は、提案を受諾するというよりも、「郷が提案するまでもなく、岡崎神社に行くべきだと思っていた」ことを主張していると記述する方がふさわしいかもしれない。郷の提案に対する姜と長友の同意（受諾）の仕方の微妙な差異は、発話が置かれる位置 position と発話の組み立て composition によって生じている（同じ節内にて後述）。
*10 人間も含むのであれば動物は好きだという滝田の返答は、人間を含まないのであれば動物はあまり好きではないと観察することもできる。これは、返答を構成する意味内容だけでなく、挿入連鎖を経て返答するという仕方からも明らかである（この点は注12で少し観察を述べる）。隣接ペア第二成分を産出するにあたって、参与者は第一成分で遂行される行為を推し進める（プラス）か阻む（マイナス）かの性質を帯びた発話をすることになる。この極性の非対称性さを「選好または優先 preference」と呼び表す。選好される preferred 第二成分（プラス）と選好されない dispreferred 第二成分（マイナス）は、それぞれ形式的特徴を有しており、その産出のされ方から私たちは両者の非対称性を認識することができる。詳細は串田・平本・林（2017）および高木・細田・森田（2016）を参照のこと。
*11 断片3-6は、挿入連鎖の基本的概念を説明する例としてはやや難解かもしれない。というのも、高木・細田・森田（2016）や串田・平本・林（2017）が紹介するように、挿入連鎖を挟み込む連鎖は、通常、基本連鎖を指す（基本

連鎖を中核として、「前置き」「挿入」「後続」という語が用いられている）。ただし、Schegloff（2007）では、前置き連鎖に挟まれる連鎖も挿入連鎖の例として挙げられている（ibid：107–108）。会話分析の概念を用いて相互行為のなりたちを記述する上で重要なのは、教科書の記載に適っているか否かよりもむしろ、相互行為の組織を記述として適切か否かである。断片 3-6 の場合、滝田にとって、10 行目の寺里への質問およびそれへの回答（13 行目）のやりとりは、直前の寺里の質問（07 行目）に答える（15 行目）ために必要なある種の問題解決作業として存在している。この意味で、「質問（10 行目）−返答（13 行目）」連鎖は、「質問（07 行目）−返答（15 行目）」連鎖の間にある挿入連鎖と記述可能である。

*12　断片 3-6 のやりとりが単純でないもうひとつの理由として、確認連鎖の展開を通じて寺里と滝田がふざけ合っていることが挙げられる。動物が好きかどうかを問われているときに、「人間も含むんですか？」と聞き返すのはナンセンスである。また、滝田は条件をつけて動物が好き（つまり、人間を含まないのであればさほど動物は好きではない）と答えたにもかかわらず、寺里は滝田から承認を得たかのように振る舞い、滝田による条件つきの返答を無視した形になっている。このふざけ合いは、同じテーブルにいる仲間内でもおかしなものとして捉えられ、笑いが起こったり（09、11、12、14、16、18、20、23 行目）、ツッコミが生じたり（19 行目）している。

*13　断片 3-6 では中核となる隣接ペアが発せられてないので、寺里の 22 行目の発話は、連鎖を終了させる第三要素と呼ぶよりは、連鎖を完了させるようなデザイン、としておく。

*14　訳語は串田・平本・林（2017）を参考にした。条件づけられた適切性（高木・細田・森田，2016）と訳されることもある。

*15　Schegloff（2007）は、修復組織を紹介する上で、トラブルにどう対処するのかの理由のひとつとして「間主観性が維持される、もしくは取り戻されるため」と述べている（ibid: xiv）。現象学由来の間主観性をめぐる問題については、本書でうまく整理することができないので今後の課題としたい。そこで本書では、先行研究で間主観性について述べられている部分を除いては、複数の参与者間で会話を進めていくために必要になる共通した理解を確立するという意味で共通理解という語を用いる。

*16　トラブル源はあくまでトラブルの可能性を有する源であって、事実としてのトラブル自体ではない。なぜなら誰かが何かを言い間違えても受け手が推測して正しく理解することはできるし、逆に全く言い間違えがなくとも受け手が誤解することはある。だから、事実上会話の中のありとあらゆる振る舞いがトラブル源になりうる。

*17　高木・細田・森田（2016）や串田・平本・林（2017）では、無限定の質問と訳されている。

*18　(b) 自己開始他者修復と (d) 他者開始他者修復の例としては、断片 4-3 と断片 6-2 および 6-3（6-2 と 6-3 はひと続きの会話である）が参考になるだろう。まず (b) の例として、断片 4-3 の D が B の質問に返答しようとして、発話産出中に言い淀み始めた（05 行目の (e)）のが、トラブル源かつ修復開始として位置づけられる。その後、C の発話（07 行目）によって他者修復が実行さ

れる。次に（d）の例として、断片6-2のAの発話（26行目）によって修復の他者開始が行なわれ、Bの発話（24行目）がトラブル源として位置づけられる。そして断片6-3の28行目からCの発話によって修復が実行される。ただ、断片6-2および6-3の例は、（d）の典型例とは言い難いことに注意されたい。なぜなら、修復実行中の45行目からB自身も修復に参加しているからである（実際、第5章第3.1節では訂正の共同産出として記述している）。また、当該場面の特性として、BとCは同じアニメーションを視聴した者同士（one party）として振る舞うことが十分にありうる。第6章第2節で行なう分析は、本書の主題に沿って、ジェスチャーの同期が達成しうる行為を明らかにするものとしてだけでなく、統制された会話場面において、いかにしてBとCが別個の存在として振る舞ったり、同じ経験を有する同士として振る舞ったりを、実際的目的を果たすこととの関連において調整しているのかという視点で読み進めることもできよう（いま述べたことは、それぞれ独立の事象ではなく、後者は前者を包含する関係にあることに注意されたい）。

*19　会話分析が探究するものは日常生活で人びとが用いている「手続き」なので、実際には研究者が「発見」する前に日常生活者の側にすでに存在する。

*20　Sacks（1984: 21）では、正確にはエスノメソドロジー／会話分析 ethnomethodology/conversation analysis と記載されている。

*21　本節の一部には、城・平本（2015）の一部を転載し適宜改変した内容が含まれる。

*22　より詳細にまとまったレビューとしては菅原（1996）を参照のこと。

*23　なお、成長点理論は、第1章の注で触れた「行為を行動と意味の二重体としてみる見方の問題」に大きく関わる。

*24　発話を促進するジェスチャーを考える上で、他にもイメージ活性化仮説 image activation hypothesis（de Ruiter, 2000）、単語検索仮説 lexical retrieval hypothesis（Krauss, Chen, and Gottesman, 2000）、情報パッケージ仮説 information packaging hypothesis（喜多，2000; 2002）が提唱されてきた。詳しくは喜多（2002）を参照のこと。

*25　Sacks and Schegloff（2002）以降、しばしば元の位置 home position と呼ばれることもある（Kendon, 2004: 111）。

*26　Sacks and Schegloff（2002）によると、SacksとSchegloffは1973年にGoodwin夫妻と出会った（ibid: 133）。

*27　本節の一部には、城・平本（2015）の一部を転載し適宜改変した内容が含まれる。

*28　筆者による現時点までの分析では、この3つの条件間に、どの断片にも見出しうるような階層構造は確認されてない。

*29　"Angela Davis look" の断片は、Lerner and Raymond（2017）にも掲載されており、John Benjamins社のウェブサイトで映像を確認することができる。なお、日本語訳は筆者による。

*30　08行目は、「A：((hair gesture onset by A))」と表記する方が適切なようにも思えるが、原著の通り、行為者を記載しないまま転載した。

*31　ここでは、1つの発話順番を2人で構築していないという意味で「単独で…説明している」という記述をしている。AとBの発話を注意深く観察する

と、発話の重なりに敏感に対応して発話を中断した（03、04行目）後、相手の発話の完了を待って自らの発話を開始したり、Aが言及した地理的区域（兵庫県と四国の間）に対してBが情報（瀬戸内海）を付け加えるなど、相手の振る舞いに配慮し合いながら説明を共同で構築している（09、10行目）ことがわかる。

*32　もちろん、必ずジェスチャーを用いた説明が来るとは限らない。筆者が学生時代に関わった空間表現を観察するために実施されたいくつかの実験でも、ジェスチャーを用いず口頭での説明のみで空間配置を受け手に伝える話し手が若干名いた。

*33　筆者がジェスチャーの同期を分析するために収集した62例の中には、断片3-10のような例が多数ある。

*34　本節の一部には、城・平本（2015）の一部を転載し適宜改変した内容が含まれる。

*35　記載している文献情報は学会発表の情報である。LernerとRaymondはこの発表をもとに原稿を執筆しているが、まだ出版には至っていない（2017年10月現在）。

*36　トランスクリプト上では、withを省略して記載している。

*37　半角丸括弧内の断片は再掲を示す（ほぼ同一の会話場面である。ただし、掲載している行数が異なる場合もある）。

第4章
人びとにとってのジェスチャーの同期

　人びとにとってのジェスチャーの同期とは何か。具体的な分析の前に、「人びとにとっての」と付けることで何を示そうとしていたのかを簡単に整理しておこう。従来の同期研究においては、同種個体間・集団内における周期的パターンが同期・同調するメカニズムの解明が、研究者側の操作的定義や判定に則って定量的に行なわれてきた。しかし、第1章でも述べた通り、人びとは、研究者側による操作的定義や判定がされる以前に、状況や相手に応じた臨機応変さや社会生活の秩序に基づき、適切なやり方で同期を生み出しているはずだ。そうした参与者にとっての同期の中には、研究者側の判断により同期研究の俎上に載らなかった現象もあるかもしれない。「人びとにとって」と付けるのは、これまで同期研究の俎上に載らなかったかもしれないものでも、同期を試みた参与者たちにとって「同じ」であることが目指されていたのだとするならば、それは同期研究として扱おうという本書の意気込みを示す。換言すれば、研究者の判断によって研究対象を狭めないという筆者なりの研究姿勢の表明でもある。

　人びとにとってのジェスチャーの同期を扱う意義とその方法論については、それぞれ第2章と第3章で述べた。本章以降の主題は、会話分析を用いて相互理解の様相を緻密に記述・分析することで、人びとにとってのジェスチャーの同期をつぶさに検証していくことである。まずは、先行研究の知見を整理し、それからジェスチャーの同期がどのように達成されるかを明らかにしよう。ジェスチャーの同期は、あらかじめ社会的・文化的に決まった定型のジェスチャー（第3章第3.1節で紹介したエンブレム）でのみ起こるのではない。形態がより自由で個人差の大きいはずの、人びとがその場で創発的に産み出すジェスチャーでも、条件が整えば、形態とタイ

ミングが合うことがある。

　このようなジェスチャーの同期は、単なる偶然の産物とは考えにくい。もし偶然でないとしたら、参与者たちはさまざまな可能性をもちうるジェスチャー表現の中から、特定の形態やタイミングを選ぶ必要がある。本章の分析の主眼となるのは、参与者がこのような幅広い可能性の中から特定の表現をどうやって選択しているかである。ジェスチャーの同期達成過程を記述した後、本章では、ジェスチャーの形態と動きまでも合わせることを可能にする、投射可能性を高める資源について検討する。

　参与者たちがジェスチャーの同期を通じて一体感や高揚感を得ているとするならば、それはどのようなやり方を通じてであろうか。本章では、ジェスチャーの同期を可能にしている形式的特徴について論じると同時に、その背景にある知識や経験の影響の可能性に触れる。ジェスチャーを産出し同期を成し遂げる過程では、知識や経験の差異や同一性が、あらかじめ人びとに了解されているのではなく、相互行為を進めていく中で顕在化してゆく。本章の終盤では、この顕在化する過程について論じたい。

1. ジェスチャーの同期をめぐる知見の整理

　分析に入る前に、本書の直接の先行研究になる Lerner（2002）で行なわれたジェスチャーの同期*1 の分析において、何が明らかにされていたのかを整理しよう。Lerner はジェスチャーが重ね合わせられるときにも、言葉の重ね合わせと同様に、次に産出される特定のジェスチャー表現が予測できるまでに投射の程度が高まっていることが必要になると考えた。Lerner はその相互行為上の資源を体系的に整理したわけではない。だが、彼が例として挙げたのは、視覚的に表現されうるような対象が具体的な表現なしに言及されたときに、その次の位置で視覚的表現による理解を「例証する demonstrate」（Sacks, 1992b）ことが適切なものになり、それによりジェスチャーの同期が生じるというものである（第3章第5節参照）。

　しかし、それだけでは、ジェスチャーの同期を行うための予測可

能性について十分に議論が行なわれたとは言い難い。第一に、ジェスチャーは言語と比べて表現の自由度が高いために、何が表現されうるかがわかるだけでは同期を成し遂げることができない。第二に、ジェスチャーの形態と動きまでも合わせることができるほどにまで投射可能性を高めることが、いかにして可能になっているのかを述べていない。本章ではこれらの課題に一定の回答を与えたい。

　他方、Lerner（2002）は、ジェスチャーの同期を組織する際に、表現の「核」となる部分（本書で「焦点となるジェスチャー表現」と呼ぶもの）を重ね合わせることに参与者が志向して各々のジェスチャーを組み立てることと、それに伴い、ジェスチャーの準備段階の省略などの微調整が参与者間で行なわれることの2つを指摘している。このことは、本書で分析対象とする相互行為の「手続き／やり方」としてのジェスチャーの同期の認識／理解可能性の問題とかかわっている。繰り返しになるが、本書の探究は、研究者側の操作的定義や判定に基づいた同期研究とは異なったものである。本章では第2節を中心に、同時に同じ「焦点となるジェスチャー表現」を産出するために、その表現の組み立て方には各々の共同産出者たちによる微調整が生じることを示す。

　もう1つ、本書にとって重要な手がかりとなるLernerの指摘を紹介したい。物理的／客観的動作の研究としての同期研究（第2章参照）において同期の「失敗」とみなされるようなジェスチャーの場合でも、参与者にとっては同期が「成功」していると理解されることもある。Lerner（2002: 247）は、各焦点となるジェスチャー表現を構成する形状が微妙に異なるにもかかわらず、参与者が全員笑うことによってジェスチャーの同期が達成されたとみなされている例を分析している。本書では第4節と第5節を中心に、ジェスチャーの同期内における形状が微妙に異なっていても参与者がジェスチャーの同期が達成されたものとみなす場合があることを示す。そして、ジェスチャーの産出のタイミングや形状などが「同じ」であることが、あくまでも、参与者に認識／理解可能になる形で各々のジェスチャーが組み立てられることによって成立していることを主張する。

以上をふまえて、次の断片 4-1 の分析から、参与者がどうやってジェスチャーの同期を達成しているか、その過程で参与者間の物事の捉え方の差異や同一性がどう表出されるかを明らかにしよう。

2. ジェスチャーの同期達成過程*2

本節では、次の断片 4-1 を実例として、ジェスチャーの同期達成過程が、おおよそ「前段階」と「同期本体」の 2 つの段階によって構成されていることと、ジェスチャーの同期を可能にしている諸資源について紹介する。

(4-1)［trip memories02-シュノーケル］
```
01      A：沖縄で（.）何やった¿
02          (0.6)
03      B：°沖縄°
04          (0.3)
05      A：なんかよ［っ（と-）］
06      B：      ［(ちゅう)］学校の時は：,
07      A：°うん°
08          (0.2)
09      B：スキューバダイビング.
10          とまではいかへんけどシュノーケル¿
11          (.)
12      A：.h (0.2) いい［じゃ ］ん.
13      B：           ［¥ん：¥］
14          (.)
15      C：それなにどんなんやけ
   A視線    ≫B-----------,,,C->
   B視線         ,,,,C----------,,,midair->
   C視線    ≫,B----------------------->

             *pb----/-
16      B：°なんか°
   A視線    >----->
   B視線    >------,
   C視線    >----->
```

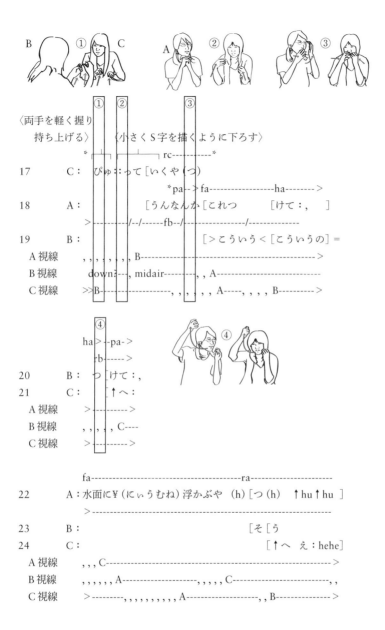

```
                        ①  ②         ③
              〈両手を軽く握り
               持ち上げる〉    〈小さくS字を描くように下ろす〉
                        *┌──┬─────rc─────────*
17      C：      ぴゅ::って[いくや(つ)
                                  *pa─>fa──────────ha────────>
18      A：             [うんなんか[これつ    [けて:，     ]
                        >─────//─/──────fb─//─────────/─────────
19      B：                           [>こういう<[こういうの]=
A視線           , , , , , , , B────────────────────────────>
B視線            down─── , midair────── , , A─────────────
C視線           >>B────────────── , , , , , A──── , , , B────────>

                   ④
              ha>─pa─>                  ④
                  rb─────>
20      B：    つ[けて:,
21      C：     [↑へ:
A視線           >
B視線           , , , , C────
C視線           >

                fa──────────────────ra──────────────
22      A：水面に¥(にぃうむね)浮かぶや (h)[つ (h)   ↑hu↑hu ]
                >─────────────────────────────────────
23      B：                              [そ[う
24      C：                                [↑へ え:hehe]
A視線           , , , C────────────────────────────────>
B視線           , , , , , A───────────── , , , , C──────────── , ,
C視線           >─────── , , , , , , , , A──────────── , , B──────>
```

　断片4-1では、A、B、Cの3人が、Bの沖縄旅行での思い出について話している。ここでは、潜水の際に用いる装置「シュノーケル」が話題になり、Cが「それなにどんなんやけ」とBに質問をする（15行目）。17行目の「付加要素increment」[*3]（Schegloff,

1996）を用いたCによる返答候補の提出を挿み、AとBが18から20行目で、ジェスチャーによってシュノーケルの形状をほぼ同時に産出する（18–20行目：③④）。2人のジェスチャーには、たんに形状の細部だけでなく、組織化の順序にも一致が見られる。すなわち、まず片手を口に当てる動作によってマウスピースを表し、次にそこから話し手の頭部右上に向かって、右手でチューブを表す動作へと移行する一連の動きである。ジェスチャーにおいてこれだけの細かい表現が同時に組織されるためには、ジェスチャーが起こる以前およびジェスチャーの最中に、AとBは複数の資源から生み出される高められた投射可能性を利用しているはずである。

以下では、まず、シュノーケルの動作が開始される以前（前段階）にどのような複数の資源から生み出される投射があったのかを検討する。

2.1　会話の進行に伴い顕在化する知識あるいは経験の差

まず、発言と視線の動きに注目しながら、「シュノーケル」の同期に関連するジェスチャー以外の要因を分析しておこう。

01–12行目では、AとBによって「沖縄でシュノーケリングをしたこと」が話題になっている。ここで、Aの「沖縄で(.)何やった¿」という質問（01行目）に対してBが「スキューバダイビング.とまではいかへんけどシュノーケル¿」と答えている（09–10行目）。ここで、Bの返答の形式に注目しよう。「シュノーケル」に言及するにあたって「スキューバダイビング」が導入されているのは、断片以前の会話内容に関係がある。じつは、この話題に入る以前に、Aはグアムを訪れ、そこで「スキューバダイビング」を体験したことを話している。Bは、以前のAの発話にあった「スキューバダイビング」を引用した上で自らの体験を比べているのである。

Bの返答（06、09–10行目）に対し、Aは「いいじゃん」（12行目）とはっきりした声で答え、AとBは互いに視線を合わせる。この01–12行は、「Aの質問（01行目）―Bの返答（06、09–10行目）」という隣接ペアの後に、「Aの評価（12行目）」による連鎖の後方拡張が添えられた形式とみることができる（Schegloff, 2007）。

加えて、Aが用いた言語形式の「〜じゃん」は、話し手と聞き手双方が情報を有している場合に用いられ、知っていて当然という意味を伴いながら聞き手に対し積極的に正当化を迫るという機能を有する（嶺田・冨田，2009）*4。この連鎖と言語形式によって、Aは、たんにBの発話内容を肯定するだけでなく、自分に「シュノーケル」を評価できるなんらかの知識や体験があることを示している。一方、Cは、14行目にいたるまでBの「シュノーケル」発話に対して評価を下していない。この時点では、まだシュノーケルを表すジェスチャーは出現していない。だが、Bの発話の組み立て方やAの振る舞い、そしてCが受け手としてとどまっている（評価を下したり受け入れを示したりしていない）ことによって、3人の知識あるいは経験の差は明らかになりつつある。

2.2 隣接ペアの性質と特定のジェスチャーが生み出されるスロット

続く15行目で、CはBに視線を向けながら「それなにどんなんやけ」と質問する。この質問は、第3章で述べたように隣接ペアの第一成分（FPP）であり、与えられた条件のもとでの関連性（Schegloff, 1968）の拘束力でもって、Bに、シュノーケルが何であるかを説明するための返答（隣接ペアの第二成分：SPP）を要請する。与えられた条件のもとでの関連性を有する隣接ペアもまた、特定のジェスチャーが生み出される参加機会（スロット）を投射する資源となりうる。

もちろん、「特定のジェスチャーが生み出される」ことが参与者にとって予測可能になるためには、発話内容も重要である。つまり、相互理解の焦点となる対象が、文字的知識よりも見た目や動き（使用方法や手順など）といった形式的特徴によって記述できる知識（または経験）であると、参与者たちによって認識されなければならない*5。それに加えて断片4-1では、質問後のCの付加要素の組み立て方（17行目）が、質問時の「それ」（15行目）で指示されている「シュノーケル」について、形式的特徴に焦点化した返答を期待していることをよりはっきりと示している。この点を明らか

にしよう。

　Cは「ぴゅ::」と発しながら、わずかではあるがジェスチャーを行なう（17行目：①）。Cがこの返答になりうる候補を差し出すときに、何を表現していたかは定かではない。しかし、動きに伴う音や様態を表す語（＝オノマトペ）とオノマトペに合わせる形で手を動かしジェスチャーを行なっていたことは公的に理解可能である。このようなオノマトペを伴う発話とジェスチャーによる組織化を通じてCが差し出した返答になりうる候補は、返答者であるBに対して、15行目の質問に対する返答の指針（城, 2017b）を差し出している。つまり、対象が有する（と参与者にとって予測可能な）形式的特徴を発声とジェスチャーを通じて表現するやり方で返答になりうる候補を差し出すことで、質問者であるCは、返答候補と同程度の返答、すなわち、「発言とジェスチャーを通じて記述できる形式的特徴に関する内容」の返答を期待していることを示す。

　このとき、Bは後述の通りジェスチャーの準備段階にあり、両手を非対称な形で円卓から上げ始めていた（開始時は16行目から。様子は①の通り）。Cの質問（15行目）の後、返答を開始してはいたが返答の焦点（シュノーケルとはどういうものなのか）を述べられていないという点で、Bの説明は「遅れて」いることに注意されたい。「遅れて」いる最中にCから返答になりうる候補が差し出されることで、それは会話においてこれまで産出されてきた複数の資源と収斂し、「特定のジェスチャーが生み出される」ことが適切なスロットを産み出すことに寄与する。

2.3　ジェスチャーの準備

　Cの質問（15行目）が開始されて、まずBがCの方を向き、次にAがCの方を向く（15行目下部の視線転記）。そして、Bは、「なんか」とCに対する返答を開始しながら、円卓に置いていた両手を上げ（16行目：pb）、Cの質問に対するSPPを形成し始める。この時点で、CはBと互いにモニタリングできる状況にある。

　重要なのは、返答を開始しながら両手を上げ始めることが、構造上、ジェスチャーの準備として人びとにとって認識可能であり、そ

の結果、直後に続く「焦点となるジェスチャー表現」をどう行なうかを予測させる形で組み立てられていることである。すなわちBは、右手を左手より高く掲げることにより、右手と左手とが（シュノーケルを説明する範囲内で）別々の事柄を表現することと、右手がチューブ、左手がマウスピースになりうる（と、シュノーケルを知っている者なら見て理解できる）ことを示している。

元の位置home positionから始まったジェスチャーが、このあと同期を達成するためには、次の2点が重要となる。まず、先行するジェスチャーに、「焦点となるジェスチャー表現」の前段階（＝準備段階）が存在することである。次に、その準備段階が、焦点となるジェスチャー表現部分において、どのように組み立てられるかをある程度予測できる形で組み立てられていること、の2点が重要である。

さらにジェスチャーは視覚的表現なので、同期が起こるためには当然、同期を試みる者同士の間で視線が合っている、あるいは少なくともある程度互いを視野に捉えられている必要がある。その点で注目すべきは、Bがジェスチャーの準備段階に入ったあと、質問者であるC自身が両手を動かしジェスチャーを行なうことである（17行目：①）。この時点では、BとCの両手はどちらも持ち上げられている。Aは、Cの「ぴゅ::」と共起するジェスチャーをみて、Cが返答になりうる候補として提出しようとしたジェスチャーが「シュノーケル」を表現するものとして十分でないことをみてとると、Cが差し出した返答になりうる候補の次の位置で答えることが期待されるBの方に視線を向ける。

2.4　発話権の緩み、受け手の視線確保とジェスチャーの組み立て

「なんか」と発して以降、シュノーケルの説明が発話上は進んでいなかったBに対して、返答になりうる候補（「ぴゅ::っていくや（つ）」）を出し始めるまでにみられたCの振る舞いまでを前項では言及した。このように、まだ、話し手の発話順番が終了に至っていないにもかかわらず、他の参与者が発話することが可能になるとき、

現在の話し手の発話権が緩められているという。Lerner（2002）が唱和的共同産出の条件として指摘した発話権の緩みは、ジェスチャーの同期においてもよく観察される。

この後、BとCに遅れてジェスチャーを開始したAは、髪をかきあげる動作（18行目 pa：③）を経由して、急速にBの手の位置に追いつき、「うんなんか」と発する。この発話をきっかけに、Bの視線はCからAに移る（19行目下部の視線転記）。ここでも、先のCの質問の場合と同様、発話することによって視線の確保が行なわれていることに注意しよう。このAの発話によって、AとBは視線を交わしたまま、ジェスチャーを行なうための条件が整う。

こちらを向いていない参与者の注意をジェスチャーによってひくためには、そのジェスチャーが参与者の周辺視野に届くほど目立つ必要がある（Goodwin, 1986）。しかし発声ならば、たとえ相手がこちらを見ていなくとも、相手の耳に届けることができる。Aのジェスチャー開始時（18、19行目視線転記）には視線を向けていなかったBが、Aの「うんなんか」という発した直後に視線を移動させたことも、ジェスチャーだけでなく声を発することが視線の確保に有効であることを示している。

以後、AとBは視線を交わし合ったまま、ジェスチャーの同期を成し遂げる（18–20行目 na、nb：③④）。同期を達成したジェスチャー表現が、単なる形状を表しているのではなく、まずマウスピースを口に当てるところからジェスチャーを開始し、次にそこから伸びるチューブを表していることに注意しよう。シュノーケルの形態のみを表すのであれば、マウスピースとチューブのどちらから表してもよいし、装着した状態ではなく、円卓に置いた状態を表してもよいはずである。しかし、AとBは、短時間で産出されるジェスチャーの中で、登場人物（行為者）の視点（McNeill, 1992）で自らの顔に装着している様子を表現している。

2.5 小括

ジェスチャーは、いつ、どのような内容で、誰と同期を達成するのか。断片4-1から、ジェスチャーの同期が生じうる連鎖的環境に

は以下のような特徴がみられることがわかった。(1) ある対象について、おおよそ知っている（語ることができる・評価できる）者とそうでない者が公的に明らかになる。(2) ジェスチャーを用いることが適切なスロットの創出。実例に即していうと、視覚的理解が適切な内容（シュノーケル）に焦点化された隣接ペア第一成分（FPP）の使用。(3) 返答の形式がジェスチャーを伴うことがわかること。実例に即していうと、質問者自身による返答になりうる候補の形式から、返答者に求められている返答の形式がジェスチャーを伴うものであることが示された*6。(4) 返答が非流暢であるなど、返答に関してなんらかの遅延が生じ、発話権が緩み 2 人以上で発話順番を構築することが適切になること。ここまでが、同期の前段階である。加えて、同期本体には、以下の 3 段階が含まれうる。(5) もう 1 人（以上）が発話順番にジェスチャーを伴って参入すること。(6) 表出されるジェスチャーの構造に適う形でのタイミングの微調整。(7) ジェスチャーの同期の達成。以上の 7 点である。

　同期に使われる資源の収斂という問題については、次の諸点を指摘できるであろう。第一に、ジェスチャー表現が行なわれうる位置が、前もって予測可能になっている。先にも述べたように、ジェスチャーの同期の直接の先行研究である Lerner（2002）は、視覚的に表現しうるが、まだその表現を具現化させていないアイテム（たとえば外見が特徴的な人の名前）が置かれることによって、そのアイテムの次の位置で視覚的に表現することが適切な環境が用意されることを指摘している。Lerner の例とは少し環境が異なるものの、シュノーケルの例では、シュノーケルの概要を尋ねる FPP が置かれることによって、SPP でそのアイテムが視覚的に表現されうることが予測できるようになっている。より正確にいうと、FPP（「それなにどんなんやけ」）に続いて返答の候補（「ぴゅ::っていくや（つ）」）が付加され、この付加部分で B がジェスチャーを準備していたことにより、その付加部分の TRP で始まるであろう B の返答が、ジェスチャーによる視覚的表現を伴うものになることが A にわかる。ここで述べた位置については、SPP 以外にも複数の位置でジェスチャーの同期が生じうることを、第 5 章で論じる。

同期に使われる資源の収斂という問題について、第二に、こうして予測可能になったジェスチャー表現が行なわれる位置において、いきなり焦点となる表現（Kendon（2004: 112）が述べるところの「表現の核」）が表出されるのではなく、まずは準備が存在する。第三に、さまざまに組み立てられうる準備が、焦点となる部分で何がどのように表現されるかが予測できるように組み立てられている。この断片ではBのジェスチャーの準備段階において掲げた左手と右手の構造的な差異（口元に両手を寄せる際の非対称性が、シュノーケルという装置の構造を投射しうる）が、右手にチューブを、左手にマウスピースを割り当てて行為者の視点でジェスチャーを行なうことを予測可能にしていた。以上述べたジェスチャーの準備については、断片4-1だけではなく、さまざまなジェスチャーの同期において確認できる、いわばジェスチャーの形式的組織とも呼べるものである。この点について、第3節で詳述する。

　参与者にとっての同期を取り扱うときにジェスチャーに現れる差異は少なからずみられる。というのも、「どのような内容で同期させるか」という問題は、同期に先立つ質問によってすべて解決されるわけではない。質問に答えようとする参与者がどの表現を選ぶかによってジェスチャーの内部構造は変化する。この内部で、返答者のうち1人以上が、ジェスチャーの微細な同期を志向し、他の返答者に対して視線を向け続ける。視線は、ある返答者から一方向に向けられる場合もあれば、双方向に視線が交わされる場合もある。

　ここで重要なのは、ジェスチャーを行なっている参与者たちさえも、最初からそれぞれのジェスチャーを重ね合わせることでどのような効果が現れるのかを全て理解しているとは限らない、ということである。むしろ、ジェスチャーの同期を成し遂げていく過程でそれぞれの知識の一端が明らかになることで、チーム性を示したり、一体感や高揚感を得たり、差異を意識して自己修復をしたりといった相互行為上の副次的な効果が生じる可能性がある。断片4-1でいえば、AとBとで説明の共同産出（第6章第1節参照）を達成するとほぼ同時に、Cがした質問（15行目）の直接の宛先ではなかったAが、単独で発話権を得てシュノーケルについての説明を完了

させている(22行目)*7。このようなジェスチャーの同期により達成される行為や活動、相互行為上の効果については、第6章と第7章で論じる。

3. 高められた投射可能性　ジェスチャーの準備*8

　本節と次節では、ジェスチャーの同期にとって重要な資源となりうる身体について論じたい。まず、認識可能なジェスチャーの準備、次に表現される対象や身体そのものが有する規範的構造、そして会話の中で繰り返し用いられることが、ジェスチャーの同期の達成に体系的に用いられていることを示す。

　第2節で述べたように、ジェスチャーの構造の中で、ジェスチャーの準備として認識可能な段階は、人びとにとって、自ずと「次に特定の表現が決まった方法でなされる」と理解することができる形式的組織であるというのが、第3節と第4節の主張である。その根拠として、現在の話し手が先行して焦点となるジェスチャー表現を産出するケースと、後からジェスチャーをし始める者が先行するケースを紹介しよう*9。

3.1　話し手が先行するケース

　断片4-2は、同じ大学に通い、同じ部活動に所属する2年生5人(男性3人、女性2人)の会話場面からの抜粋である。この断片の少し前で、1人暮らしで揚げ物を調理するかどうかという話題になったときに、CとDはある程度日常で揚げ物調理をする者として経験を語り合っていた。一方でBとEは揚げ物調理をしない者として振る舞っており、Aは特にどちらとも表明していない。

(4-2)［oil tank-油を捨てる］

```
09         B：[＞なんなん＜油[タン[ク  って  ]
10         D：[    huh       [huh [u ↓hu
11         A：                    [＞なにそれ＜]
```

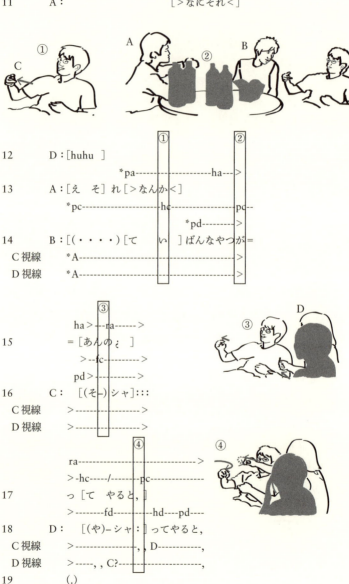

```
12         D：[huhu ]
                            *pa-----------------ha-->
13         A：[え  そ]れ[＞なんか＜]
                  *pc----------hc-----------pc--
                                    *pd--------->
14         B：[（・・・・）[て   い  ]ばんなやつが=
    C視線      *A------------------------------
    D視線      *A------------------------------

            ha＞--ra------＞
15         =[あんの¿  ]
            ＞--fc-----＞
            pd＞--------＞
16         C：  [(そ-)シャ]：：：
    C視線      ＞---------------------＞
    D視線      ＞---------------------＞

            ra-----------------------------＞
            ＞-hc-----/--------pc-----------
17         っ[て  やると, ]
            ＞--------fd----------hd----pd----
18         D：  [（や)-シャ：]ってやると,
    C視線      ＞-------------,, D-----------,
    D視線      ＞-----,, C?------------------,
19              (.)
```

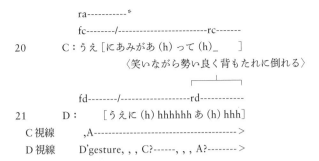

ここでCとDが、使用済みの油を濾過し貯めておくための調理器具*10（この断片の直前（断片4-3）で、CとDはこれを「油タンク」と呼んだ）についてA、B、Eに説明している。Bの質問に答えようとする中で、Cが「油タンク」の使い方を、ジェスチャーによって表現し始める。まずCは、何かの取っ手を持つような手の形にして、右腕を曲げた状態で突き出す。続けてこの状態でCは、約0.4秒の間動作を止める（13–14行目 hc：①②）。このとき、Cが動きを止めている間にDも右腕を前方に伸ばし始める（13–16行目 pd：③）。続けてCが腕を捻って手を傾け、油を「油タンク」へと流し込む仕草をすると、Dも急速にそれに追いつき、油を流し込むジェスチャーの同期が成し遂げられる（17–18行目 nc、nd：④）。

Cはここで油を流し込む仕草と「シャ:::ってやる」（16–17行目）と言って「油タンク」の使い方（の1部分）を表現しているが、ジェスチャー自体はこの表現に先立って開始され、取っ手を握る仕草がこのジェスチャー表現の「準備」として行なわれている。発話された語彙と対応して発せられる性質についてSchegloff (1984)が観察したように、ジェスチャーはしばしば対応する語彙が発されるより前に開始される。このとき、開始されたジェスチャーは、焦点となるジェスチャー表現を産み出すための「準備」を構成する場合がある。この断片で生じていることは、「油を流し込む」というジェスチャーを組み立てる際に、Cがその「準備」として調理器具（おそらくは油の入った手鍋）を胸の高さで持っているような「構え」を産み出し、この構えが他者（D）に利用されて同期（油を流

し込むという、焦点となるジェスチャー表現が合うこと）が起こるということである。つまりCの構えは、これからどのようなジェスチャーによる表現が行なわれるかを投射し、この投射が同期達成の資源になっている。

　次に、このジェスチャーの同期で使われているジェスチャーの「準備」が、準備として認識可能な性質を備えていることを述べよう。この断片では最初にAとBが「油タンク」に関する質問を発しており（09、11、14、15行目）、CとDがそれに応じる形で説明する位置が作り出されている。この位置でCが右腕を上げ始めた時、手はすぐに取っ手を握る形状を示し始める。同時にこのときCはまだ、ジェスチャーで表現される対象（「シャ：：：ってやる」）を言葉にしていない。このような行為連鎖上の位置と発話との関係から、Cの手の動きは「油タンク」を説明するジェスチャーを準備するものとして、受け手にとって認識可能である。そして「油タンク」がどういったものなのかを知っている者にとって（あるいは調理した油を処理したことがある者にとって）、取っ手を掴む動作が油の入った手鍋の類を表すものであることも容易に理解できるであろう。だからCの動作は、「油タンク」がどういったものなのかを表す、特定の形状と軌道のジェスチャーを準備するものとして認識可能だといえる。加えてここで、Cは右腕を前方に差し出したまま、約0.4秒動作を止めている。これはジェスチャー研究でいう前-実行保持（Kita, van Gijn, and van der Hulst, 1998）にあたるが、このような動作の一時的停止が、ジェスチャーの途中ではなく、ジェスチャーを準備し終え、次に焦点となるジェスチャー表現を実行しようとする時点で行なわれることに注意しよう。つまりCは、「油タンク」を説明するジェスチャーの準備を終えて、次に焦点となるジェスチャー表現に向かうことのできる位置にいる。Cのジェスチャーの準備に伴う前-実行保持は、Dにジェスチャーの同期を成し遂げるための拡張された機会を与える[*11]ことになる。

　この例のように、映像的ジェスチャーが、そのジェスチャー表現に対応する語彙が発される前に開始されるとき、投射空間（Schegloff, 1984: 278）が形成される（第3章第4.2節参照）。つま

り、開始されたジェスチャーは、ジェスチャー表現が結びつく語彙の産出を投射する役割を担っている。もちろん、Schegloff が開始点もしくはジェスチャー表現の核から投射空間が開始されると述べているように、あらゆる映像的ジェスチャーの開始点が、投射空間の起点となるわけではない。また投射空間において投射されるものはジェスチャー表現に対応する語彙の産出であって、焦点となるジェスチャーがどう産出されるかではない。しかしながら、次の2点を考慮すると、投射空間の概念は、本書が対象にするジェスチャー自体が有する構造の投射の議論と結びつく。

　第一に、開始されたジェスチャーは、（語彙の産出のみならず）ジェスチャー自体がその後どう展開するかを投射しうる（Streeck, 2009b: 164）。第二に、ジェスチャー表現が結びつく語彙と、対応する焦点となるジェスチャー表現とが、同時に発せられるようにしばしば話し手は調整を行なう（Kendon, 2004: 127）。本節で主張するようにジェスチャーが認識可能な準備を伴って開始されることがあるとした場合に、この2点をふまえると、投射空間の概念は本節の分析にとって大きな役割を果たす。すなわち、断片 4-2 のようにジェスチャーが認識可能な準備を伴って開始され、かつジェスチャー表現が結びつく語彙と対応する焦点となるジェスチャー表現とが同時に発されている（「シャ::ってやると」（16–18 行目）と油を流し込むジェスチャー）場合、投射空間は語彙の投射を行なうだけではなく、ジェスチャー表現自体の投射をも行なう空間になる。

　この投射空間は、受け手の参与を促す仕組みも内包している場合がある。断片 4-2 ではジェスチャー表現が結びつく語彙を発するまでの投射空間において、CとDがまだAとBの質問に対して返答していない。このときジェスチャーの準備は、それ自体、返答がどのような形式で組み立てられるのかの投射を行なっているがゆえに、答えの「ヒント」として理解されうるものになる。そして、「ヒント」は当然答えとしては不十分であるから、その謎を解くことが受け手に動機づけられる*12。

　この謎を解くことへの志向性が、断片 4-2 にみられる。この断片では、じつはCとDだけではなく、Aも似たジェスチャーを準備

していた。Cが腕を突き出し始めたのを見てAは、自分も左腕を曲げて突き出す（12–14行目 pa：②）*13。

　だがこのジェスチャーはCとDのそれとは異なり、油を流し込む表現まで進まない。CとDがこの油を流し込むジェスチャーの同期を成し遂げるのを眺めながら、Aは突き出した左腕を、角度を変えずに少しずつ下げてゆく。つまり説明を受ける側のAは、Cが差し出した「ヒント」を使って謎解きをしようとしたが、CとDの振る舞いを見ながら謎解きから離脱し、問いの解答に辿り着こうとしている。この、13行目の発話を完了させずに左腕を下げて謎解きから離脱してゆくとき、Aは、ジェスチャーの準備だけを利用したことをこの振る舞いにより示している。この断片の記述から示されるように、ジェスチャーの漸進的展開の中にいる参与者は、少なくとも準備段階という区分を認識し、この区分に敏感な形で相互行為を組織化している。

3.2　受け手が先行するケース

　興味深いことに、ジェスチャーの同期に際して先にジェスチャーを準備した者（話し手）ではなく、後からジェスチャーを開始した者（受け手）が焦点となるジェスチャー表現を先に産出し始めることがある。次の断片4-3を検討することで、ジェスチャーの同期に際して実際に受け手が認識可能なジェスチャーの準備段階を利用しているという主張を支持するより強い証拠を示そう。断片4-3は、断片4-2の直前の部分にあたる。

(4-3)［oil tank-油タンク］
```
01        C：魚揚げると油汚れるし：
02        D：やばいほんっ［とに臭う.            ］
03        B：         ［え(a)＞じゃ(じゃ)＜使］った油＝
　C視線    D------, midair----,,,,,,,,,,,,,,,,,, B------＞
　D視線    ,,A-----,,,,,,,, B & C-----------------------＞
04        ＝どこに保存すんの¿
　C視線    ＞----down-----------＞
　D視線    ＞---------------------＞
```

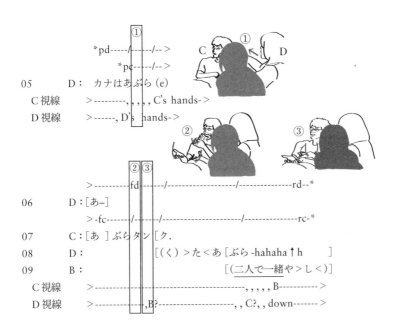

```
                    ①
              *pd----/------/-->    C       D
              *pc----/-->
05      D:   カナはあぶら(e)
  C視線       >--------,,,,, C's hands->
  D視線       >------, D's hands->

                   ② ③
              >---------fd------/-----------------/------------rd--*
06      D:  [あ-]
              >-fc-----/------/-----------------/------------rc-*
07      C:  [あ ]ぶらタン[ク.
08      D:                 [(く) >た<あ[ぶら-hahaha↑h     ]
09      B:                              [(二人で一緒や>し<)]
  C視線       >---------------------------,,,,B---------->
  D視線       >-----------,B?----------------,,C?,,down------>
```

　Bに使用済みの油をどこに保存しておくのかを問われる（03-04行目）と、家で揚げ物をすることを公言していたDは、「カナはあぶら（e）」（05行目、「カナ」はDの名前（仮名））と言いながらソファーの背もたれから背を浮かせ、軽く開いた両手のひらを向かい合わせにして前方に突き出し始める（05行目pd：①）。断片4-1および断片4-2と同様に、この断片でもSPPが生起する位置でジェスチャーの同期が生じる。断片4-3が4-1や4-2と異なる点は、後からジェスチャーを開始したCが先に焦点となる表現を産出し、先行してジェスチャーを開始したDがそれに続く点である。Cが先にオイルポットの形態を産出して（07行目fc：②）その形態をなぞるよう再度同じ動作を繰り返すそのときに、Dが焦点となる表現の産出を開始することで、ジェスチャーの同期が生じている（06-08行目fd、fc：③）。

　ここでもDのジェスチャーの準備が、何をどう表現しようとしているかが認識可能なように組み立てられている。すなわち使用済みの油の保存先について返答するスロットでDは「あぶら（e）」（05行目）と言いながら両手を突き出しているので、まだ表現され

ていない対象を、両手を用いたジェスチャーにより、その次の位置で表現することがわかる。この両手は軽く開かれ、両手のひらが同じ位置で向かい合っているので、オイルポットを知っている者にとってはそれがオイルポットの形状を左右対称に表現しうるものであることが理解できる。

　この断片がこれまでのものと異なるのは、この認識可能なジェスチャーの準備に続いて焦点となるジェスチャー表現を産出し始めるのが、現行の話し手ではなく後からジェスチャーを開始した者である。Dは背もたれから背を浮かせながら両手を大きく前方に突き出すが、これを見たC（Cはこの会話場面で揚げ物経験を最初に話し出した人物）は、自分の眼前にすばやく両手を差し出し、Dが突き出した両手でオイルポットの形状を表し始めるより早く、両手を下方にふくらませながら下ろす（07行目 fc：②）。同時にCは「油タンク」（07行目）と言い、「あぶら（e）」（05行目）と発しながら言い淀んでいたDより早く調理器具の名前（ただし、間に合わせの呼称*14）を口にする。Dはそれに遅れてCと同様に両手をお椀状にふくらませながら下降させ、そのジェスチャーが、「油タンク」の形状をなぞるように繰り返していたCとジェスチャーと同期を達成する（06–08行目 fd、fc：③）。

　もちろん、Cによる「油タンク」のジェスチャー表現が、本当にDが準備していたものと同一かどうかはわからない。重要なことは、先に焦点となるジェスチャー表現を産出し始めることによってCはまさに自分が先行するDのジェスチャーの準備を利用したことを示しているし、Dはそれについていくことによって、自らのジェスチャーの準備が利用されてジェスチャーの同期が達成されたという理解を示していることにある。

　なお、この断片および断片4-1では、遅れてジェスチャーを開始した者による準備の簡略化がみられた。すなわち、断片4-3のCはすばやく両手を差し出し、断片4-1のAは両手を口元に持っていく準備を簡略化して、焦点となるジェスチャー表現に参入することができた。

　繰り返し観察された受け手側の準備の簡略化は、焦点となるジェ

スチャー表現を重ね合わせることに参与者が志向している（Lerner, 2002: 249）ことを示すとともに、受け手が認識可能なジェスチャーの準備を利用してジェスチャーの同期を成し遂げているという観察の傍証となるであろう。すなわち、簡略化を行なうためにはそれに先立って相手（この場合話し手）の振る舞いが利用できなければならない。相手の振る舞いを利用しつつ、特定の位置（焦点となる表現）にタイミングをあわせるようにその振る舞いを簡略化したならば、利用した振る舞い自体はタイミングを合わせる前の段階にある、簡略化してよいものであると受け手がみなしていることを示すであろう。

3.3 小括

本節では何をどう、どのタイミングで表現するかを前もって予測可能にするような認識可能なジェスチャーの準備が、ジェスチャーの投射可能性を上昇させ、そのことを通じてジェスチャーの同期の資源として用いられることを明らかにした。ジェスチャーはしばしばそれにより表現される言語表現が発される前に開始され（Schegloff, 1984）、言語表現が発されるのと同時に焦点となるジェスチャー表現も産出される。いま、何らかの表現を視覚的に行なうことが適切なスロットにおいて、その表現を行なうことが適切な者が手や姿勢などを目立って動かし、かつその焦点となる表現はまだ産出されていないことが明らかなとき、受け手はそれをジェスチャーの準備の段階にあるものとしてみることができるであろう。そしてこの準備は、何かの道具を構えるようにみせるなどのやり方で、特定の形状や軌道、タイミングで組織されるジェスチャーの準備として認識可能になっている場合（次節参照）がある。このとき受け手は、この認識可能性により高められた投射可能性を利用して自分のジェスチャーを重ね合わせてゆくことができる。

4. 高められた投射可能性　規範的構造、繰り返し利用すること*15

本章でここまで検討したジェスチャーの同期は、登場人物（行為者）の視点での道具使用（シュノーケル、オイルポット）の表現であった。これ以降も、傘、コップの使用が表現される断片が出てくる。傘やコップについて、私たちは形態や色やサイズに違いはあれど、おおよそ同じような存在を思い浮かべることができるし、これらの使用法を知っている（第1章第3節で述べた箸の使用法に関する部分も参照のこと）。このことは、道具はそれ自体、その形態や使用法の構造を規範的に備える（西阪，2008b; 2010）ことを示している。規範的構造とは、道具や身体が本来の目的に適ったやり方で使われるときの、あるべき構造のことをいう。ちなみに、本章における傘の使用に関する断片とは、老婦人が傘で猫を殴るというアニメーションの1シーンを描写するものである（断片5-2）。この傘の使用法は、本来の目的とは異なる目的のために用いられているといえる。重要なのは、本来の目的やあり方が、参与者とって理解可能であるということである。

会話において、ある道具の形状が表されそうだとわかったとき、あるいはその道具使用が表現されそうだと予測できるとき、その表現の展開の仕方もまた、その道具を知る者にとって予測可能になる。この予測可能性に対して、道具や身体が有する規範的構造が重要な役割を担っている。次節ではまず、この規範的構造について、もう少し議論を深める。次に、ジェスチャー表現を組織化する上で、特定の構造を繰り返し利用することによる投射可能性について紹介する。

4.1　表現対象および身体が有する規範的構造

ジェスチャーを分析する際、道具や身体が有する物理的構造だけでなく、規範的構造も考慮する必要がある。たとえばオイルポットは、断片4-2でCとDが実演的に示した通り、調理後、手鍋の中にある使用済みの油をオイルポット（断片4-3で「油タンク」と呼

ばれていた道具）に注ぎ込み、オイルポット上部に設置されている網によって使用済み油に浮いた滓を漉して、油を保存するための調理器具である。オイルポットがどのようなものかを説明する際、手鍋を持つような手の形状をしてジェスチャーの準備が行なわれたら、その次に語られるのは、オイルポットに油を注ぎ込み、滓を漉す作業であることが（少なくとも本来の目的に適ったやり方を知っている者にとっては）予測可能になる。第3節で明らかにしたのは、ジェスチャーの準備という段階と、そこで示される形式的特徴（手鍋を持つような手の形状が宙で保持されること）が有する投射可能性であった。断片4-2ではこれらの資源に加えて、オイルポットという調理器具がどのように使用されるべきか、その使用方法を可能にしている規範的構造もまた、投射可能性を高める資源として利用されているのである。

　身体を例にすると、私たちは、頭を上、足を下と認識している。だからこそ、手を使い、頭が下になり足が上となった状態で全身を支える姿勢を逆立ちという。道具や身体に規範的構造が備わっているという事実は、私たちがなんらかの活動を組織し、誰かと共同で何かを達成しようとするときの大きな手がかりになる。

　断片4-4をみてみよう。同じ学科に所属する女子大生3人が円卓に座って会話している（図1）。高知県の位置を詳しく知らないBに対して、四国地方のどこに高知県が位置するのかをAとCが説

図1　断片4-4における3人の配置＊16

明していて、そこで高知県を示すジェスチャーの同期が成し遂げられる（12–13行目：⑦⑧）。

(4-4)〔trip memories03- 高知県〕
```
01        B：高知ってどこやっけ：¿
               *pa-/
02          (0.9)
```

〈円卓上の左手の側に右人差し指で
　　小さく円を描く〉
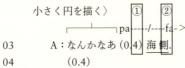
```
03        A：なんかなあ (0.4) 海 側.
04          (0.4)
```

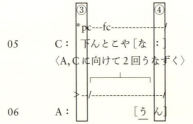
```
05        C：下んとこや［な ：
           〈A,Cに向けて2回うなずく〉

06        A：         ［うん

            fc>-----rc-------------*
            fa>-----*
07            ゜下［ん と こ゜
08        B：   ［下 の ］：(.)こっち？
09           (0.5)
```

106

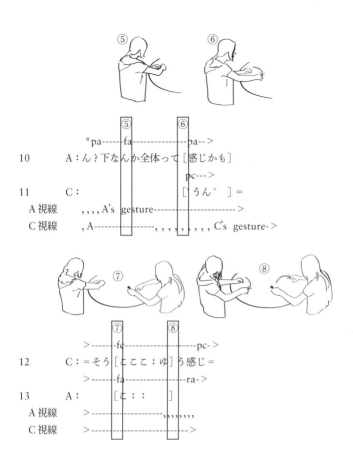

```
                    ⑤         ⑥
                *pa------fa-------------pa-->
10      A：ん？下なんか全体って[感じかも]
                                    pc--->
11      C：                    [ うん。  ]=
    A視線    ,,,, A's gesture------------->
    C視線    ,A-----------,,,,,,,,, C's gesture->
```

```
                    ⑦         ⑧
                >------fc------------pc->
12      C：=そう[ここここ：ゆ]う感じ=
                >------fa------------ra->
13      A：    [こ：：    ]
    A視線 >-----------,,,,,,,
    C視線 >----------------->
```

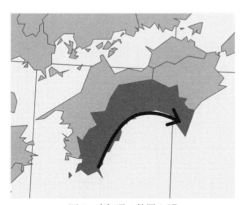

図2　高知県の位置＊17
（矢印はAとCによって表現されるジェスチャーの動きと形状を模している）

断片4-4では、円卓と地図、そして身体（とくに手の動かし方）が、同期を成し遂げるために重要な物理的・規範的構造を有している。まず円卓は、水平方向に平らという物理的構造を有しており、他の道具を置いて食事や読書といったさまざまな活動を可能にする。次に地図は、地球表面（の1部分）を一定の割合で縮めて平面上に表した画像representationである。断片4-4の参与者たちは、これと南を下と表現する規範とを利用して、円卓の平面上に四国地方の地図を生み出している*18。

　断片4-4で同期を生成しているジェスチャーは、右手を左側にもってゆき、左側を始点としてアーチを描くものである。最初にこのジェスチャーが表出されたのは、03行目の時点である。四国地方の四県は全て海に面しているので、海側という言語のみを捉えると、不適切な答えに聞こえるかもしれない。しかし、「海側」とAの右手が描いた「アーチ型」という組み合わせが適切になるのは、四国四県の中では凹部分が海に面している高知県しかない（図2：矢印の形（本書で「アーチ型」と呼ぶ）を参照のこと）。実際、Aが「海側」とジェスチャーによって高知県を表現した直後にCは右手を動かし、「下んとこやな：」と言いながら円卓から少し右手を浮かせてアーチを描き、高知県が四国の南側であるという情報を追加し（05行目：③④）、Aはこれに承認を与えている（06–07行目）。

4.2　ジェスチャーを繰り返し利用すること

　断片4-4のジェスチャーの同期を可能にしている資源は、円卓と地図が有する物理的同形性と地図（高知県）が有する規範的構造だけではない。特定のジェスチャーを繰り返し利用することで局所的に生まれた秩序（一貫性または結束性）も資源となっている。このことを明らかにしていこう。

　心理言語学の立場からMcNeillらが明らかにしたように、人は、しばしば同じジェスチャー（同じ場所から動かす、同じ手の形で表現するなど）を繰り返し利用することで、話題の結束性topical cohesion（たとえば、話題を展開させる具体的な出来事は異なってい

ても、登場人物やオチ自体は複数のストーリーに共通していることがわかる）を示すことができる（McNeill, 1992; McNeill and Levy, 1993）。このような結束性は1人の話し手のジェスチャー使用だけでなく、学習者と指導者間のやりとりにおける学習者たちのジェスチャー（Koschmann and LeBaron, 2002）や建築家のミーティング（Murphy, 2005）や大学生の映画製作ミーティング（Yasui, 2013）における参与者間のジェスチャー使用においても観察される。

断片4-4では、まず、Aは円卓から少し浮いた位置で小さく円を描くように右手を動かす（03行目）。次に、右手の親指と人差し指を一定に広げ（03行目 pa：①）、「海」と言いながら右手を円卓に置かれた左手の傍に置き、「側」と言いながら右方向にアーチを描く（03行目 fa：②）。以上が、この会話で最初に高知県が表現される—「海側」という語彙と対応する形でジェスチャーが組み立てられる—過程である。その直後に、Cが高知県の位置について情報（「下んとこ」）を追加する際*19、Aが用いたのと同様のジェスチャーを行なう（05行目 pc, fc：③④）。Aは、Cの情報追加を承認する際にも、再び同じ方法でアーチを描く（06–07行目 fa）。

Aが自身で繰り返すだけでなく、CもまたAと同じようなジェスチャーをしながら高知県について説明（情報追加）をすることは、会話におけるジェスチャーの結束性 gestural cohesion（McNeill and Levy, 1993）に寄与するだけでなく、Aが生み出した高知県の形状（および四国地方における位置）を意味するジェスチャーを、高知県の位置を説明する上で合理的であるとCが認めたことを示す。

このようにAが繰り返しジェスチャーをするだけでなく、Cも同様のジェスチャーをしていた状況で、円卓上に右手を左寄りに置くというAのジェスチャーの準備もまた、「次にAの右手は右方向にいままでと同じようなアーチを描く」ことを予測可能にするような高められた投射可能性を有する。CがAのジェスチャー（10行目 fa：⑤⑥）を見てタイミングを計り、11行目の「˚うん˚」と共起してジェスチャーの準備を自ら行なった直後、AとCによって

焦点となるジェスチャー表現の同期が成し遂げられる（12–13行目 fc、fa：⑦⑧）。

4.3 小括

本節では、ジェスチャー表現を予測可能にする身体・物理的資源について、道具および身体が有する規範的構造とジェスチャーを繰り返し利用することの2つを紹介した。ここで、断片4-4では、第3節で述べたジェスチャーの準備も利用されてジェスチャーの同期が達成されていることを思い出して欲しい。これまで紹介した焦点となるジェスチャー表現を予測可能にする資源は、それ単独というよりもむしろ、その他の言語的、連鎖的、身体・物理的資源とともに利用されることにより、その収斂によって特定のジェスチャー表現のやり方を予測可能にしている。

5.「同じ」を目指す人びとの試み　細部のずれに関する考察

断片4-1「シュノーケル」や断片4-2および4-3「油タンク」の例を思い出してほしい。シュノーケルもしくは油タンクの形状や使用方法を表現することで1つのスロットを満たそうとしている中で、ジェスチャーの同期を試みる者たちが、ただ機械的に同じように手を動かすのではなく、2人で微調整しつつ同時に表すことを志向していることは、2人のジェスチャーに差があることからわかる。

たとえば、断片4-1におけるAとBのジェスチャーは、マウスピース、チューブという異なる要素において詳細に一致している一方で、左右の手の使い方に関しては異なっている。すなわち、後からジェスチャーを開始したAは、途中でBのジェスチャーを追い抜き、先にチューブ部分を表現している（18行目 ha。形状は④を参照）。このとき、Aの左手は髪の毛をさわって（18行目：③）から口元へと移動し、右手でチューブを表しながらシュノーケルを表現していて、マウスピースの表現はあいまいである。一方、Bはマウスピースを表現する際に、両手を口に当てており（19行目：③）、

そこから右手のみを上方に動かしてチューブを表現している（20行目：④）。結果だけをみれば、XとYは、左右の腕ともまったく同じポーズでジェスチャーを終えている（18–20行目：④）。しかし細部に注目すると、2人は、同じシュノーケルのマウスピースを表現するために異なる手の使い方をしているのである。

　断片4-1のAとBの手の使い方の違いに言及することは、ジェスチャーの同期の失敗を意味するのではない。確かに、相互行為の外部の視点からジェスチャーの同期を分析していたら、細部のずれを理由に、分析の俎上にすら載らなかったかもしれない。本書では、むしろ、そのような異なる手の使い方をしても、ジェスチャーの同期を達成できることの重要性を本書では強調したい。シュノーケルがどのようなものか表現する上で、断片4-1のように口元から表現しなくても、たとえば円卓の上で手を動かす、手のひら全体を用いないで人差し指だけで描くように動かす、といったやり方でも表現することはできる。このような意味で、表現の自由度の高いジェスチャーが、その場で1度も産出されていないにもかかわらずほぼ同時に複数の人によって、口元からチューブを表すという似たようなやり方で産出されることは、Lerner（2002）が指摘した通り、同期している対象（または発話内容）に対する理解を示す強いやり方である[*20]。

　いま述べたことを規範という語を頼りに敷衍してみよう。ジェスチャーの同期がそれ自体として記述できるのは、身体的な動きや形状の物理的な一致度によってではない。物理的な一致度に囚われていると、相互行為において参与者が示している合理性や柔軟性を取りこぼしてしまう。ここで重要になるのは、参与者たちは、行なわれている活動の規範的秩序の中で、表現される対象および表現を試みる身体がもつ規範的な性質をどのように位置付けるのか、である[*21]。活動の規範的秩序とは、さまざまな活動にとっての適切さを可能にするものである。友人同士のおしゃべり、職場での会議のような活動にとっての適切さは、共通する部分もあればまったく異なる部分もあるであろう（たとえば、会議中はおしゃべりとは異なる発話順番の取得方法や発言の組み立て方が用いられる）。活動の

規範的秩序の中で、特定の対象を表現することを通じて行なわれる行為（または活動）が構造的に位置付けられようとする、そのやり方もまた規範的であるがゆえに、人びとにとっての同期は、身体的な動きや形状といった物理的な一致度とはまったく関わりあうことなく、成し遂げられる。

　活動の規範的秩序の中で、人びとにとっての同期がどのようにして成し遂げられているのか。本書ではここまで、同時に同じ「焦点となるジェスチャー表現」を産出するために、その焦点となる表現の組み立て方には、(1) 各々の共同産出者による微調整が生じること、(2) 表現される対象が、表現する身体、ジェスチャー自体や環境（たとえば円卓）が有する規範的構造の中で規範的に位置付けられることを主に示してきた。ここからは、ジェスチャーの同期内における形状や動きが異なっていても、参与者がジェスチャーの同期が達成されたものとみなす場合があることを示す。第6節では、参与者がジェスチャーの同期内における形状の差異に志向する際のやり方さえも、「ジェスチャーの同期」が達成されたことに感応的な形で組織されていることを示す。こうした分析を踏まえて、同じスロット内で示されたジェスチャーが同じ対象を表現しようと試みているという側面を取り上げるのか、はたまた形状や動作の異なっている側面を取り上げるのかは、研究者側が判断することではなく、あくまで規範的であり、参与者側の問題だということを示す。

　唱和的共同産出を探究したLerner（2002）や串田（1997b, 2006）は、「言葉を重ね合わせる工夫によって生み出される現象であって、結果としての言葉の一致ではない」（串田，2006: 117）ことを明言し、重ね合わせ損なった部分を参与者たちがどのように取り扱っているかを例示している。

　ここで、2人の考察を踏まえて第3章第7.1節で述べた発言とジェスチャーとの構造のちがいに触れたい。言葉が文字列の規則性に拘束される傾向にある一方で、ジェスチャーは言葉よりも表現の自由度が高い。このことはすなわち、唱和的共同産出は一音一音の一致ないし不一致が参与者にとってはっきりしやすく、ジェスチャー表現を構成する手の形や動作などは言葉と比べて曖昧になり

やすいことを意味する。

　断片4-1において、Aはジェスチャーを産出しつつあるBのジェスチャーに追いつくのに、髪をさわるという表現とは関係のない動きを含めながらも、焦点となるジェスチャー表現の同期を成し遂げている。このときAは、少なくとも次の2つに志向していた。1つは、Bの両手の配置から、シュノーケルの表現方法について選択肢を狭めることができたということ（第3節の分析と関連）。もう1つは、シュノーケルの形状と装着したときの様子など、規範的構造に関する知識を利用して、同時に同じ動きを行なうために、何を捨象できるのか、どの動きがこの相互行為上でシュノーケルを表現するための「焦点」となりえるのかがBの両手の配置および動かされつつある様子から理解可能だということである（第4節の分析と関連）。Aは、このような取捨選択を瞬時にしてみせることで、Bの発話順番に参入する権限があることを改めて示している。そして、ジェスチャーの同期を達成したAとBは、ジェスチャーの同期を通じてCへの返答を組み立てて共同産出を達成しつつ、互いがシュノーケルに対して同じ捉え方を持ち合わせていること、つまりシュノーケルを共に産出するチームとしての一体感を確認しているように「みえる」のである[*22]。

6.「同期スロット」におけるジェスチャーの差異に対する志向性

　ジェスチャーの同期が成し遂げられることで一体感を生み出し、相互行為における「効果」が現れる一方で、同じスロット内で示されたジェスチャーが同じやり方で対象を表現しようと試みているという側面を取り上げるのか、はたまた産出された形状や動作の異なっている側面を取り上げるのかを、参与者たちは自らが従事している活動の規範的秩序に基づいて取捨選択している。この取捨選択が、ジェスチャーの同期が達成された行為もしくは活動に感応的なかたちで行なわれていることを提示するために、「さかい」という言葉の意味をめぐるジェスチャーの同期例（断片4-5）を挙げる。

富士山に登山する予定がある留学生のAは、日本人であるBとCに富士山名物、または当地の特産のお土産について尋ねる。BとCは、富士山がそびえ立つ都道府県がどこかを示してからAの問いに答えようとするが、その都道府県の想起がスムーズにいかない。断片4-5のトランスクリプトには、都道府県の想起開始から終了までが記されている。

(4-5)［trip memories06- 富士山］
01　　　B：富士山がある (0.3) 県？(0.3) はお茶(°や°) お茶？
02　　　　　＞静岡やっけ富士山って＜
03　　　　　(1.0)
04　　　C：うん
　　　　　　((11行省略))
16　　　B：どこだ (っし)↑え？
17　　　　　(0.3)
18　　　A：なんか：な，
19　　　　　(0.5)
20　　　A：な：し？
21　　　B：＞ちがう＜山梨じゃなかったっ

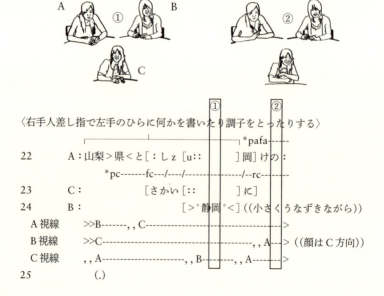

〈右手人差し指で左手のひらに何かを書いたり調子をとったりする〉
　　　　　　　┌──────────────────────────┐①　　②
22　　　A：山梨＞県＜と [：し z [u：：　　]＊pafa-----
　　　　　　　＊pc-------fc---/----/---------------/--rc------
23　　　C：　　　　　　[さかい[：：　　　]に：
24　　　B：　　　　　　　　　[＞°静岡°＜]((小さくうなずきながら))
　　A視線　　＞＞B-------,, C-----------------------------＞
　　B視線　　＞＞C----------------------------,, A-----＞((顔はC方向))
　　C視線　　,, A--------------------,, B-----,, A-----＞
25　　　　　(.)

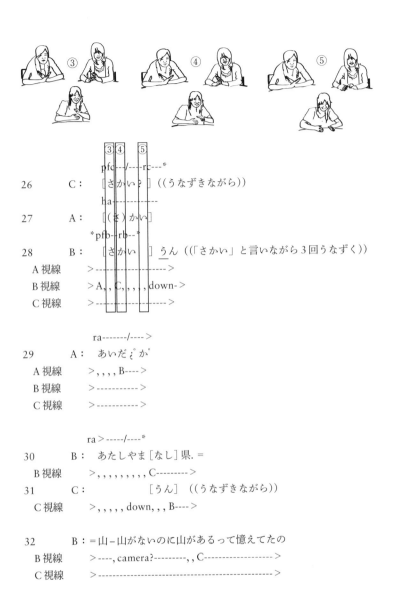

```
                       ③④ ⑤
                       pfc--/---rc---*
26       C :          [さ か い?] ((うなずきながら))
                       ha--------
27       A :          [(さ)か い]
                      *pfb--rb--*
28       B :          [さ か い ] うん ((「さかい」と言いながら3回うなずく))
A 視線     >------------->
B 視線     >A,,C,,,,down->
C 視線     >------------->


                      ra-------/---->
29       A :          あいだ ¿ か ゜
A 視線     >,,,B---->
B 視線     >---------->
C 視線     >---------->


                      ra>-----/----*
30       B :          あたしやま[なし]県.=
B 視線     >,,,,,,,,C--------->

31       C :                  [うん] ((うなずきながら))
C 視線     >,,,,down,,,B---->

32       B : =山‒山がないのに山があるって憶えてたの
B 視線     >----,camera?---------,,C------------------->
C 視線     >--------------------------------------->
```

　断片4-5では、22行目から28行目にかけて、境界を表現する2つのジェスチャー表現がみられる。1つは、AとBが行なう両手を交差させるクロス型(22行目fa：②、28行目fb：③④)、もう1つはCが2回行なう、小指側を下にして両手のひらを円卓に立てる垂直立て型(23行目fc：①、26行目fc：⑤)。まずAとCは、それぞれ、「静::岡けの：」(22行目)「さかい::(に)」(23行目)

と共起する形で、クロス型（A）と垂直立て型（C）のジェスチャーを行なう。次に、Cはいったんその表現を解消してから再度「さかい」と共起する形でもう1度垂直立て型のジェスチャーを行なう（26行目 fc：③④⑤）のに対し、Aはずっとクロスした状態を保持（後-実行保持）し続けている（27行目 ha：③④⑤）。

　「さかい」という語が3人同時に発せられた（26-28行目）後で、Aが「あいだ」と発している（29行目）ことに注意しよう。「あいだ」という語が意味論上示すのは、境界ではなく、2つのものに挟まれたある空間である。この「さかい」と「あいだ」がそれぞれ有する意味と、共起した2つのジェスチャー（クロス型と垂直立て型）が表現する内容とを考えてみよう。Aの振る舞い―ジェスチャーの同期直後に「あいだ¿か゜」とつぶやく―をみると、Aにとっては、クロス型の方がより「さかい」の表現として適切であり、垂直立て型は「あいだ」の表現として適切だと捉えているといえる。もちろん、このような言葉とジェスチャーの組み合わせに規則性はなく、表現の適切・不適切を論議する意味はあまりない。しかし、ジェスチャーの同期を通じて、AにはCの発言とジェスチャーの組み合わせが自らの組み合わせと異なっているようにみえた*23。つまり自らとCの間で発言とジェスチャーとの組み合わせが異なっていたことにより、A*24はジェスチャーを長く保持した結果*25、「あいだ」という自己修復をしたと考えられる。

　ジェスチャーの同期直後に行なわれたAの自己修復実行（29行目）が、語尾を弱めて独り言であるかのようであること、そしてBにもCにもあからさまに取り上げられていない（30、31行目）ことに注目しよう。これらは、3人で同じスロットを満たした（26-28行目）ことによる公的な一体感を阻害しないためのやり方の1つにみえる。このことを詳細に述べると次の通りである。発話とジェスチャーの双方において同期を成し遂げ3人で「さかい」を表現したことにより、富士山がそびえ立っている県を想起するという活動が完了したこと、3人で共通理解を構築したことを、表現を重ね合わせるという一体感とともに示し合った。ただ、Aは自分と（少なくとも）Cとのジェスチャー表現の差異に敏感になり、その

結果、発話とジェスチャーとの組み合わせを変化させたことを、想起を無事完了させたことを侵害しない形で控えめに示した。そしてBとCも、Aの控えめな振る舞いに感応的な形で振る舞っているといえる。

断片4-1の参与者たちは、シュノーケルを表現する一連のやり方について差異を取り上げることはなかった。他方、断片4-5では、Aのみ、「さかい」を表現する発話とジェスチャーの組み合わせに関する差異に対して自己修復実行を行なっていた。これらは、それぞれの参与者たちの選択の結果だと考えられる。さらなる精査が必要だが、現時点においても、この選択は自由気ままにではなく、そのときに従事している活動など、参与者を取り巻く規範的秩序の中で行なわれている、ということはいえるであろう。そして、このことを明らかにするためには、外部の視点からタイミングや形状に差異があるようにみえても、参与者たちがその行為を重ね合わせることや達成した一体感を損なわないことに志向していることが記述できる場合は、同期を成し遂げたものとして扱う必要性がある。

7. まとめ

本章では、Lerner（2002）の指摘を踏まえた上で、次の3点に一定の回答をする、または証拠を示すことを目指した。

(1) 表現の自由度が高いジェスチャーの同期を成し遂げる際に、どのように表現されうるかがわかるだけではなく、その形状と動きまでも合わせることができるほどにまで投射可能性を高めることがどうやってできるのか
(2) 同時に同じ焦点となるジェスチャー表現を産出するために、その焦点の組み立て方には各々の共同産出者による微調整が生じる
(3) ジェスチャーの同期内（同期本体）における形状が微妙に異なっていても参与者がジェスチャーの同期が達成されたものとみなす場合がある

(1) については、まず、ジェスチャーの同期達成過程を明らか

にした（第2節）。重要なこととして、ジェスチャーの同期は偶然あるいは突然生じるのではない。同期を達成しうるジェスチャー表現の内容と構成、開始のタイミング、どの参与者が関わるかは、その直前にどのような投射があったかに影響を受ける。これを、ジェスチャーの同期達成過程における前段階と呼んだ。同期本体では、それまでの投射をもとに各々が自由にジェスチャーを産出するだけではなく、共に産出する相手の動きをモニタリングすることを通じ、自らの動きを微調整することで同期は達成される。

　前段階についてより詳しくいうと、特定の形態のジェスチャーを特定のタイミングで、特定の動きおよび形態を重ね合わせるためには、（ジェスチャーが「元の位置」から始まった場合には）次の3つの条件が必要になる。(i) ジェスチャー表現が行なわれうる位置が、前もって予測可能になっている。(ii) (i) で予測可能になったジェスチャー表現が行なわれる位置において、いきなり焦点となる表現が産出されるのではなく、準備段階が存在する。(iii) (ii) の準備段階が、「焦点となる表現がどのように組み立てられるか」を予測できるように組み立てられている*26。なお、ジェスチャーが「元の位置」ではなく、一連の、他のジェスチャーによる表象の中で行なわれるなら、(ii)(iii) は先行するジェスチャーによりもたらされる投射に代替されるであろう（たとえば、このあとに出てくる断片5-3など）。この3つの条件を踏んでジェスチャーの同期が試みられたときでも、もちろんそのまま同期が達成されるとは限らない。参与者は、身体動作や発言の調整などによって相互にモニタリングできる状態を作り出し、ジェスチャーの微妙な相互調整が行なわれて同期が達成される。

　ジェスチャー表現の内容と構成、開始のタイミング、どの参与者が関わるかは、これまで会話分析において論じられてきた言語的・連鎖的資源だけでなく、身体・物理的資源をも加えた複数の複合により予測可能になる。(1) に対する一定の回答として、ジェスチャーの同期にとって重要な投射可能性を高める身体・物理的資源について、ジェスチャーの準備、道具や身体が有する規範的構造、繰り返し特定のジェスチャー表現を使用することの3点について言

及した。もちろん、ジェスチャーの同期を可能にする投射可能性を高める身体・物理的資源は他にもありうる。相互行為に利用される身体・物理的資源にどのような種類のものがあり、それらが言語的・連鎖的資源とどのように複合して投射可能性を高めていくのかといった議論は、今後さらなる発展が望まれる。

（2）については、ジェスチャーの同期の前段階における各参与者の組み立て方の差異について、2つのことを指摘した。まず、先行する産出者によるジェスチャーの準備における保持（前－実行保持）は、後続の産出者にジェスチャーの同期を成し遂げるための拡張された機会を与えること。次に、後続者は準備の簡略化を行なうことである。ジェスチャーの同期本体における焦点となる表現の組み立て方については、結果だけをみると同じポーズで同期を終えているが、細部に注目すると異なる手の使い方をしている場合や、先行して焦点となるジェスチャー表現を産出した者がその表現を繰り返すときに後続者も焦点となる表現を産出することで同期を達成する場合があることを指摘した。これらの差異や微調整は、規範的秩序の中で焦点となるジェスチャー表現を同時に産出しようとする参与者たちの志向性を強く表すものである。

ジェスチャーの同期は、徹頭徹尾、同じ動きや形が同時に組織されるばかりではなく、（2）に対する証拠として分析を示したように、いくつもの差異を含んだ形で達成される。そのため、従来の同期・同調研究では、ジェスチャーの同期が達成されているかどうかは、研究者が操作的定義を定めて判定することで分析を進めてきた。それに対し本書では、ジェスチャーの同期を達成されたとみなすのは、あくまでも参与者たちが判断することであるという分析姿勢を採用した。本章では、参与者たちがジェスチャーの同期本体における差異を取り上げるやり方として、成し遂げられた同期に感応的な形―同期によって達成された一体感を損なわないやり方―で示される例を取り上げることで、（3）に対する証拠として提示し、ジェスチャーの同期内部の差異を取り上げるか否かも、参与者たちの問題だと考えられることを述べた。

本書が「ジェスチャーの同期」と呼び表すものは、外部から定め

た基準の範囲内で生じた結果としてのジェスチャーの一致ではない。参与者がいまいる状況や従事している活動にとっての問題を解決するために、同じ振る舞いを同時に行なうことを目指し達成しようとする試み（串田（2006）が述べるところの工夫）それ自体である。

---

*1 Lerner（2002）では、現象をジェスチャーの重ね合わせ gestural matching と呼んでいることに注意されたい。本書における「同期」という用語の使用に関しては第2章第4節を参照のこと。
*2 本節の議論は城・細馬（2009）をもとに大幅に改稿した。また、本節の一部には、城・平本（2015）の一部を転載し適宜改変した内容が含まれる。
*3 先行するTCUにつけ足されることで先行するTCUを拡張し、それを改めて完了させる。断片4-1においては、17行目は15行目につけ足される形で産出されている。
*4 ただし、嶺田・冨田（2009）は、会話分析のように相互行為の位置と組み立てに着目して分析したわけではなく、談話資料と小説資料をもとに文末表現の機能を考察したものである。
*5 たとえば野球選手のイチローが話題の対象となるとき、「高打率」「プロ通算安打の世界記録保持者」などの文字の知識よりも、「バッターボックスに立って右腕をセンター方向に伸ばしバットを垂直に掲げる」のような形式的特徴によって記述できる知識（または経験）を参与者間で理解し合うという状況を想定している。心理学の用語でいえば、前者は宣言的知識 declarative knowledge、後者は手続き的知識 procedural knowledge に相当すると考えてよい。
*6 質問（FPP）を産出する時点で質問者がジェスチャーを用いることによって、その直後の返答がジェスチャーを伴うものであるべきだという理解が生ずる場合もある（城, 2017b）。
*7 唱和的共同産出（言葉の重ね合わせ）の研究においては、完全に協調的とは言い切れないものとして、他者から発話順番を奪われないようにする場合（Lerner, 2002: 240–241）、発話順番の競合を回避するとともにその発話順番を自分の語りの準備へとたくみに転轍してしまう場合（串田, 2006: 134–136）などが「発見」されている。
*8 本節は城・平本（2015）の主張をもとに、分析の一部を転載し、適宜改変している。
*9 なお、第2節で分析した断片4-1は、現在の話し手が先行して焦点となるジェスチャー表現を産出するケース（Bが先行し、Aが後からジェスチャーをし始める）に該当する。
*10 通常、この調理器具はオイルポットと呼ばれる。
*11 すなわち、Cが待っているからこそ、Dは同期に参入しやすくなってい

る。

*12　Lerner（2002）は"Angela Davis look"の分析で、対象の目立った形式的特徴がほのめかされているけれども直接的には描写されていないといった［謎 puzzle＋解答 solution］のような連鎖が開始されたとき、その後さらなる描写が話し手もしくは受け手によって行われることが適切になると述べている（ibid: 246）（第3章第5.3節も参照のこと）。

*13　Cが開始したジェスチャーの準備に対して最初に追従したのはAであり、Dはこの両者のジェスチャーの準備を見ることができる状態だった。断片4-1でも、話し手であるBのジェスチャーに最初に追従したのがCであり、AはこのCのジェスチャーを見ることができたことを思い出して欲しい。結果として同期を達成した者たちだけでなく、その場にいる他の参与者たちによる振る舞いもまた、ジェスチャーの同期を達成するために利用可能な資源となる。

*14　「タンク」は通常、液体や気体を貯蔵しておく大きな容器を指すものとして、人びとに理解されている。筆者が「間に合わせの呼称」と呼ぶのは、「油タンク」という呼称自体が耳慣れないことに加えて、社会成員として、「タンク」という概念と当該調理器具（オイルポット）の実態との間に、ある意味において乖離を感じるからである（液体を貯蔵する容器という意味においては同質性を有しているけれども）。この感覚は、筆者の個人的なものではなく、常識的（あるいは規範的）なものとして、広く共有されるはずのものである。

*15　本節は城（2017b）の主張をもとに、分析の一部を転載し、適宜改変している。

*16　データ群「旅行の思い出」から抜粋した断片（3-10、4-1、4-5、5-5）は、円卓の中心に菓子が用意されており、会話中、参与者は自由に食べてもよいことになっている。また、データ群「目隠し体験再生課題」「対話型アニメーション再生課題」から抜粋した断片（1-1（3-1）、3-3、5-1（7-4）、5-2（7-1）、5-3、5-4、5-6（6-5）、6-2、6-3、6-4、7-3）も図1と同様、円卓にほぼ等間隔の形で3人が座るという会話環境である。

*17　図2の地図は、次のURLに掲載された画像をトリミングしたものである。https://ja.wikipedia.org/wiki/%E9%AB%98%E7%9F%A5%E7%9C%8C#/media/File:Map_of_Japan_with_highlight_on_39_Kochi_prefecture.svg

*18　地図をみて（読んで）それに従うことに関する議論は、Liberman（2013）を参照のこと。

*19　Aが最初に「高知県」のジェスチャーをする際、その直後に1度描いたアーチをなぞるような動きをしている（06行目 fa：③④）。このとき、アーチを描く方向は逆だが、Cのジェスチャーと同期を達成しているといえなくもない。しかし、本節の主題は12–13行目におけるジェスチャーの同期だと考えてもらいたい。

*20　もちろん、同期されている対象と発話内容の双方に対する理解であることもある。

*21　環境、活動、相互行為、そして物や身体の規範的秩序と特定の対象の規範的な構造化に関する議論は、西阪（2008b）C. Goodwin（2003; 2013＝2017; 2017）を参照のこと。

*22　チームとしての一体感を確認することと、同期直後に単独で発話権を得

ること（第2.5節の小括で述べたこと）とは矛盾しないことに注意されたい、ジェスチャーの同期およびその前後においてみられる協調性と競合性（もしくは、相手との差別化）に関する議論は、本書の探究において重要なものであり、第6章や第7章でも行なっているので参照してほしい。

*23 Cのジェスチャーは、宙で両手を接触させた段階から円卓に向かって両手の間隔を広げるようストロークさせるものであった。この表現は、トピックである「富士山」の形を表現したものである可能性がある。したがって、「境」という語の捉え方をジェスチャーで示すというよりも、「富士山が境にそびえ立っている」ものを示しているという方が適切かもしれないが、少なくともAはCのジェスチャーを見た後に「あいだか」と発している。

*24 ちなみにAは中国からの留学生である。日本語に不慣れなことが、今回の相互行為に効いている可能性は高い。しかし、本書でこの断片を扱ったのは、あくまで達成された一体感を損なわない形で言葉とジェスチャーとの組み合わせの差異を参与者が控えめに示すやり方に焦点化したかったからである。

*25 ジェスチャーの保持は、現在の話し手に対し、受け手が先行する発話で話し手であったときの発話順番の継続や、現在の発話順番に対する受け手の特定の関心の表明と結びついている（細馬, 2009）。今回のAの保持は、「さかい」という発言と自らのジェスチャーの形を示すことで、ジェスチャーと発言の組み合わせに関する関心を示していた可能性がある。

*26 ここで挙げた3つの条件は、時間軸上の順序関係を想定していない。表現内容が先に予測可能になり、タイミングの予測がそれに続くことはもちろんありうる。たとえば、準備段階の後、表現の核を産み出す前に一時停止状態（保持）が長く行なわれ、その際にどのタイミングで表現の核が産み出されるかが決まってくるような場合に、(ii)→(iii)→(i) のようなケース（たとえば、断片4-4など）がありうる。

第5章
ジェスチャーの同期が成し遂げられる位置

　第4章では、「人びとにとってのジェスチャーの同期」とは何かを明らかにするために、ジェスチャーの同期達成過程、ジェスチャー自体が有する投射可能性を構成する手の形や動き、表現される対象の構造について検討し論じた。後半に同じスロットの中におけるジェスチャー間の微妙な差異についての考察や、異なるジェスチャーが組み立てられる例を検討して、本書が「ジェスチャーの同期」と呼び表すものは、結果としてのジェスチャーの一致ではなく、同じを目指し達成しようとする試みそれ自体であることを主張した。
　ジェスチャーの同期を達成することは偶然生じるのではなく、それ以前の発話や活動の文脈、先行する発話の統語構造や語句の構造、その発話を通じて行なわれつつある行為の種類、連鎖的な拘束力などを資源とし、それらの収斂により投射可能性が高められ、特定の内容を表現するジェスチャーの形態や動きを選択することが可能になる。そして、互いの（あるいは一方が相手の）動作をモニタリングしながら手の動きを調整することで、同期は達成される。
　第3章で、「発話の組み立てcompositionだけではなく、その発話が置かれる位置positionが、行為の理解に決定的な役割を果たす」ことを述べた。本章の鍵となる重要な指摘なので、再度触れたあと、ジェスチャーの同期が達成されるのは、相互行為上どのような位置であるのかを明らかにする。

1. 相互行為の位置に注目する意義

　会話の中で諸行為を接続し、連鎖を紡いでゆくやり方を分析するにあたり、会話分析では、行為が産出される際の「位置」と「組み立て」を精査する。たとえば、かかってきた電話会話の第一声で

「もしもし」と言ったなら、それは最初の一声であるという「位置」と「もしもし」という発話の「組み立て」の2つの要素により、その発話は「電話の掛け手からの呼び出しに対する応答（Schegloff, 1968）」を行なっているものとして理解できる。他方、電話会話の最中、相手の声が突然聞こえなくなった直後に「もしもし」と言ったなら、その発話は「電話会話を再開するために通信状態を確認する」ための行為として理解できる。

　本書の研究対象であるジェスチャーの同期も、そのときどきの状況に合わせて多様な組み立てられ方をしている。さまざまな状況に応じたジェスチャーの同期を達成するための一定のやり方については、第4章でいくつかの断片を検討し、高められた投射可能性の収斂により人びとにとって予測可能になることを述べた。本章では、とくに相互行為の位置に着目した論考を行ないたい。具体的には、唱和的共同産出の研究（Lerner, 2002；串田，2006）ですでに指摘されている産出位置と、ジェスチャーの同期がおかれる位置が、基本的には同じであることを確認する。この位置は大きく、（1）連鎖や活動の完了位置、（2）進行中の活動が滞ったりトラブルが生じたりした後の位置、（3）「有標な」理解の主張の後、に大別される。最後に、唱和的共同産出とジェスチャーの同期とで、表現を重ね合わせる際に利用される資源の違いに焦点化して論じる。

2. 連鎖や活動の完了時[*1]

　唱和的共同産出がどのようにして達成されるのかを精査したLernerと串田によると、進行中の発話について、次（あるいは少し先に）に何が発せられるのかが受け手にとって予測可能になる必要がある。それを可能にするのは、発話を構成する諸資源からもたらされる高められた投射可能性である。高められた投射可能性をもたらす資源の1つである「行為とTCUの構造に関する複数の資源の収斂」によって、発話の末尾にくる1つないし2つの語句がほぼ確実に予測可能になる（Lerner, 2002: 230，串田，2006: 120）。このことから、唱和的共同産出は行為連鎖を開始する位置よりも「後

続する位置におかれており、多くの場合には進行中の発話連鎖を完成させうる位置におかれている（串田，2006: 154）」。ジェスチャーの同期も、行為連鎖を完成させうる位置におかれることが多い。

2.1 隣接ペア第二成分

行為連鎖を完成させうる位置の例として、隣接ペアの第二成分（SPP）を挙げる。本書で扱う断片では、2-1、4-1、4-2（6-1）、4-3、4-4（7-2）*2、7-3がこの位置でジェスチャーの同期が達成されている。

(5-1)［anime05-電線］
```
01      A：ふんで,ねこのとこまできて：,

〈i 中心よりややC寄り,胸の高さで軽く握った右手を
    上下に揺らし,          〈ii 左手を右手の下に
    途中で円卓上の             寄せた後,右手を少し
    左手を動かす〉            持ち上げる〉      〈iii 右手を i の高さに戻す〉
                    ┌────┐ha┌────┐ha┌────pa-->
02      （わ）::ゆれて：,と-［(‥)(なんか)］
03      C：              ［  なにが  ］ゆれるん¿
  A視線  >>down------------------,,,,,,,,,,C---,
  C視線  >>A---------------------------------->
```

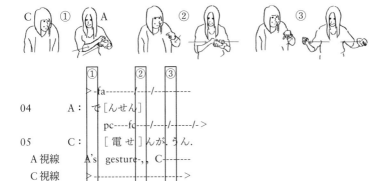

```
                 ┌①┐┌②┐┌③┐
                 │>-fa----┼/----/---│
04      A：で［んせん］
                 │   pc---┼fc--/--/-│---/-->
05      C：      ［電せ］んが,うん.
  A視線          A's gesture-,, C-------
  C視線          >-------------------------->
```

```
                  fc＞--/------rc-＞
                  pafa-------＞
06        A：上におって
```

　断片 5-1 は、事前に視聴したアニメーションについて説明が行なわれている場面である。CはAの02行目の発話に対する理解の不足を示す（03行目）が、「なにがゆれるん¿」は単なる質問ではなく、その前から続くAの説明に対する修復を開始している（Schegloff, Jefferson and Sacks, 1977 = 2010）。修復の開始を受けて、Aが「電線」と主語を明確にして対応している（04行目）。これに対しCはすぐに、彼女が何を理解したかを発言とジェスチャーにより例示することにより受け取りを行なう（05行目）。この例示が、発言とジェスチャーの両方において同期を達成した後、Aが説明の続きを話し出す（06行目）。この断片 5-1 では、発言とジェスチャーの両方における同期によって、SPP（Aの返答＝修復実行）とそれへの受け取り（Schegloff（2007）が連鎖を終了する第三要素と呼んだもの）が同時に行なわれていることに注意しよう。「なにがゆれるん」と聞かれている最中にAは、電線を表現するためのジェスチャーを準備するために右腕を左半身に寄せ（02行目 pa）、「電線」と答え始める冒頭から、その準備を利用してジェスチャーで電線を表現する（04行目 fa：②③）。Aが答えを言い終えないうちからCは「電線」と言いながら左手で電線を示すジェスチャーをしている（05行目 fc：②③）。このことから、かなり早いタイミングでAの返答が予測できていたことを示している。

2.2　語りのクライマックスまたはオチ*3

　相互行為において複数の文や節を重ねて、自分の体験や誰かから聞いた出来事を時間の流れに沿って（必ずしも出来事の起こった順に語られるわけではなく、順序が前後する場合もある）誰かに向けて語る活動を「物語り storytelling」と呼ぶ*4。物語りを構成するのは語り手の行為だけではなく、聴き手の言語的・非言語的振舞いも重要な要素となることが明らかにされてきた（Sacks, 1992b; Jefferson, 1978; Lerner, 1992; Goodwin, 1984）。物語りは、大きく

3つ、開始、展開、終了から構成される（Sacks, 1974）。物語り連鎖は、多くの場合クライマックスとオチpunchlineを含み、これらが置かれることにより物語りの展開が完了して終了部へ進み、聴き手からの反応が規範的に期待される。語り手は物語を展開するにあたり長い発話順番を得るために、そして聴き手に対して物語を評価する位置を示すために、物語のクライマックスやオチがいつやってくるのかを、発言と身体動作を用いて示すことが明らかにされている（Goodwin, 2002）。

　Lerner（2002）と串田（2006）は、進行中の行為連鎖を完成せうる位置で唱和的共同産出が行なわれると述べる中で、クライマックスまたはオチにおかれる唱和的共同産出を取り上げている。特に串田（2006）は、語り手が体験談を話す中で唱和的共同産出のためのスロットが生まれ、かつ、語り手がクライマックスの描写をやり直すと予測できる位置で言葉を重ね合わせ損なう例*5を取り上げて、クライマックスを臨場感あふれる形で提示し、オチに向けて聴き手を身構えさせることを唱和的共同産出が可能にしていることを指摘している。

　本書の分析対象となっているデータ群「対話型アニメーション再生課題」においても、視聴したアニメーションのクライマックスを描写する際にジェスチャーの同期が達成されやすい傾向にあった

表5–1　対話型アニメーション再生課題データにおけるジェスチャーの同期が達成される位置および共同産出者間の関係

抽出例	本書に掲載	達成された位置	共同産出者間の関係
2G–1	断片5-2（7-1）	クライマックス	同じアニメーションを視聴
2G–2	断片6-2, 6-3	「食い違い」解消	同じアニメーションを視聴
2G–3		「有標」な理解の後	語り手と聴き手
2G–4		クライマックス	同じアニメーションを視聴
3G–1		クライマックス	同じアニメーションを視聴
5G–1		想起	同じアニメーションを視聴
5G–2	断片5-1（7-4）	SPP（修復）	語り手と聴き手
5G–3	断片5-3（7-5）	クライマックス	語り手と聴き手
6G–1		クライマックス	同じアニメーションを視聴
8G–1	断片5-6（6-5）	「有標」な理解の後	語り手と聴き手

(表 5–1)。話す題材となるアニメーションの内容自体がお約束の筋書きを有する（第 3 章第 8 節参照）ため、内容を再生する際にも筋書きの構造（物語の構造）を利用して説明が行なわれることが多かった。説明が、物語の構造を利用して行なわれるとき、クライマックスは被説明者（聴き手）に反応を示す位置の到来を予測可能にする。

(5-2)［anime02-ぼこぼこ］

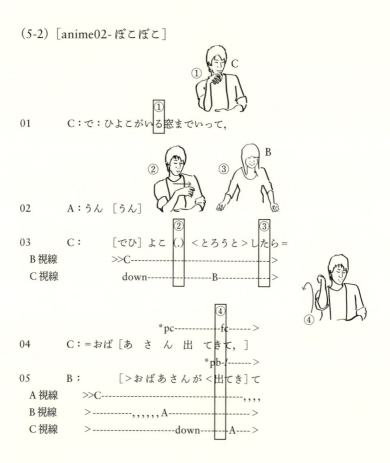

```
01      C：で：ひよこがいる窓までいって,

02      A：うん ［うん］

03      C：    ［でひ］よこ (.) ＜とろうと＞したら＝
        B 視線      >>C------------------------------>
        C 視線         down-------------B------------>

                          *pc-----------fc------>
04      C：＝おば［あ  さ  ん 出 て き て, ］
                                      *pb-/------>
05      B：   ［＞おばあさんが＜出てき］て
        A 視線   >>C-------------------------------,,,,
        B 視線   >-----------,,,,,,A------------------>
        C 視線   >-----------------------down-------A---->
```

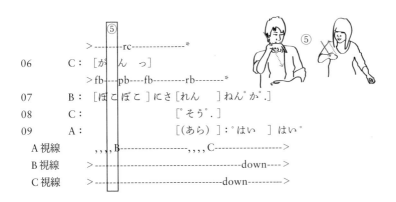

```
                         ⑤
                  >------rc--------------*
06      C :    ［が ん っ］
                  >fb----pb----fb---------rb--------*
07      B :    ［ぼこぼこ］にさ［れん    ］ねんが°.］
08      C :                    ［°そう°.］
09      A :                   ［(あら)］:°はい  ］はい°
 A視線          ,,,,B-------------,,,,C-------->
 B視線    >-----------------------------down---->
 C視線    >-----------------------------down--------->
```

　断片5-2で語られるのは、「ビルの上階にいる小鳥（ひよこと言及されている）がいる窓辺まで、猫は水道管を昇っていく。部屋の中に逃げるひよこを猫は追いかけていくが、いくつかの衝撃音の後に猫は窓から落ちていき、傘を持った老婦人（おばあさん）とひよこに罵られる」という物語である。

　Cは右手を軽く開いた状態で、「おばあさんが出て」と言いながら右手を肩の後ろまで引き上げる（05行目pc：④）。Cは「出てきて」の直後にわずかに区切りをつけてから「がんっ」というオノマトペと共に右手を前方に振り下ろす（04、06行目fc：⑤）。一方、BはCが右手を引き上げはじめながら「おば」と言うタイミングで視線をCからAの方に移し、自らも「おばあさん」と言い始めている（05行目）。Bの右手が円卓から上昇し始めるのはCの右手の上昇よりも遅い。しかし、すばやく上げて、かつ、Cのように肩の後ろまで振りかぶらずにただ上昇する（04行目pb）ことによって、Bの「ぼこ」とともに産出された殴るジェスチャーはCのそれと同期を達成する（06–07行目fc、fb：⑤）。アニメーション再生課題に用いられる"Canary row"が、「猫が小鳥を食べようとするものの、成功せずに酷い目に遭う」というお決まりの筋を有することを思い出そう。「ひよこをとろうとする」という03行目のCの描写*6は、Cと同じアニメーションを視聴したBのみならず、聴き手のAにもクライマックスが来ることを予測させる。

　ここで興味深いのは、2人とも異なるオノマトペを用いていて、焦点となるジェスチャーの表現に違いがみられるにもかかわらず、

言い直しをまったくしていないことである。Cが用いた「がんっ」は堅い物がぶつかったときの音、Bが用いた「ぼこぼこ」は人を殴るときの音を表している*7。Cは「がんっ」とともに1度右手を振り下ろす（殴る）だけ（04-05行目のfcの転記は1つ）だが、Bは「ぼこぼこにされんねんか」と言いながら二回殴る動作をする（07行目のfbの転記は2つ）。CはBの発話順番終盤に「そう」と言ってBを承認している（08行目）ことから、2人の発した語の差異は相互行為の参与者たちにとって差異として捉えられていないことがわかる（第4章第5節参照）。BとCとでは、「おばあさんが猫を殴る」様子のどこを焦点化して表現するかに差がある。しかし、同じスロットを同じアニメーションを視聴した者たちで「同じ声と動作」によって埋めることにより、クライマックスの共同産出を達成し、物語を一区切りまで話終えたことを示している。そして、聴き手であるAはBの発話の後に「(あら)：°はいはい°」と受け取りを示している。

　クライマックスは、複数の語り手が聴き手に対して反応位置を示すためだけに利用されるわけではない。聴き手にとってもクライマックスの到来は予測可能なものであり、唱和的共同産出やジェスチャーの同期を通して理解を例証する（Sacks, 1992b）場にもなる。詳しい分析は第7章第4節で行なうので、ここでは簡単に紹介するにとどめる。

(5-3)［anime05-重り］
```
01      C：＞また＜おりてったときに：=
        〈顔の高さにあった右手を下げ
         円卓上の左手を持ち上げる〉　〈左手を空中で少し下げ再び持ち上げる＞
        ┌─────────────────────┐┌─────────────┐
                                                        fc-->
02              =こう,が::んっておも［りがあがって］=
03      A：                      ［あ:::     ］
        A視線      ≫C & C's gesture--------------------------->
        C視線      ≫C's gesture,,,,,,,,,A------------,,
04      B：=°うん°=
```

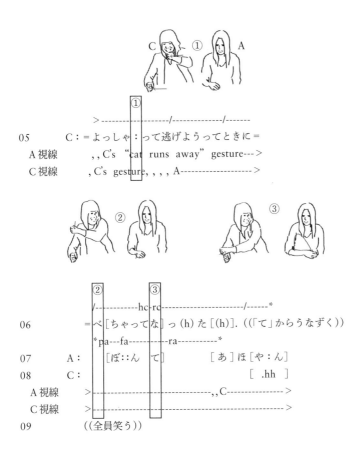

```
                                   ①
                        >------------|-----/-----------/------
05      C：=よっしゃ：って逃げようってときに=
  A視線         ,,C's "cat runs away" gesture--->
  C視線      , C's gesture,,,, A-------------------->

                                ②        ③
                        /-----------hc-rc---------------------/------*
06      =べ[ちゃってな]っ(h)た[(h)]. ((「て」からうなずく))
         *pa---fa---------ra-----------*
07      A：  [ぼ：：ん て]       [あ]ほ[や：ん]
08      C：                           [ .hh ]
  A視線  >-------------------------,,C---------------->
  C視線  >------------------------------------------->
09      ((全員笑う))
```

　Aは、Cの説明の途中で「あ：：：」と発している（03行目）。この知識状態変化のトークン（Heritage, 1984）がCの発話順番の途中で始まることにより、これ以降にAが何を理解したのかを説明する機会が生じうる。この相互行為場面が説明課題であることを考慮すると、知識状態変化のトークンの「有標性」（ともすれば説明を中断させてしまう可能性があったにもかかわらず、Cの説明から何かを理解したことを公的に示したこと）が、Aにその「有標性」の理由を説明する機会を与えると言い換えることもできるだろう。Aが自らの理解を例証する場として、物語のオチである、猫の頭がおもりによって潰されるところが利用されている（06、07行目 fc、fa：②③）*8。

3. 進行中の活動の遅滞、トラブル発生後

進行中の何らかの活動が滞ったり、トラブルが生じた後の位置は、参与者が共同行為によりそれを修正したり回復したりするのに志向する位置である。Streeck（1995）は行為の中断を契機として唱和的共同産出が生じる断片を取り上げて、［行為、行為の中断→共同行為］という形式がさまざまな相互行為で確認できることを示している。また、C. Goodwin（1981）は発言の中断後の再開は共に参加することを勧誘する solicit と述べている。Lerner（2002）は投射された TCU の終末語前に一時停止し、発言の進行性を瞬間的に止めることによって、唱和的共同産出が達成される断片を紹介している。ここでは、ジェスチャーの同期も Streeck たちが指摘した位置で生じることを示す（詳しくは第6章第2節で論じるが、断片6-3のジェスチャーの同期もトラブル発生後に生じる）。

3.1 訂正

まずは、いったん誤った表現を行ない、それを訂正する際に生じるジェスチャーの同期を検討する。断片5-4は、AとBとが事前に取り組んだ目隠し体験課題について説明をしている中の一場面である。AとBが取り組んだ課題は、目隠しをした状態で飲んだ飲み物の種類を当てるというもので、共に［1. 三ツ矢サイダー、2. 水、3. 緑茶］という順番で飲み物を飲んでいた。

この断片以前に、収録が始まってすぐに「なにしたん？」とBから質問を受けたとき、Aは「ジュースを飲んだ」としか答えなかった。しかし、途中でAとBが互いに向き合いながら、「ジュースは最初だけであとはお茶と水だった」と話す。その直後にCがAを向きながら「＞え＜3回した°ん°？」と尋ねるところからAとBがそれに応じるまでが断片5-4である。

Cの問いかけに対して、Aはコップを握るように右手を丸めながら、リストを構成しながら答えている（03、05行目）。リストを構成するにあたり、Aの発話は三部構造を産出するときの特徴を有している。すなわち、項目の語尾を強調することで、次の項目も同様

の形式が来ることを投射している（Jefferson, 1990）。注目すべきは、Aが「お茶」と言った直後にBが小さく「み」と発している点である（06行目）。

(5-4)［blindBroomD-お茶］

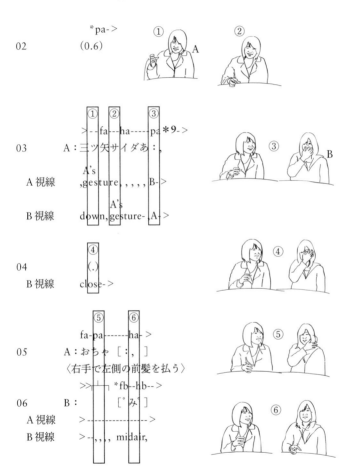

```
01        C：＞え＜3回した°ん°？

                    *pa->
02             (0.6)

                ①②  ③
                ＞--fa---ha-----pa*9->
03        A：三ツ矢サイダあ：,
                 A's
  A 視線   ,gesture, , , ,B->
                    A's
  B 視線   down,gesture-A->

                ④
04             (.)
  B 視線   close->

                ⑤   ⑥
                fa-pa-------ha->
05        A：おちゃ[：,  ]
           〈右手で左側の前髪を払う〉
                ≫|__|*fb--hb-->
06        B：      [°み°]
  A 視線   >-------------------->
  B 視線   >-,,,, midair,
```

第5章　ジェスチャーの同期が成し遂げられる位置

```
                         ⑦
                   >---pa------------fapafa---ha---ra--------*
07      A：[>あちゃう<] [水:,お茶.]
                   >---------------pbfbhbpbfbrb-------------*
08      B：[↑ん     ] [水:,お茶]:やってん.
   A視線  >----------------------,,,C-------------->
   B視線  ,A----------------------,,,C-------------->
09          (0.6)
10      C：°ふ↑ん°
11          (.)
12      B：((咳払い))[うん   ]
13      C：         [(ふ)ん]
```

その直後に、Aは「>あちゃう<」と自己修復を開始している（07行目）。つまりここで、Aは自らの誤りに気づいており、そのことが他者にも観察可能である。この自己修復開始は、次の位置で自己訂正による修復実行が生じることを投射するであろう。この位置において、AとBとの間で発言およびジェスチャーの同期の両方が達成される（07–08行目 fa、fb：⑦）。ここで同期を達成しているのが、Aと一緒に課題をこなしたBであることに注意しよう。つまりBは、Aが誤っていたときに、それを訂正することが適切な人物である（第3章第2.2節で行なった断片3-3の分析も参照）。そのためAとBは、結果的には同期を通じて訂正の共同産出をしている（第3.2節で論じる断片5-5でも訂正が行なわれているので参照のこと）。

3.2 想起

Lerner（2002）は、共に何かを想起するとき、言葉探しをするときに、現行の話し手によって唱和的共同産出へと受け手が勧誘されることがあると述べている。本書では、次の断片5-5が、ともに想起する位置におけるジェスチャーの同期といえる。

(5-5)［trip memories06- スプラッシュマウンテン］

```
01      C：あれは¿なんか：
02        (0.3)
03        急流滑り？((2回右手で急流を示す動作．途中首を傾げる))
04        (0.3)
05        あれな（ん/に）-［s：ス(p)s    ］   ［シュ?］((うなずく))
06      B：               ［ウォータース］プラ［シュ ］
07        (.)
08      B：°か↑な?°((首をかしげる))
  B視線      ,,down->
  C視線      >>B----->

09      B：［>°なんでしょ°<］
10      C：［う↑：?        ］((首をかしげながら))
  B視線      >--------------------->
  C視線      >--------------------->
```

```
                    ①         ②
             *pb-----------fb-hb------rb--------/-*
11      B：>ス<プ［ラッシュマウンテン HHHHHH
          〈人差し指を立てたまま，段階的に円卓まで下がっていく〉
                    *pc--------fchcfc
12      C：      ［アッシュマウンテン HHHHH
  B視線      ,,,,,,,C---------------,,,,,/, down
  C視線      >--------------------,,,, A->

13      C：.H［ちがうや(h)ん［hh］
14      A：  ［¥°全然     ［ち］がうなあ（・・）¥°
```

断片 5-5 では、東京ディズニーランドのアトラクションの名前について B と C との間で言葉探しをしている。1 度は「ウォータースプラッシュ」と B が言い（06 行目）、C もそれに対して末尾を合わせて（05 行目）同意したかにみえたが、その後両者とも疑問を呈する（08、09、10 行目）。その直後に、B は、「スプラッ」と言いながら左手を振り上げ（11 行目 pb：①）、「シュマウンテン」と言いながら人差し指を立てた左手を振り下ろす（11 行目 fb：②）。つかの間 C に向けて指差しが保持されて、その後に笑いながら指差しはすばやく解除される。一方 C は、B が「ラ」と発するのとほぼ同時に指差しの準備を始めながら発話も開始し（12 行目 pc）、指差した右手を振り下ろし、「テン」で B の方に指を突き出し（12 行目 fc：②）、笑っている間（12 行目）保持する。2 人の指差しは、探していた「スプラッシュマウンテン」という語を産出する（と同時に 06 行目の「ウォータースプラッシュ」を訂正する）最中で同期を達成する。この断片におけるジェスチャーの同期は、表現そのものを重ね合わせるというよりも、指差しのタイミングを合わせることによって、想起が成功したことを際立たせる役割を担っているようにみえる（第 7 章第 2 節参照）。

4.「有標」な理解の主張の後

　Sacks（1992b）が指摘したように、具体的に例を挙げて理解を例証することは、たんに「はい」や「わかった」などと言って理解を「主張 claim」することよりも、理解を示すための強い手段になる。ジェスチャーの同期を分析した Lerner も、まだ 1 度も具体化して表現されていない行為を行なうことによって、受け手が理解や認識を強く例証することができると述べている（Lerner, 2002: 245）。

　第 2.2 節では、聴き手が理解を例証する場としてのクライマックスまたはオチが利用されること言及した（断片 5-3）。また、第 2.1 節でも SPP である返答に被さる位置で、質問した側が理解を例証している（断片 5-1）。このように理解の例証が適切になる位置は

複数あるが、本節では、行為連鎖や活動上の位置とはかかわらずに、理解の例証が適切になる位置を取り上げる。それは、説明（物語）の聴き手が「有標なmarked」形で理解を主張した後の位置である。

(5-6) ［anime08-シーソー］*10

```
01    C：>これじゃないの<こう：((右手を落下させると左手が上昇する))
02         あれなんやっけここうやって分銅を=((左手で凸型アーチを描く))
03         =(つる)［して：］((左手が落下すると同時に右手が上昇))
04    B：           ［あ:::］あれか：
05    C：あれやったっけ？
06    A：トランポリン？
07         (0.7)
08    C：う［：ん：ト］ランポリ：ン=
09    B：  ［そ：(ほ)］
10    B：=なんか：赤い服着てやるのと：
11    C：［あれ］：？［ど-］
12    B：［それ］  ［どっ］ちが先やったかな［：］
13    C：                      ［ど］おっちが=
14    =先やったっけ：
((14行省略))
29    C：その上にこうながぼそ：い板持って=
30         =き［°よってんか°        ］
31    A：  ［あ：あ：あ：あ：はあ：］
32    C：でな：,まあ犬>えい<猫か［：.］猫は：
33    A：               ［うん］
34    C：こうでっかいでっかい分銅を=
35         =こうやって持って来て：=
36    A：=うん
37    C：向かい側に：こう>ほいって<投げて：
38    A：°うん°
```

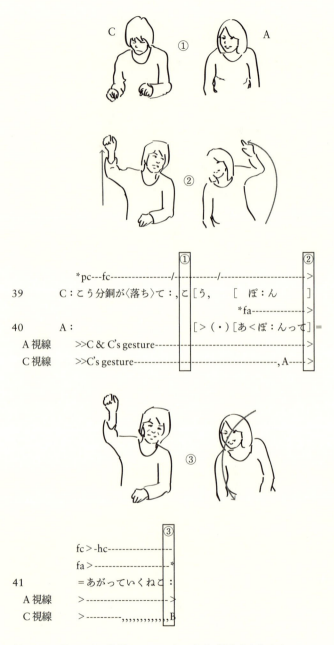

```
                       *pc---fc------------/-----------/------>
     39      C：こう分銅が〈落ち〉て：,こ[う,   [ ぽ：ん   ]
                                               *fa------------>
     40      A：              [＞(・)[あ＜ぽ：んって]=
     A視線    ≫C & C's gesture--------------------------->
     C視線    ≫C's gesture-----------------------,A--->

                       fc＞-hc-----------------
                       fa＞---------------------*
     41       =あがっていくねこ：
     A視線     ＞--------------------＞
     C視線     ＞---------,,,,,,,,,,,,B

     42      C：＞で＜あがっていって：,まあ,捕まえんねんか
```

断片5-6は、「対話型アニメーション再生課題」で、猫が箱、板、重り（分銅と言及されている）を利用してシーソーのような装置を作り、ビルの上の階にいる小鳥を捕まえにいく物語について語る場面の一部分である。この断片では、聴き手のAが語り手のCのジェスチャーに重ね合わせようとしている。Cが、「こう，ぽ：ん」と発しながら右手を上げていく（39行目 fc：①②）ときに、Aは発話順番に参入し（40行目）、「＞（・）あ＜ぽ：んってあがっていくねこ：」と言いながら猫が上昇し下降する軌跡をジェスチャーで表現する（40–41行目 fa：②③）。この同期の前の31行目に、Aは「あ：あ：あ：あ：はあ：」と知識状態変化のトークン（Heritage, 1984）を何度も発し、何かがこの時点で「わかった」ことを強く「主張」していた。ここでAが「わかった」と「主張」していたのは、猫が「長細い板」を持ってきたという29行目のCの描写に対してである。このような「有標な」（何か目立つことが行われたことが参与者に認識できるような）理解の「主張」は、その後に何を理解したかを例証することを適切なものにするであろう*11。つまり、続けて理解を例証することが、なぜ有標な形で理解を主張したのかを説明することになる。この理解の例証に際して、ジェスチャーの同期が利用されうる。

　「長細い板」がジェスチャー表現上再度用いられる、猫が「分銅*12」を板の端に落として逆端にいた自分を跳ね上げる様子を説明する箇所（39行目）において、Aはジェスチャーの同期を用いて「長細い板」のはたらきを理解したことを「例証」する（40–41行目 fa：②③）。

　付言すると、この［有標な理解の主張→ジェスチャーの同期を用いた理解の例証］の形式の使用は、この部分以前にAが分銅に関する事柄を捉え損なっていたこととかかわっているかもしれない。Cはこのシーンを語り始める前、同じアニメーションを視聴していたBと次に語る物語はどれか話し合っていた。その際、Cは「分銅」という話を用いて片手を落下させるともう一方が上昇するという上下運動するジェスチャーを2回用いていた（01–03行目）。この話し合いの最中、話を知らないAは、Cの発話を頼りに「トラ

ンポリン？」と尋ねている（06行目）。しかし、それに対してCもBもはっきりとは答えない。Aが有標な理解の主張を行なう直前にCが述べた「ながぼそ：い板」（29行目）は、Cに対して「トランポリン」とは別の、BとCが言い当てようとしていた事柄が何であったかを予測可能にする発話である。互いの鑑賞したアニメーションの内容を説明しあうという課題中に、誤解した状態で話を聞いていることは、課題を遂行する上で大きな障害となる。［有標な理解の主張→ジェスチャーの同期を用いた理解の例証］の形式が用いられていることは、Aが誤解を解消し、共通理解を確立したことを伝える手だてになっている可能性がある。そのほか、本書の断片5-3（7-5）、6-4でも、［有標な理解の主張→ジェスチャーの同期を用いた理解の例証］の形式が用いられている。

　じつは、断片5-6は参与者たちの視点からみると、ジェスチャーの同期が達成された例と言い難いところがある。というのも、語り手であるCはシーソーのような装置を使って猫が飛び上がった時点で右手を止めており、Aの左手が下降していくときには上昇した右手を頭上で保持したままである（41行目 hc：③）。Cによって語られている物語では、飛び上がった後にビルの上階にいる小鳥を捕まえるというシーンがあるので、語り手であるCはその部分を語る必要がある（実際、42行目以降でCはそのことを話している）。この断片においては、上昇部分の表現はジェスチャーの同期が成し遂げられていたのだが、他のジェスチャーの同期例とは異なり、2人で満たす1つのスロットが、Cによるジェスチャーの保持と発話の中断によって、途中から聴き手が理解を例証するスロットへと性質を変えているようにみえる。スロット内で次々と繰り出される振る舞いに対してそのつど参与者たちが理解を示し、ときにはその理解に応じて産出中の行為の軌道を変えることは、ジェスチャーの同期を達成するために行なわれる場合もあれば、回避する場合にもみられる。参与者たちはこのような瞬間的な調整を通じて、断片5-6のように1つの行為の狭間に異なる行為を配置したり、複合的な行為を達成したりする（cf. Goodwin, 1981）*13 こともある。

5. まとめ

　第5章ではジェスチャーの同期が生じる相互行為上の位置を整理した。その結果、(1) 連鎖や活動の完了位置、(2) 進行中の活動が滞ったりトラブルが生じたりした後の位置、(3) 「有標な」理解の主張の後の位置の3カ所でジェスチャーの同期が生じることがわかった。これらの位置は、基本的にはLerner（2002）や串田（2006）が観察した位置と同じである。

　最後に、表現を合わせるタイミングについて唱和的共同産出とジェスチャーの同期との違いを考えてみよう。ジェスチャーの同期の場合、予測可能性の絞り込みにジェスチャー自体の投射が用いられている点を指摘できるであろう。たとえば断片5-2では、「おばあさん出てきて」と言いながらCが右手を肩の後ろまで引き上げており（04行目）、これが、おばあさんが「叩く」という動作を投射することが資源として使われてジェスチャーの同期が生じている。おばあさんが「出てくる」という発言自体には、おばあさんが腕を振り上げている動作が含まれていないことに注意しよう。つまりこれは、発話を組み立てる言語的資源ではなく、ジェスチャーの準備による投射が、叩く動作を予測しジェスチャーの同期を達成するのに用いられている（第4章第3節参照）ことを示している。断片5-3では、Cが「重りが上がって」（02行目）と言いながら左手を上げ、重りが上がった様子を表現している。発言上は次の位置で「よっしゃ：って逃げようってときに」と言い、この発言の中には「重り」の表現が含まれていないが、発言に伴うジェスチャーでは左手で重りの動きを表現し続ける。この重りの動きが手がかりとなって、その次の06-07行目で、Aとのジェスチャーの同期が達成される。つまりここでも、ジェスチャー表現を構成する手や腕の動きからの投射が、重りが猫の頭上に落ちてくるというオチの表現を予測し、ジェスチャーの同期を達成することに貢献している。

　加えて用いられているのは、語られる対象が有する構造である。ジェスチャーを行なう者はしばしば、自分の周りにジェスチャー空間を作り出し、それを舞台にして登場人物（行為者）の視点からの

ジェスチャーや観察者の視点からのジェスチャー（McNeill, 1992）により「一連」の表現を物語としてジェスチャーで表現する。このような物語の構造が、他の資源との収斂により、ジェスチャーの同期のために利用されうる。

　相互行為における成し遂げられた同期が生じる位置をめぐる探究のためにひとつ指摘しておきたい。実は、同じ唱和的共同産出でも、英語と日本語とでは若干の違いがある。英語では発話順番の末尾に名詞（句）が来うるため、本当に末尾で言葉が重ね合わせられるが、日本語では末尾に述部が来うるため、断片 5-4 のように、「水：、お茶」まで同期を達成した直後に「やってん」と共同産出者の一方だけが末尾を発することがたびたびある（第 5 章では、断片 5-1、5-2、5-3 で同様の現象が生じている）。これはたんに言語の違いが現れているだけでなく、発話順番の取得や行為を遂行するレベルでもなんらかの違いが生じている可能性がある。

　たとえば、第 2 章第 3 節で予備的分析として示した断片 2-1 では、「ぽうこく：れんらく：そうだん」までをののかと重ね合わせた直後に「ってえのをしましょう」と続けることで、たんにあかりの問いに対して「報・連・相」の意味内容（文字的知識）のみを返答するのではなく、新人研修で指導される事柄であることも情報提供している。つまり、ののかとさきとでは、発話順番を共有している間は同じ行為を一緒に行なっていたのだが、その直後でさきはわずかに異なる行為も遂行しているのである。このような会話への参加構造の動的な変化に発言やジェスチャーの組織化がどのように関わっているのかは、今後も検討されなければならない。

　いま、断片 2-1 の例で簡単に述べたように相互行為における現象は、産出される「位置」とその「組み立て」によって、さまざまな「行為」「活動」あるいはその「効果」と結びつく。複数人の間でジェスチャーの同期が成し遂げられるという現象は、具体的にどのようなはたらきを相互行為上で示すのだろうか。次の第 6 章では「行為」「活動」、第 7 章では「効果」に焦点化して、ジェスチャーの同期が有するはたらきをまとめる。

*1 本節には、Joh（2013）、城・平本（2015）の一部を転載し適宜改変した内容が含まれる。
*2 より厳密にいえば、断片4-4はSPPが1度終わった時点で、もう1度答えを告げるときにジェスチャーの同期が達成されている。それゆえ、城（2017b: 185）では、たんに返答を組み立てるというよりも、返答者側からの「決め手」として機能すると述べられている。
*3 本節には、城（2012）の一部を転載し適宜改変した内容が含まれる。
*4 本書では、物語りについて「物語を語る」と表記することもある。物語（り）連鎖の展開などの詳細は高木・細田・森田（2016）や串田・平本・林（2017）を参照のこと。
*5 言葉を重ね合わせるという行為が、結果としての言葉の一致ではないことを示すために分析されている（串田，2006: 117–119）。
*6 「〜しようとする」という発話が物語の「オチ」を投射する手続きになっているという点については、平本（2011a）も参照のこと。
*7 実際のアニメーションでは、老婦人は傘で猫を殴っている。ただし、当該の場面では殴るシーンそのものは出てこず、効果音のみである。
*8 ジェスチャーの同期が成し遂げられる位置は、本書で明らかにしていく位置と1対1で対応するとは限らない。断片5-3でいえば、ジェスチャーの同期が生じたのは、物語のクライマックスであると同時に、「有標」な理解の主張の後（第4節）でもある。
*9 当該箇所におけるAのジェスチャーは、1度振り下ろされるが円卓までいかずに途中で再び持ち上げられている。
*10 断片5-6の線画については、城・細馬（2010）より一部転載。copyright©2010 IEICE
*11 平本（2011c）は、話し手による経験の語りに対して受け手が「わかる」と有標な形で理解を主張したとき、それに続けて受け手側の経験が披露され、何を理解したかが例証されるという手続きを記述している。
*12 Cのいう「分銅」は、実際のアニメーションでは「500LBS」と表面に書かれており、猫が重そうに両手で抱えて運んでいる。断片5-3（7-5）と同様のエピソードの一部である。
*13 Goodwin（1981）は、あるゲームのルールを知らない者に対して説明しながら、説明者が視線の向きを変えるだけで、説明内容の正誤の確認を第三者に求めることができると指摘している。

第6章
ジェスチャーの同期により達成される行為・活動

　第4章と第5章を通じて、多人数会話においてジェスチャーの同期が達成される過程と相互行為上の位置を明らかにしてきた。偶然にではなく、人びとが同じ振る舞いを同時にすることを目指して達成するジェスチャーの同期によって、何が相互行為にもたらされるのか。本章ではこの問いもとに探究を進める。第3章で述べたことを思い出してほしい。会話分析が記述の対象とする「手続き」は、それを組織することにより参与者が直面する相互行為上の課題を解決するものであった。ジェスチャーの同期もそれらと同様に、何らかの相互行為上の課題を解くために組織される。そして、もう1つ思い出そう。そのような相互行為上の課題は、相互行為という、他のさまざまな心理－社会構造的システム（たとえば人の性格、年齢、性別、社会の法システム、経済システム、などなど）とは独立した、それ自体の構造と秩序をもつ存在（Goffman, 1983）により与えられるものであった。
　まずは、唱和的共同産出（言葉の重ね合わせ）の先行研究（Lerner, 2002；串田, 2006）で明らかにされたものと同様の「効果」の一部分が、ジェスチャーの同期でも確認できたことを述べよう。Lerner（2002）の区別にしたがうと、言葉の重ね合わせで達成される行為には「協調的cooperative」なものとそうでないものがある。ほとんどは協調的なものであり、具体的には、第三者への説明を共同産出する、現行の話し手に対して後続の話し手が同意を表示する、共に想起する、発話順番の奪い合いを解決する、という行為が確認されている。本章では、これらの行為の一部分がジェスチャーの同期によっても行なわれうることを示す*1。他方、協調的でない行為には、発話順番を奪うあるいは奪われないようにすることに用いられることが確認されている。本書では、ジェスチャー

の同期直後に発話順番を「奪い合う」に近しい状態の中で話題を移行した断片があるので、これはジェスチャーの同期の「効果」として第7章で論じる。次に、発言だけではできていないことがジェスチャーで達成されている点と、発言とジェスチャーとが共起することで達成されている点に注目した議論を通じて、ジェスチャーの同期が組織されることにより、参与者が直面する相互行為上の課題をどのように解決しているかについて一定の回答を与え、最後にまとめを述べる。

1. 説明の共同産出*2

2人以上で第三者に説明を共同産出する際、言葉の重ね合わせもジェスチャーの同期もよくみられる。本書では、2-1、4-1、4-3、4-4、5-2、5-4、6-3*3において共同産出が行なわれている。ここでは、断片6-1（断片4-2を1部分再掲）を例に、説明が共同産出されている様子を確認する。

(6-1) ［oiltank-油を捨てる］（断片4-2を再掲）
```
09      B：[>なんなん<油[タン[ク  って ]
10      D：[    huh    [huh [u ↓hu
11      A：                  [>なにそれ<]
```

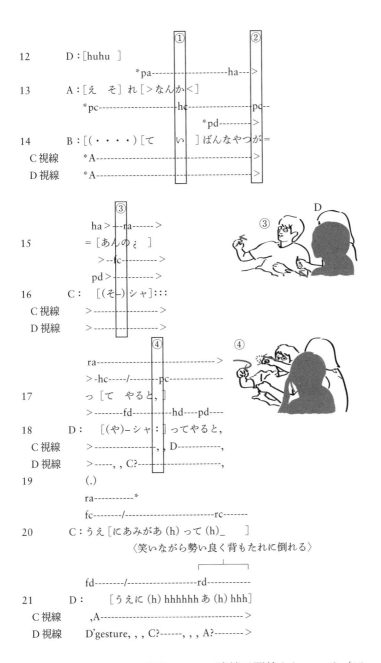

```
12      D：[huhu  ]
                 *pa-----------------ha--->
13      A：[え  そ]れ[>なんか<]
                 *pc------------hc------------pc--
                                *pd--------->
14      B：[(・・・)[て   い ]ばんなやつが＝
C視線       *A-----------------------------> 
D視線       *A----------------------------->

                 ha>---ra------>
15          ＝[あんの¿ ]
                 >--fc--------->
                 pd>----------->
16      C：[(そ-)シャ]:::
C視線       >----------------->
D視線       >----------------->

                 ra-------------------------->
                 >-hc----/---------pc
17          っ[て  やると、]
                 >--------fd--------hd----pd-
18      D：[(や)-シャ：]ってやると、
C視線       >-------------、、D----------、
D視線       >-----、、C?-----------、
19          (.)
                 ra----------*
                 fc--------/------------------------rc-------
20      C：うえ[にあみがあ(h)って(h)＿ ]
                 〈笑いながら勢い良く背もたれに倒れる〉
                 fd--------/-----------------rd------------
21      D：[うえに(h)hhhhh あ(h)hhh]
C視線       、A-------------------------------------->
D視線       D'gesture、、C?------、、A?--------> 
```

この断片では、Bの質問によって連鎖が開始されている（09、14、15行目）。このBの質問と重なるようにAも先行する「油タンク」の話題に「なにそれ」と疑問を呈し（11行目）、Bの「＞な

んなん＜油タンクって」という質問の後、相手に尋ねるという姿勢から一変して「え それ＞なんか＜」と、「油タンク」について何かを言い出そうとしている（13行目）。

他方、CはAの「なにそれ」とともに、Aに視線を移し、Aに向かって右手を高く掲げてジェスチャーの準備を始める（13-14行目 pc：①）。これは、Aの質問（11行目）に対する SPP（＝返答）に伴うジェスチャーを準備しているようにみえる。

AとCのやりとりに少し遅れて、今度はDがAに視線を向けながらジェスチャーの準備を始める（13-14行目 pd）。そして、手鍋を持ったような右手を傾け始めるCに視線を向けたまま、自らも同じようなジェスチャーを行なう（18行目 fd：④）。CとDのジェスチャーの同期はここで達成される。このジェスチャーの同期は、「シャ：：：ってやると：，上に網があ(h)って(h)−」というCの発話に、Dが追随を試みながらも途中で笑いを爆発させるという発声と共起している。連鎖上では、Aの「なにそれ」に対し、CとDとが油タンクを使って、使用済みの油をどのようにして保存するのかという説明を共同で開始している。

続けてC、Dはさらにジェスチャーの同期を成し遂げる。すなわち、タンクの上の漉し器を表現するために、手を水平面で回転させる（20-21行目 fc、fd）。「シャ：：：ってやると」から続くこれらのジェスチャーの同期によって、CとDは、「油タンク」の漉し器部分がどのような形状であり、それをどのような動作によって使用するかを、この場で再現してみせる。こうしてCとDは、「油タンク」の説明を共同産出し、AとBの質問に対して返答している。

この説明の共同産出が発言とジェスチャーによる相互彫琢の様相について、もう少し掘り下げてみよう。この断片でCとDが共同で説明している「油タンク」は調理器具の一種であり、こうした道具の使用やその構造は、それ自体、視覚的（または操作的）性質をもっている。第3章でみた Angela Davis の髪型がジェスチャーで表される（断片3-9）ように、道具の説明もまた、ジェスチャーの方が適切になるであろう。第3章でも概観したジェスチャーを対象とした研究では、多くが「発言に伴う（随伴する）ジェスチャー」

と呼び表して分析を進めてきた事実が示すように、発言が主で、ジェスチャーが従であると暗黙のうちにみなされてきた。人びとのやりとりの中で、いつも発言が主で、ジェスチャーが従であるとは限らない。たとえば、ＣとＤによる「シャ：(::)ってやると」の共同産出においては、部分的に「油タンク」の使用をジェスチャーで表現する、その効果音として、ジェスチャーに「シャ：(::)って」という発言が伴っているようにみえる。

　発言とジェスチャーによる相互彫琢において、ときにジェスチャーの方が中心として組織されていることには、どのような意味があるのであろうか。まずは、何かの対象を表現する際の感覚様式の適性について考えてみよう。たとえば源頼朝によって成立した幕府が何幕府かを表現したいとき、その表現には発言（「鎌倉幕府」という語句）が用いられうるであろうが、ジェスチャーは使われないであろう。他方、クロールの泳ぎ方を表現する際には、「水上のひじを曲げて、手のひらは指を揃えて伸ばして…」と発言だけで表現するのではなく、ジェスチャーで表現する方が選ばれるはずである。発言による音声表現とジェスチャーによる視覚表現の２つを比べた際に、前者は文字的知識を、後者は形式的特徴によって記述できる知識（または経験）を表現するのに適しているはずである（第４章第２節参照）。だから、説明内容が視覚的知識に関するものであるならば、ジェスチャーの同期を用いることが、言葉の重ね合わせよりも適切なものとして認識されるであろう。

　加えて、ＣとＤの２人が語っていることは、それぞれ個別の生活史上の出来事である（ちなみに、この断片前ではＣとＤの２人が、互いの揚げ物の経験を語り合っていた。つまり、ＣとＤは別個の揚げ物の経験を有しており、そのことがこの場で顕在化している）。いま、個別の生活史において生じた出来事を２人が説明する際に、それがジェスチャーという視覚的表現を用いて、同じ形状で、同時に組織されたなら、それは受け手にとってじゅうぶんに驚くべきこととして認識されるであろう。つまりここでは、その「奇遇」が、説明力を高めている。他方ここでの「奇遇」は、同時に一致してよいものでもあるという性質を備えている。なぜならこの２人が説明

している内容は日常生活用具の使用法である。それは突拍子もない事故に遭ったことや超常現象に遭遇したことなどとは異なり、本質的に社会成員の間で一致してよいものである（第4章第4節で論じた規範的構造についても参照のこと）。この二面性、すなわち視覚的表現が同じタイミングで一致することが「奇遇」であり、かつ一致してよいものであるという性質が、とくに同期をジェスチャーで行なうことの説明力を高めうるだろう。

さらに、同期を2つの感覚様式（聴覚的にやりとりされる発言と視覚的にやりとりされるジェスチャー）で行なうことによる、ある種の「冗長性 redundancy」が、同期の「安全性」とでも呼べる性質を担保していることも指摘しておこう。断片6-1では、ジェスチャーの同期が起こっている21行目で、Dは、Cと「上に」と言い説明を続けようとするが、それ以降は笑い出してしまい、発言を続けることができない。いま笑い出して「しまい」と書いたが、この書き方は正確な表現ではないかもしれない。というのも、ここでDが笑い出すことは、2人の同期が成功していることを認める振る舞いにみえるからである（しかもCとDは、この直前（断片4-3）でも同期を達成している）。重要なことは、言葉の重ね合わせがこの笑いにより消失しても、ジェスチャーの同期が達成されているがゆえに、2人が同期を通じて遂行している共同説明自体が失敗しているとは認識されないということである。むしろここでは、笑いが2人の同期の成功を認める振る舞いであるとすれば、ジェスチャーの同期に「守られ」て、2人は強い同期を達成することができている。この際に、「守る」主体になるのは、先に述べた「視覚的表現を行なうのに適した説明内容」を表現するジェスチャーになる。

2. 参与者間の「食い違い」の解消*4

前節でみたように、同期は複数の参与者が「共同で何かをする」装置として用いられうる。本節では、複数の者が共同で行なっているはずの活動において、行為者間に一種の「食い違い」が生じたときに、その食い違いを解消する手だてとしてジェスチャーの同期が

用いられうることを示そう。なお、本書で分析している断片5-4、5-6でも、相互行為上で生じた食い違い（断片5-4では「目隠しをして飲んだ飲料の順番」、断片5-6（6-5）では「BとCが説明を始める前にAが早合点したこと」）の解消にジェスチャーの同期が用いられている。

　次の断片は「対話型アニメーション再生課題」のデータ群からの抜粋である*5。ここでは、小鳥を食べようとした猫が、小鳥の飼い主である老婦人が滞在する部屋に侵入し、鳥かごを盗み出したところ、その鳥かごの中にいたのは小鳥ではなく老婦人で、彼女に叩きのめされる羽目に陥るという物語がBとCの2人により説明されている。

(6-2)［anime02-鳥かごとおばあさん1］
```
07      C：荷物取りにきました：みたい＞な感じ＜で来て：
08         (0.7)
09      C：荷物(.)と‐(1.0)↑と‐(0.5)ちゃうおばあさんが，
10         ドア開けんのか．その,安心して．
11         (.)
12      C：ん［で：    ］
13      B：  ［ん↑ん?］
14         (0.2)
15      B：＞ちがう＜自分から↑どうぞ：↓って言って中から＝
16         ＝声（聞こえて）くん（ねや）ん．
17         (0.4)
18      C：あ：そっ［か＞ほんで＜
19      B：       ［それで：  ］
20         (.)
21      B：入って［：  ］
22      C：    ［て］(.)え?上んとこにおばあさん（もいて/みて）＝
23         ＝なかったっぺな：
24      B：多分おばあさんあれちゃうん鳥かごん中入ってんやろ
25         (0.4)
26      A：え,おばあさんが?
27         (0.2)
```

　ここで重要なのは、同じアニメーションを視聴した語り手である

BとCの間に、物語を説明するうえでの食い違いが生じていることである。Cは09–10行目で言い淀みながら、猫の侵入（猫はホテルのスタッフに変装して老婦人（おばあさん）と小鳥のいる部屋のドアをノックした）に際して「おばあさんがドアを開けた」と述べている。それに対しBが13行目で修復を開始し、15行目で「ちがう」と指摘した後、「部屋の中から「どうぞ」と言われて猫が自分から部屋に入った」とCの説明を訂正する（Cのいうとおり「おばあさんがドアを開けた」ことになると、鳥かごの中におばあさんが潜んでいるというオチと整合性がとれなくなるためになされた訂正と理解可能である）。続く場面の描写についても、BとCの説明は食い違う。Cが22–23行目でおばあさんが上にいる（ドアの上部から顔を出すシーンがあるので、それを意味していると思われる）と述べるが、ここでもBがCを訂正し、おばあさんは「鳥かごん中に入って」いると指摘する（24行目）。

このように断片6-2では、BとCの間で説明内容に2カ所の食い違いが生じている。このような食い違いの後は、食い違った2人の間にジェスチャーの同期がみられやすい場所である。この断片でも、食い違いの少し後にBとCのジェスチャーの同期が成し遂げられる。その場面を次に検討しよう。

(6-3) [anime02- 鳥かごとおばあさん2]*6
```
28      C：(え/う (h)) ちゃ [う          ]
29      B：              [↑(え/う (h))]↓u)
30         (0.2)
31      C：そうそ [う s   ]=
32      B：     [(あ/う)] [ん]
33      C：            =[と –]>とりあえ<ず
34      B：(n) h [hh  [↑.h ]
35      A：     [へ？[°は？°]
36      C：         [ 部 ]屋 [入って：>そん<で]
37      B：              [(hh.h) (hh   ).h ]
38      B：で：
```

```
39      C：用があるのは鳥かごだけやんか［：］
40      A：              ［は］いは［い        ］
                                       pc-----
41      C：               ［>>とりあえず<<］
  A視線>>C-----------------------------------------------------------------> 
  B視線>>C---------------------------,,,,,,,,A-------------------------->
  C視線>>C's gesture-------,A-----------------------------,,,,,,,,,,C's gesture->
          pc > ---
42              (0.2)
  B視線       >,,,,
```

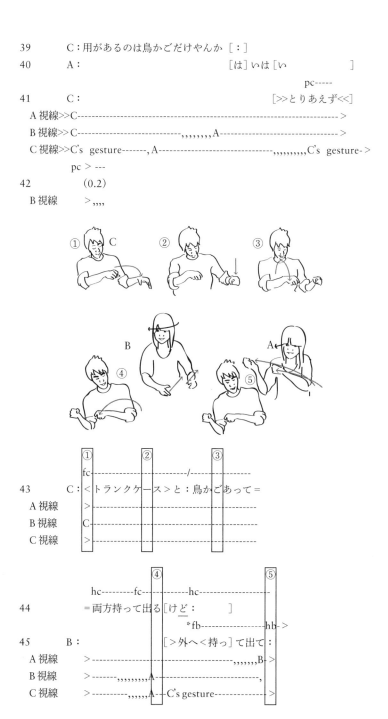

```
                    ①        ②        ③
              fc---------------/-----------------
43      C：＜トランクケース＞と：鳥かごあって＝
  A視線       >-------------------------------------
  B視線       C-------------------------------------
  C視線       >-------------------------------------

                              ④            ⑤
              hc---------fc------------hc--------------------
44      ＝両方持って出る［けど：   ］
                          *fb---------------hb->
45      B：        ［>外へ＜持っ］て出て：
  A視線       >-----------------------------------,,,,,,B->
  B視線       >-------,,,,,,,,A-------------------------,
  C視線       >----------,,,,,A--C's gesture------------->
```

第6章 ジェスチャーの同期により達成される行為・活動　153

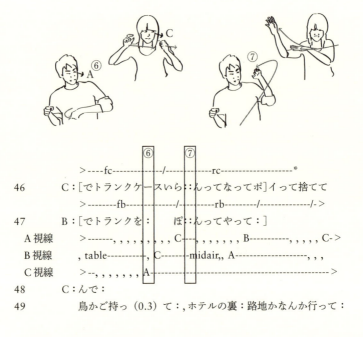

```
                   >----fc-------------/--------rc--------------------*
46      C:[でトランクケースいら::んってなってポ]イって捨てて
                   >--------fb--------/------rb------------/-/->
47      B:[でトランクを:    ぽ::んってやって:]
     A視線  >-------,,,,,,,,,C---,,,,,,B----------,,,,C->
     B視線  , table---------, C------midair,, A-----------------,,,
     C視線  >--,,,,,,,A----------------------------------->
48      C:んで:
49         鳥かご持っ (0.3) て:,ホテルの裏:路地かなんか行って:
```

説明が食い違った後Cは、31行目で「そうそう」とBの訂正を受け入れ、続けて33行目で「>とりあえ<ず」と仕切り直して説明を再開する。Cの説明を要約すると、次のようになる。部屋に入ると「トランクケース」と「鳥かご」があり、「鳥かご」にしか用はないけれども猫はとりあえず両方を持って外に出て、トランクケースを捨てる（36、39、41、43、44、46行目）。特に41行目以降の説明が、これまでの「荷物取りにきました:みたい>な感じ<」（07行目）「おばあさんが、ドアを開けんのか」（09–10行目）といった記述的な発話と比較して、まるでC自身が猫にでもなりきったかのように、出来事の細部に焦点化し詳細に語ったものになっていることに注意しよう。これは、Schegloff（2000b）が語りの「粒度 granularity」の上昇と呼んだ手続きにあたる。語りの粒度の上昇は、語りのクライマックスが来る場面やその前段階で用いられやすい。断片6-3で語りの粒度が上がっている位置は、エピソードのクライマックスではない。だが、この断片の前にBとCの説明が食い違っていたことを思い出すなら、ここで語りの粒度が上がることの意味が理解できよう。すなわち、BとCの間で説明の

食い違いが生じたときに、続く場面の詳細を述べることは、Cがアニメーションをきちんと理解できていることを例示することになる。そしてこのような語りの粒度の上昇は、表現される動きや物、出来事などの記述をきめ細かくすることを通じて、ジェスチャーの同期に適切な環境を用意する。この後BとCは、ジェスチャーの同期を達成することになる。その場面を検討しよう。

Cは非常に早口で「＞＞とりあえず＜＜」と言いながら両手を動かし（41行目）、何かを脇にやるようなジェスチャーをすばやく行なう（43行目 fc：①）。その後は、逆に「トランクケース」をゆっくり発音しながらジェスチャーを開始し（43行目 fc：②）、焦点となる表現となる荷物を投げる表現をジェスチャーで行なうときは、「トランクケースいら::んってなって」と猫の台詞を引用するような形で発話している。つまり、41行目よりも前の記述的な表現や聴き手であるAへの確認を求めるような発話から一転して、アニメーション内の猫の動きをそのまま自らの声と腕とで再現する形でもって、Cは語りの粒度を上げている*7。

一方Bは、「鳥かごあって」とCが言った直後に動き始める。先行するCの発話への重なりを最小限にして、BはA方向への視線移動とともに「＞外へ＜持って出て：」と言う（45行目 fb：④）。一連のBの振る舞い*8から、Cの語りの再開を阻害しないよう注意を払ってBが自らの発話を組み立てていることがわかる。

では、このときのBのジェスチャーはどのようなものであろうか。もう1人の語り手のCは右手にトランクケース、左手に鳥かごを割り当てる動作を、発言と組み合わせながら行なっているが、Bはその部分を省略し、両手でいきなり持ち出す動作をしている（45行目 fb：⑤）。そしてBは、ジェスチャーを保持していたC（44–45行目 hc：⑤）に追いつく（ジェスチャーに関して、先行する者の保持と後続する者の省略との関係については、第4章第3節も参照のこと）。焦点となる表現をまだ産出していないCの動きに追いついたことによりBは、次の局面で、よりはっきりとしたジェスチャーの同期を達成するための基点を得たことになる。

続く46、47行目では、発言とジェスチャーの両面で同期が達成*9

されている（46、47行目 fc、fb：⑥⑦）。ここでは、BとCによる発言とジェスチャーのそれぞれのタイミングと内容を検討していこう。BとCそれぞれ「ぽ::ん」と「いら::ん」という異なるオノマトペであるにもかかわらず、長音から「って」という引用符までがはっきりと重ね合わせられている（46、47行目）。他方、ジェスチャーは、BとC共に右側に両手の拳を寄せて、体ごと右に傾いている準備状態（44、45行目 hc、hb：⑤）から反動をつけてする（46、47行目：⑥）、トランクケースを投げるオノマトペと共に投げるという焦点となる表現を産出する（46、47行目 fc、fb：⑦）、という一連の動きが同期を達成している。ここでも前節でみた、2つの感覚様式を用いることによる同期の「安全性」の確保がみられる。すなわち、ここでの表現としてトランクケースを投げるという視覚的表現（ジェスチャー）が適切であるからこそ、オノマトペの違いはジェスチャーの同期に「守られて」問題にされない。

　この同期が、語りの中で生じていたBとCの食い違いを解消し、語りを先に進めることに貢献していることを論じたい。いま、BとCとは2人が観たアニメーションの筋を説明するという課題に取り組んでいるのだから、BとCの食い違いの原因が、説明しようとするアニメーションの内容に関する2人の理解の齟齬にあるとき、それを解消するやり方の1つは、両者が正しくアニメーションの内容を理解できており、それを基に語れることを聴き手に示すことである。その点でジェスチャーの同期は、先述のように両者が理解を共有していることを示す強力な装置であり、かつアニメーションの筋を説明するという活動において、ジェスチャーによる表現が適切であることを2人が共通理解していることをも示すことができる。そのためBとCのジェスチャーの同期は、両者の間の食い違いを解消する。

　両者が表現を重ね合わせることに志向していると記述することの根拠は、同期自体以外にもいくつか存在する。たとえばCの「両方持って出るけど」（44行目）と、「でトランクケースいら::んってなって」（46行目）とは、文のつながりが不自然であることに注目しよう。この2つの発話の間には、Bの発話「外へ持って出て」

がある（45行目）。Cは自身の発した44行目の後に続くものとしてではなく、Bがこの間に発した「外へ持って出て」という発話に接続するものとして46行目を発していると考えられる。つまりCは、Bに統語上の軌跡を「合わせて」いる。さらに、同期が達成された後、いまBに統語上の軌跡を「合わせた」Cが、「んで::」（48行目）と、語りを続けている。これは、BとCによる同期が正しい説明を産出したことをCが認めていることを示しているのである。

3. 共同産出者への同意の提示*10

次の断片6-4は目隠しした状態でコップの中の飲料を当てる課題をした2人（A、B）が別の課題をした1人（C）に課題の詳細を説明する場面からの抜粋である。この断片では、Cに説明するためというよりもむしろ、スロットを2人で埋めることを勧誘してきた相手（ジェスチャーの同期の共同産出者）に同意を示すためにジェスチャーの同期が試みられている。

(6-4)［blindBroomB-サイダー］

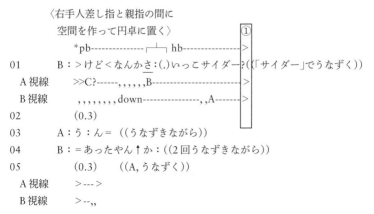

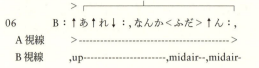

```
            〈右手の形状を崩さずに「あれ」と「ふだん」を強調するように右腕を動かす〉
                   >      ┌─────┘
06      B：↑あ↑れ↓：,なんか＜ふだ＞↑ん：,
     A 視線      >---------------------------------------->
     B 視線      ,up---------------------,midair--,midair-
```

```
07            (0.3)
        〈右手の形状を崩さずに
         左上に引き寄せて                    ②  ③
         右下方向へ払う〉〈右手の角度を変えてコップを持つような向きにする〉
                  └──┘  └─┘   fb--hb--pb-----------
08      B：目：開け↑て：,飲むときよ↑り：=
                          │      fa->
                        〈A,うなずいて微笑む〉
     A 視線      >---------------------------------->
     B 視線      left------,,,,,A------------------>
                            ④
                     fb->
                     fa>---
09      A：  =うん=
```

158

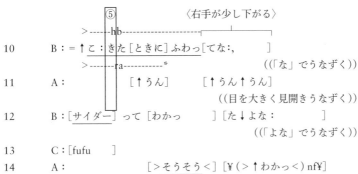

```
                              〈右手が少し下がる〉
          >------hb------------------------
10   B：=↑こ：きた［ときに］ふわっ［てな：,          ］
          >------ra----------*                ((「な」でうなずく))
11   A：         ［↑うん］    ［↑うん↑うん］
                              ((目を大きく見開きうなずく))
12   B：［サイダー］って［わかっ   ］［た↓よな：    ］
                                    ((「よな」でうなずく))
13   C：［fufu   ］
14   A：            ［>そうそう<］［¥(>↑わかっ<) nf¥］
```

　課題で与えられた3つの紙コップの中には、サイダーが入っているものが1つ含まれていた。Bがこの断片で主張していることは、目隠しをされた状態でそれを飲むと、普段目を開いた状態で飲む時より炭酸の感覚(おそらくはサイダーの香料や気泡がもたらす嗅覚や触覚の刺激)がわかりやすかったということである。Bは「＞けど＜なんかさ：」と言い始めながら、円卓上で右手の人差し指と親指の間に円状の空間を作り出す(01行目：①)。

　このジェスチャーは、「サイダー」(01行目)と言うことによって、コップを持つ手を表すものであることが理解できるようになる。だがこの時点ではまだ、「＞けど＜なんかさ：」と開始された語りの中で、このコップを持つ手が何を表現するものなのかは明らかになっていない。その後、Bは「目：開け↑て：, 飲むときよ↑り：」という発話の「と」と「き」の間に、その手を大きく沈み込ませる(08行目pb：②)。このBの右手の動きは、次のようなものとして認識可能であろう。まず「目を開けて飲む状態」が08行目で語られるが、この「飲む」という動作には右手で行なわれているコップの表現が使われていない。それゆえ、保持され続けているコップの表現は、その後の位置で利用されるであろうことがわかる。また同時に、「目を開けて飲む状態」との対比として、「課題中に飲む」と

いう動作の表現にそれが用いられることが予測できる。また、Bは課題中に飲んだサイダーを話題に話を始めた（01、04行目）のだから、「目を開けて飲む状態」と対比される「課題中に飲む」ことに関する語りが、話の要点であることは明らかであろう。こうして、話の展開とBの発話の組み立てに支えられて、コップを持ったBの仕草は、それを「飲む」というジェスチャーの準備として認識可能になる（第4章第3節参照）。

　これをみたAは、まずBが「飲む」を発した際にうなずき、同時に目を見開いて微笑む。さらにこのときAは、何かを言いかけるように口を開く（08行目：③）。この時点でまだBは語りの要点を発していない。しかもAが反応している位置は、発話の途中であり、反応が求められる位置ではない*11。この目を見開いてうなずきながら口を開くAの反応は、同じ課題の参加者として、話を最後まで聞かずとも相手の語りの要点がわかったこと（理解）を主張するものとして理解可能である（第5章第4節参照）。このような語りの要点を先取りした反応は、それに続いて自分の理解を例証する（Sacks, 1992b）ことを適切なものにするであろう。Aは、Bが「飲む」動作を始めうる位置で、Bよりも先に焦点となるジェスチャー表現を産出し始める。すなわち、「うん」と言いながらAは左手を上げ、自分の口元に持っていく（09行目 fa：④）。これに対しBもわずかに遅れて右手のコップ（の表現）を上げ、口元に持っていく（09-10行目 fb：⑤）。

　Lerner（2002: 254）は、ジェスチャーの同期が共同産出者への同意の提示という行為に用いられうることを指摘しているが、その詳細を分析によって示してはいない。おそらく、ジェスチャーの同期の達成により共同産出者への同意を示す際の組織化には少なくとも2種類ありえる。ひとつは断片6-4や4-5のように、先にジェスチャーの準備を行なった者に同意を示すのに、後続の産出者が先に焦点となるジェスチャー表現を産出する場合（やや変則的だが5-5も含む）、もうひとつは断片4-3や7-3のように、先行して焦点となるジェスチャー表現を産出した者に同意を示すのに、後続者が追随して焦点となるジェスチャー表現を重ね合わせる場合である。

4. 理解の例証と承認*12

本節では、説明する側とされる側によってジェスチャーの同期が達成されるとき（もしくは共同で説明する際に語り手たちの間でなんらかの知識や経験の差がある場合）に、理解の例証と同時にその理解を承認することが可能になっていることを示す（断片 5-1 (7-4)、5-3 (7-5) もこれに含まれる）。

(6-5) ［anime08-シーソー］（断片 5-6 の後半を再掲）*13

```
29    C：その上にこうながぼそ：い板持って=
30       =き［゜よってんか゜         ］
31    A：  ［あ：あ：あ：はあ：］
32    C：でな：,まあ犬>えい<猫か［：.］猫は：
33    A：                    ［うん］
34    C：こうでっかいでっかい分銅を=
35       =こうやって持って来て：=
36    A：=うん
37    C：向かい側に：こう>ほいって<投げて：
38    A：゜うん゜
```

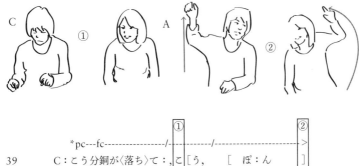

```
                      *pc---fc--------------/---------/         >
39    C：こう分銅が〈落ち〉て：,こ［う,   ［ぽ：ん    ］
                                    *fa------------------->
40    A：            ［>(・)［あ<ぽ：んって］=
A 視線  >>C & C's gesture-------------------------------->
C 視線  >>C's gesture---------------------------,A------->
```

第6章 ジェスチャーの同期により達成される行為・活動

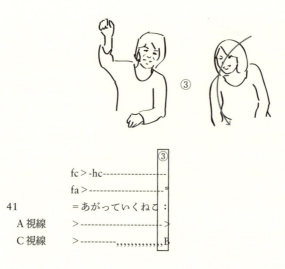

```
                              ③
              fc >-hc-----------------|
              fa >---------------------|*
41            =あがっていくねこ:     |
  A視線        >---------------------->
  C視線        >----------,,,,,,,,,,,,B

42        C:>で<あがっていって:,まあ,捕まえんねんか
```

　断片6-5は、猫が箱、板、重り（分銅と言及されている）を利用してシーソーのような装置を作り、ビルの上の階にいる鳥を捕まえにいく物語について語る場面の一部分である。この断片では、39–40行目で語り手のCと聴き手のAによりジェスチャーの同期が部分的に生じている。同期を利用してAは、「長細い板」のジェスチャー表現が再度用いられる箇所、すなわち、猫が分銅を板の端に落として、逆端にいた自分を跳ね上げる様子を説明する箇所（39行目）において、「長細い板」のはたらきを理解したことを例証する。

　一方Cは、「ぽ:ん」とともに行なったジェスチャーを、Aの参入時に中断することなく最後まで行ない、1つの区切りの位置で停止させる。その後、「>で<あがっていって:」と言いながら、語りの続きを発する。もし、Aの理解が間違っていたのであれば、Cはジェスチャーを途中でやめたり、「ぽ:ん」の直後に、Aの間違いを指摘したりしただろう。この場面は、「BとCが、視聴したアニメーションの内容をAに対してできるだけ正確に伝える」ことが教示されている場面なので、Aの理解の正誤は、活動の進行に大きな影響を与えうる。そのような状況下で、ジェスチャーの同期を

Cは認め、何事もなかったかのように語りを継続標識を用いて続けていることから、ジェスチャーの同期は、受け手側による理解の例証だけでなく、話し手側による承認の機会も与えていると考えられる。

5. まとめ

本章では、ジェスチャーの同期がどのような行為や活動を達成しているのかを検討してきた。その結果、ジェスチャーの同期が、同期を達成した者の間における共通理解を強く示すものであるという性質を利用して、少なくとも次の行為や活動が達成されうることが明らかになった。(1) 説明の共同産出、(2) 参与者間の「食い違い」の解消、(3) 共同産出者への同意の提示、(4) 理解の例証と承認、の4つである。このようにジェスチャーの同期は、行為連鎖(1、3)、修復(2)、活動の進行性の管理(4)といった、さまざまな相互行為組織上の仕事を行ないうる。

ジェスチャーの同期は、相互行為の中のトークにおける多様な局面で、さまざまな行為を達成するために組織される。ジェスチャーの同期が備えるいかなる基本的性質が、共同説明の産出に代表されるような行為の達成に資するのかという点についての展望を述べておこう。すでに述べたように、ジェスチャーの同期は理解の例証 (Sacks, 1992b) を行なうための強力な道具である。いま、2人以上の社会成員が視覚的な表現を、模倣するのではなく同時に産出したなら、次の2点が明らかになるだろう。第一に、これらの者はその表現内容に対する理解を共有している。第二に、これらの者はその表象を表現するのに視覚的な振る舞いが適しているという点についての理解を共有している。この二重の「理解」の提示という基本的性質を備えるからこそ、ジェスチャーの同期は説明の共同産出、「食い違い」の解消、同意の表示、理解の例証と承認という行為の間主観的達成に大きな役割を果たしうる。すなわち、説明を行なう2人の表現がジェスチャーを用いて同期を達成していれば、その説明の説得力が高まると同時に、その表現を視覚的振る舞いにより行

なうべきだということを両者が理解していることが受け手である第三者にわかる。

　また、それぞれの状況において、ジェスチャーの同期が遂行している行為は1つとは限らない。ある発話が同じ相手に対してもう1つ別の行為をするための「媒体vehicle」（Schegloff, 2007: 73）となるように、ジェスチャーの同期も、同じ相手にもう1つ別の行為をするための媒体となることがある。

---

*1　なお、Lerner（2002）はジェスチャーの同期によっては、共同行為の産出と、同意の提示が行われうると指摘している。
*2　本節には、城・平本（2015）の一部を転載し適宜改変した内容が含まれる。
*3　ある発話が遂行している行為は1つとは限らない。たとえば、「何時に夕食にするん？」と質問をすることは、同時に相手に対して催促（早く夕食を食べに行こう）をしてもいる。このように、1つの発話で同じ相手に対してもう1つ別の行為を行っているとき、当該発話は、別の行為をするための「媒体vehicle」（Schegloff, 2007: 73）となっている。2節で後述するように、断片6-3のBとCがジェスチャーの同期を通じて説明を共同産出することは、会話中に生じた「食い違い」を解消するための媒体となっている。
*4　本節は城・細馬（2010; 2014）の主張をもとに、分析の一部を転載し、適宜改変している。
*5　断片6-2の直前が断片1-1（3-1）である。それぞれの断片の07行目は、同じ話者Cによる同一の発話である。
*6　断片6-3の線画については、城・細馬（2010）より一部転載。copyright©2010 IEICE
*7　猫が荷物を運び出す箇所の説明は、データ群「対話型アニメーション再生課題」の9グループ中8グループが行なっている。当該エピソードのオチに関わる鳥かごだけでなく、トランクケースの描写も行ない、かつ、アニメーション内の猫の動きをそのまま自らの身体で再現する形で表現し、台詞調の発言をしているのは、この断片ともう1例あった。ただし、もう1例の語り手は他の箇所でもきめ細やかに説明をしており、当該箇所において粒度が上がったとは言い難い。
*8　Cの語りの再開を阻害しないような志向性は、Bが話し出す前にも観察されていた。それは、「Cが「トランクケース」をゆっくり発している最中、右手をわずかに上げる（43行目：②のタイミング）。しかし、すぐに下ろして手前へ引き（43行目：③のタイミング）、円卓の上で保持する」という振る舞いである。Bが何をしようとしていたか判断することはできないが、Cの話の粒度

が上昇しているタイミングで動き始めていることは注目に値する。粒度を上げているまっただ中に参入することは、Cを邪魔することになる。そのために、「トランクケース」をCが発しているときは、Bは何かを右手で産出することを取りやめた可能性もある。

*9　第4章第5節で述べたように、結果としての同期の達成よりも、同期を試みようとする人びとのやり方に本書は焦点化している。その意味で、1つのスロットを2人で参加することによって満たしていることを達成と呼んでおり、一語一句間違いなく一致しているか否かは問題にはならない。

*10　本節は、城・平本（2015）の分析の一部を転載し、適宜改変している。

*11　西阪（2008a）が論じているような、発話の途中で受け手の反応の機会が話し手によって用意されているわけではないことに注意されたい。

*12　本節には、城（2012）の一部を転載し適宜改変した内容が含まれる。

*13　断片6-5の線画については、城・細馬（2010）より一部転載。copyright©2010 IEICE

第7章
ジェスチャーの同期を利用することで生じうる効果

　第6章では、ジェスチャーの同期によって達成される特定の行為や活動を扱ってきた。じつは、ジェスチャーの同期を利用することで、より「効果的」に行為や活動を行なうことができる。ジェスチャーの同期が組織される際の形式的特徴、複数の人が同時に同じことを達成することを目指した（志向した）相互調整が、特有の「効果」を生じさせていることを、本章では明らかにしていく。

1.「効果」という語で示されるもの

　ここで効果と呼び表す（ほかの章では括弧付きの「効果」または相互行為上の効果と示す）対象は、大きく2種類ある。1つは相手と共通理解を構築するにあたり、よりわかり合えるようになる性質、もう1つは、相互行為の進行性を担保するのに、より効率的な性質、である。たとえば、Lerner（2002: 245-247）は、60年代のAngela Davisの髪型（大きなアフロヘア）のように、話し手が視覚的に特徴のあるものについて述べているならば、受け手がジェスチャーでその理解を示すことは適切になりうると述べている。筆者は、Lerner（2002）が見出した知見に次のことを加えられると考えている。すなわち、同時にジェスチャーを行なうことが、たんに相互行為の参与者にとって適切な行為となっているだけでなく、差し出された行為や相互行為資源を共有することを通じて、よりすばやく、より深く共通理解が達成されている。このことを明らかにしたい。
　まず第2節では、複数人でジェスチャーを重ね合わせることで、表現対象を強調し、「見所／勘所」として際立たせる効果があることを論じる。これは、特定の文脈によっては、当該活動における「決め手」として相手に差し出すことも可能にする。次に第3節で

は、「同時に同じ表現を達成する」ことの時空間的特性から、相互行為において瞬間的展開を可能にする効果があることを論じる。最後に、これまで述べた効果の複合的収斂によって、相互行為における共通理解の構築と進行性の担保を管理する1つのやり方としてジェスチャーの同期が用いられうることを示す。

2. 特定の対象を「見所／勘所」として際立たせる*1

　ジェスチャーを複数人で重ね合わせることで、ジェスチャーで表現されている対象が、特定の活動（たとえば、物語り）において、注目すべき「見所／勘所」であると「際立たせる highlight」ことが可能になる。

(7-1)［anime02-ぼこぼこ］（断片5-2再掲）

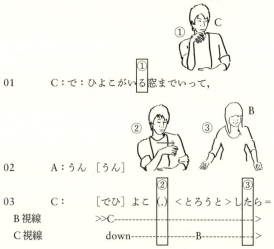

```
01       C：で：ひよこがいる窓までいって,

02       A：うん［うん］

03       C：     ［でひ］よこ (.) <とろうと>したら=
  B視線         >>C------------------------------->
  C視線           down-----------B------------------>
```

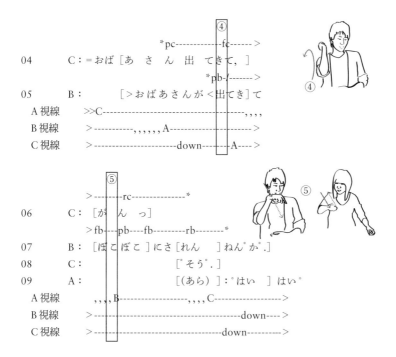

```
                          ④
                    *pc----------fc------>
04      C：=おば［あ  さ  ん  出  てきて,］
                                *pb-/------>
05      B：    ［>おばあさんが<出てき］て
A視線  >>C---------------------------,,,,,
B視線  >----------,,,,,A--------------->
C視線  >--------------down------A---->


            ⑤
         >--------rc-----------*
06      C：［が  ん  っ］
            >fb-----pb----fb---------rb--------*
07      B：［ぼこぼこ］にさ［れん  ］ねん°か.］
08      C：                ［°そう°.］
09      A：              ［（あら）：°はい ］はい°
A視線      ,,,B--------,,,,C------------>
B視線   >----------------------down---->
C視線   >-----------------------down-------->
```

　第5章第2.2節でクライマックスという位置でジェスチャーの同期が生じやすいことはすでに述べた。第5章の分析と重複するが、クライマックスで生じやすいということは、クライマックスは聴き手（受け手）にとっても相互行為上重要な位置であるということを際立たせることにほかならない。なぜなら、このあと聴き手はその内容を理解したか否かの反応を示すべき立場にいるからである（Sacks, 1974）。もちろん、たんに位置としての際立たせではなく、目の前で組み立てられているジェスチャーで表現される内容自体にも注目せよという意味であるはずである。断片7-1の例では、この物語のクライマックス（オチ）としてもっとも注目すべきは、老婦人（おばあさん）が猫を追い払うやり方が猫を殴って痛めつけることであったということが、示されている。

　見所／勘所を際立たせるというのは、たんに受け手に注目せよと示すだけではない。複数の人が同時に同じ表現をすることによって、今、行なわれているものが「決め手」であることを受け手に示すこともできる。

(7-2)［trip memories03-高知県］(13行目までは断片4-4を再掲)
01　　　　B：高知ってどこやっけ：¿
　　　　　　　＊pa-/
02　　　　　　(0.9)

〈円卓上の左手の側に右人差し指で
　　小さく円を描く〉
　　　　　　　　　┌──────┐pa──/───fa─>
03　　　　A：なんかなあ(0.4) 海 側.
04　　　　　　(0.4)

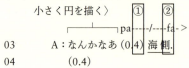

　　　　　　　　＊pc---fc────────
05　　　　C：　下んとこや［な　：
　　　　　〈A,Cに向けて2回うなずく〉
　　　　　　　　>─/──────────
06　　　　A：　　　　　　　［う ん

　　　　　　fc>─────rc──────────＊
　　　　　　fa>─────＊
07　　　　　　°下［ん と こ°
08　　　　B：　　　［下 の ］：(.)こっち？
09　　　　　　(0.5)

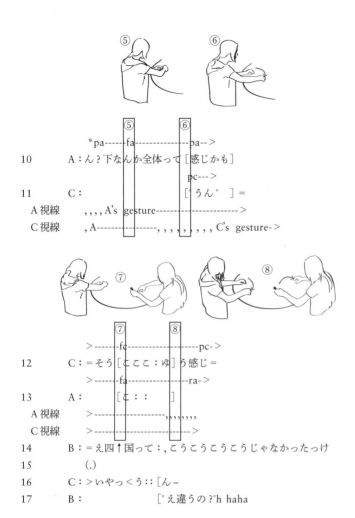

```
                *pa-----fa----------pa-->
10      A：ん？下なんか全体って［感じかも］
                                 pc--->
11      C：                      [゜うん゜ ］=
   A視線        ,,,, A's gesture-------------------->
   C視線      ,A------------,,,,,,,,,, C's gesture->

                >------fc-------------pc->
12      C：=そう［ここ：ゆ］う感じ=
                >------fa------------ra->
13      A：    ［こ：：  ］
   A視線  >-----------,,,,,,,,,
   C視線  >---------------------->
14      B：=え四↑国って：,こうこうこうこうじゃなかったっけ
15          (.)
16      C：>いやっ<う：：[ん-
17      B：              [゜え違うの？゜h haha
```

　質問者であるBは、事実確認の発言（08行目）によって、四国の下（南）側には2つ県が存在しているという見解（誤解）を示している。それに対してAが、「ん？」と言いつつ円卓に載せていた両手を動かす（10行目 pa：⑤）。「下なんか全体って感じかも」と言いながら、これより前に差し出した返答（03行目 fa：②）と同じように、Aは、左手を始点にして（10行目 fa：⑤）右手でアーチを描く（10行目 fa：⑥）。この返答の仕方によって、四国地方の下には西か東かといった県の配置についての選択肢はなく、南側全体が高知県であることを示す。CもAに同意しながら動き出し

（11行目pc）、同様のやり方で円卓にアーチを描く。このとき、CとAのアーチを描くジェスチャーの同期が成し遂げられる（12–13行目fc、fa：⑦⑧）。

　高知県の位置をジェスチャーの同期という構成の仕方によって示すことで、AとCは何を達成しているのであろうか。まず、本節で論じてきたように、説明の勘所である「高知県は四国地方の下（南）ほぼ全域」を際立たせることができる。次に、アーチを描くことと高知県の位置（および形状）という編成を、AとCが繰り返し利用してきたという状況があった（第4章第4節）上で差し出されたこの現象は、返答者側からの「決め手」としての効果を有する。換言すれば、AとCは、「第三者からすでになんらかの抵抗が行なわれていた（中略）ときに、共同行為により効果的・決定的に差し出すことで、抵抗（の可能性）に対処する方法（串田，2006：144–155（丸括弧は筆者が付与））」を達成している。実際、Bはこの「決め手」を目の当たりにした後、部分的に上擦った声になりながら、これまでの前提（3人ともある程度正確に知っているはず）となっていた四国四県の位置関係について問う（14行目）。つまり、「決め手」としての返答でもBは高知県の位置について満足いく理解を得られなかったために、四国四県の位置関係について共通理解を構築する必要があることを表明するのである。そしてこの直後、AとCによって四国四県の位置関係の詳述が行なわれることになる。

3. ピボット的な話題移行*2

　第6章の最初で、Lerner（2002）が言葉の重ね合わせで達成される行為を協調的cooperativeなものとそうでないものに大別していることについて言及した。ここでは、従来の同期・同調研究で論じられてきたような、ラポールの形成や共感の促進とは別の面をも有する、ジェスチャーの同期の効果よって可能になる行為を遂行するやり方ついて論じる。

　ジェスチャーの同期は必然的に視覚的表現を含み、この視覚的表現は、話題移行（Schegloff and Sacks, 1973 = 1989）にも利用され

うる。発言については、Jefferson（1984）が、「愚痴語り trouble telling」において、先行する愚痴に含まれていた特定の語（とくに名詞）を繰り返すことで、愚痴の聴き手が話題を変える（たとえば "I've been cleaning↓bedroom and things so:（私、ずっと寝室を掃除して、物事はそんなふうに）" と言う発言の末尾に重ねて "Yes I've done the bedrooms and the living roo:m,（そう私、寝室と居間の掃除を終えたところなの）" と対話者が言う（Jefferson, 1984: 209）手続きを見出している。この手続きにおいては、繰り返される語が話題移行を可能にするピボットもしくは蝶番としての効果を有する。他方、ジェスチャー表現がこのような話題移行のピボットになりうるかを調べた先行研究は見当たらない。本節では、とくにジェスチャーの同期が、ピボット的な話題移行にかかわる断片を分析したい。

(7-3) [blindBroomC- コップ探す]

```
                                    *pb->
01      B：あ, どっから飲みも (h) のか (h)
  A視線     , , , , A---------------------->
  B視線     down, , , , B---------------------->
```

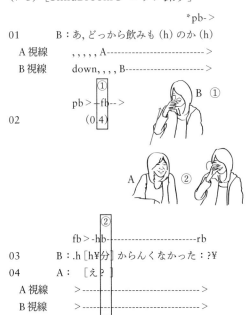

```
          ①
          pb > -fb-->
02        (0.4)

          ②
          fb > -hb---------------------rb
03      B：.h [h¥分] からんくなかった：?¥
04      A：   [え?]
  A視線     >---------------------------->
  B視線     >---------------------------->
```

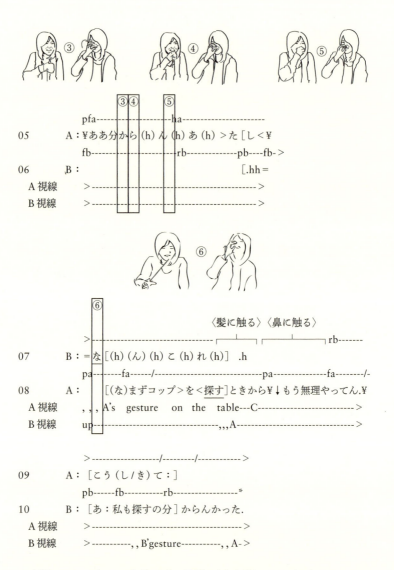

```
                         ③④        ⑤
                   pfa--------------ha--------------------
05       A：¥ああ分から(h)ん(h)あ(h)>た[し<¥
                   fb-----------------rb--------pb----fb->
06       B：                          [.hh =
A視線  >------------------------------------>
B視線  >------------------------------------>
```

```
                 ⑥                 〈髪に触る〉〈鼻に触る〉
                 >------------------------⌐----------⌐---------rb-------
07       B：= な[(h)(ん)(h)こ(h)れ(h)] .h
                 pa--------fa-----/------------pa--------------fa--------/-
08       A：     [(な)まずコップ>を<探す]ときから¥↓もう無理やってん.¥
A視線  , , , A's gesture on the table---C------------------------->
B視線  up------------------------------,,,A------------------------>
```

```
          >-------------------/---------/----------->
09       A：[こう(し/き)て：]
                 pb------fb----------rb-----------------*
10       B：[あ：私も探すの分]からんかった.
A視線  >--------------------------------->
B視線  >---------,, B'gesture----------,, A->
```

断片7-3はデータ群「目隠し体験再生課題」の一部で、AとBは飲み物当て課題に参加していた。Bは長い沈黙の後、うつむいていた顔を上げながら、課題中に感じたことについて、Aも同様に感じていたかを尋ねている（01、03行目）。Aは、Bが01行目を産出し終えたときから徐々に笑みを深めて、「¥ああ分から(h)ん(h)¥」とBに同意している（05行目）。このとき、コップを口元に運んで飲料を飲むことを表すジェスチャーの同期が成し遂げられる

（05、06行目fa、fb：③④⑤）。

　この断片では、ジェスチャーの同期達成直後にAとBとの間で発話の重なる最中に話題移行—焦点となっている事柄の転換—が生じる。03行目までのBの発言で話題になっていることは、目隠しをした状態で手にしたコップを傾けた際に「どっから飲み物」（01行目）が口に流れ込んでくるのか（もしくは、どれくらいコップを傾けると飲み物が口に流れ込んでくるのか）がわからなかったということであった。Aの同意（05行目）も、このBの発言に向けられているし、ジェスチャーの同期（05-06行目fa、fb：③④⑤）も、先行して焦点となるジェスチャー表現を産出していたBへの同意を示すもの（第6章第3節）として理解できる。しかし、05行目後半以降でAが話題にしていることは、コップを手にする前、目隠しをしながら机に置いてあるコップを探すことの難しさである。08行目の発話は、結果として07行目をなかったものにしている。それでも10行目でBが「あ：私も探すの分からんかった」と述べていることは、Aの話題移行をBも理解し、了承していることを示す。もし了承していなければ「ちょっと待って」などのような発言がなされるなど、10行目のようにAの話題にすぐ合わせるのとは異なる振る舞いが行なわれるはずである。

　目隠しをした状態で、コップから口に流れ込んでくる飲み物を飲むことの困難と、飲むべきコップを探り当てることの困難、この2つの話題はもちろん、完全に別のものではない。むしろこの2つは、「飲み物当て課題における目隠しした状態であったがゆえに困難なこと」という話題の集合の中の2つの要素である。Sacksは切れ目のないトピックの推移 stepwise topic movement が共-選択（Sacks, 1992a）の手続きによって行なわれていることを示している。この手続きは、相互行為の中で「ある発話の一部分があって、参与者はその部分をなんらかのクラスとしての地位を（実際は数多く）持っていることを分析しみつけることができる。与えられたアイテムになんらかのクラスとしての地位をみつけたのなら、その人は次の発話において、ついさっき発話された用語と同じクラスのメンバーとしての地位にある用語を提示してよい（Sacks, 1992a：

757)」というものである*3。ここでは、共－選択を行なうための装置としてジェスチャーの同期が用いられていることを分析から示そう。

　ジェスチャーをみると、Aの返答のはじまりからAが1人称を発する（05行目）までの間、AとBが右手を口元に持っていき、口元から下ろすところの途中までの動きが同期を達成していた（05-06行目 fa、fb：③④⑤）。その後、Bは上体を反らして、3度目の飲むジェスチャーをしている（07行目 fb：⑥）。笑いながらの発言である「な(h)(ん)(h)こ(h)れ(h)」とジェスチャーは、過去の自分の感じたことを再現する行為といえる。

　一方Aは、手を下ろして指を少し広げ、円卓の上でコップを取る動作をする（07行目：⑥）。つまりAは、04行目の時点でたんにBの焦点となるジェスチャー表現に自らのそれを重ね合わせただけでなく、そのジェスチャーを用いて環境を構造化（Goodwin, 2003）していたのである。

　この「ジェスチャーを用いて環境を構造化していた」について、C. Goodwin（2013＝2017; 2017）の最新の議論を用いれば、次のように敷衍することができる。第一に、Aは、発言とジェスチャーによって組み立てられたBの行為を、分かち難く一体化したものとしてではなく、構造を持つものとして理解している。第二に、Aは、Bが導入し、05行目の時点でA自身も利用した「コップを持ち口元に運び飲料を飲むジェスチャー」の構造を分解することができる（構造を理解しているため、どの要素が分解可能かを理解している）。第三に、Aは、構造の一部分であった「コップを持つ手」という基質 substrate に対して、「右手を円卓の上に置き、少し開いて円卓上で動かす」という新しい動きと意味を付与することで、机上のコップを「探す」様子を表現する行為へと変容させている。したがってAは、ジェスチャーの同期により環境を構造化し利用することによって、瞬間的に話題を移行させている。

　04行目ではAが、ジェスチャー表現を重ね合わせることにより、Bの「¥分からんくなかった：？¥」（03行目）という同意の求めに対して、同意を（「¥ああ分から(h)ん(h)¥」という発言とともに）

強く表明し、それによりBの提起した話題に「よりそってalign」いることに注意しよう。いったんBの提起した話題に「よりそった」からこそ、Aが話題を無理矢理変えようとしているわけではないことが理解可能になる。すなわちこの断片では、ジェスチャーの同期を用いた「同意」により、先行する話題への「よりそい」が示され、そして同期本体のジェスチャーに用いられていた表現（コップ）による環境の構造化を利用して、共–選択による話題移行が可能になっている。

　加えて、同期本体におけるAとBのジェスチャーの組み立て方の差異にも注目しよう。AとBの右手を口元に持っていくジェスチャーを詳細に分析すると、Bは03行目のジェスチャーの後、首の高さから手を少し上げて、それから徐々に手首を返して口元に右手を持っていく（06行目fb：③④⑤）。1回目の口元に手をやるジェスチャー（02行目fb：①）よりも、「コップの傾き」がより強調されたジェスチャーになっている（06行目fb：⑤）。他方Aは、すばやく手を上げて、手首を返すのではなく腕の動きで口元に右手を持っていく（05行目fa：③④⑤）。手首の返しで口元に手をやるBは、肘の位置がほとんど変わらないのに対して、Aは肘が少し前に突き出ている（⑤）。つまり、Aは一見Bのジェスチャーを真似する形で応じているようだが、実際にはBの焦点となるジェスチャー表現となる「どれくらいコップを傾けると飲み物が口の中に入るか」を構成している「手首の返り」という要素を採用していないジェスチャーを産出しているのである。Aは、Bが用いた焦点となるジェスチャー表現の構成を取り入れないでBとのジェスチャーの同期を達成することで、瞬間的に2つのことを成し遂げている。まず、Bによる質問を通じた課題中の困難を共有しようとする試みに「よりそい」、そして、直後に新しく「分からん」話題を導入し、課題中の困難を共有するという活動を瞬開的に展開させたのである。

4．共通理解の確立と進行性の確保の両立[*4]

　日常生活において、人びとは、多くのことを知り、諸活動を営ん

でいる。これらが可能になるのは、さまざまな人との相互行為を通じて、常に理解を更新したり深めたり、その理解に基づいて行為を組み立てたりするからである。相互行為において、互いに共通理解をもって何かの目的に達するためには、ときおり、次の2つの「仕事」をうまく管理しなければならない。1つは、さまざまな背景を有する参与者間において一定の共通理解（＝間主観性）を構築すること。もう1つは、目的に向けて相互行為自体を進めていくこと。相互行為の中のトークに従事するとき、参与者は間主観性と進行性の原理が同時に働き、この2つが競合しあうという状況下におかれることがある（Heritage, 2007: 260）。本節では、共通理解と進行性の両立という相互行為組織上の要請を満たすためにジェスチャーの同期が用いられていることを示したい。

4.1　相互行為における共通理解と進行性

　共通理解の確立には通常2つ以上の発話（話し手による描写と受け手によるその受け取り）を必要とするが、この種のやりとりが多くなりすぎると、進行性が阻害されることになる。たとえば、童話の内容を知らない相手に伝える場面において、「むかしむかし、あるところにおじいさんとおばあさんがいて」と物語りを始めた時点で、聴き手が「昔っていつ？平安時代？」「時代によっては、おじいさんとおばあさんって40代くらいじゃないの？」と、自らの理解を確かなものとするために質問し始めるとする。この種の問いが逐一行なわれ、そのたびに語り手がそれに応じていたら、共通理解は高いレベルで構築されるかもしれないが、童話の内容を伝えるという進行性は滞り、時間がかかってしまう。かといって、童話の内容が伝えられている間、聴き手が何も反応せず、物語りが終わった時点で聴き手が「よくわからなかった」と言ってしまったら、相互行為の進行性自体は十全に確保されていたかもしれないが、共通理解を構築し損なってしまったといえる。

　先行研究において、この共通理解（間主観性）と進行性の間の潜在的な競合関係の管理の問題は、言語的資源（言葉や文法）を対象に考えられる傾向にあった。たとえば、修復（Heritage, 2007;

Schegloff, 1992; Schegloff, Jefferson and Sacks, 1977 = 2010)、人物・場所指示（Hayashi, 2005a; Heritage, 2007；串田，2008; Sacks and Schegloff, 1979）などである。Hayashi（2005a）と串田（2008）は、日本語会話において話し手がどのようにして潜在的に競合する2つの志向性―共通理解を形成するための指示の確立と、主たる活動を進めるために用いられる発話順番／TCUの進行性の阻害の最小化―を管理しているかを明らかにした。

　本書でこれまで述べてきたように、ジェスチャーの同期は産出者が理解を例証する手段として用いられうる。つまりジェスチャーの同期は、共通理解の構築に寄与する。LeBaron and Koschmann（2003）やStreeck（2008）が指摘しているように、間主観性は身体的な資源によっても確立されうる。これに加えて、本節では進行性の管理にも身体的な資源が用いられうることを主張したい。ジェスチャーのような視覚的に認識される資源は、発話順番を取得して1度に1人が発言するように音声トラックを占めないので、進行性を阻害しない可能性がある。事実、参与者はジェスチャーを用いるとき、共通理解の確立に際して2つ以上の表現空間を利用することができるが、他方で音声トラックは発話の線状性に大きく制限されることになる（ゆえに、Schegloff（1987; 2000a）が指摘したような、発話の重なりを解消するためのやり方が存在する。第1章第3節も参照のこと）。この点に関して、本節ではジェスチャーの同期を、共通理解と進行性を管理するための身体化されたやり方として提案し、記述する。

4.2　対話型アニメーション再生課題における共通理解と進行性の管理

　本節では、対話型アニメーション再生課題（詳細は第3章第8節）という特定の活動において、その活動の規範的秩序に感応的な形でジェスチャーの同期を用いて共通理解と進行性が管理されるやり方を分析する。対話型アニメーション再生課題は、共通理解と進行性の管理という観点から次の2点の特徴を備えている。第一に、課せられた作業として自分と相手が視聴したそれぞれのアニメー

ションの内容を伝え合い理解するという活動をこなすためには、アニメーションが視覚的表現により構成されるものであることを利用して、時空間を有効に利用した表現を用いることが重要になる。第二に、アニメーションの内容を再生する（説明する）とき、参与者はしばしば物語りの形式を利用する。物語りという活動は参与者に、共通理解と進行性の管理を要求する。なぜなら物語りとその受容の成功は、参与者の共通理解を基盤として達成されるからである。対話型アニメーション再生課題参加者（参与者）はアニメーションの内容をできるだけ詳しく説明するよう教示を受けている（そしてその内容を記述し提出しなければならない）ので、彼ないし彼女らは、課題を満たす程度の共通理解を構築しなければならない状況に直面することになる。

　他方で、物語を語るにあたっては進行性の確保も要求される。Lerner（1992: 262）は、「物語りは、言葉探し、受け手による人物や場所の認識の失敗、発言産出上の問題などの時間的‐連鎖的道筋からの脱線により、遅らせられたり脱線したりしうる」と述べている。Lerner（1992）が指摘した物語を語るにあたっての潜在的な中断に加えて、参与者は、日常会話よりも強い時間の制限によるプレッシャーに晒されることになる。ここでいう時間のプレッシャーとは、課題にて設定された制限時間（20分）のことではなく、アニメーションの内容の詳細を憶えておくための記憶の持続時間のことである。このプレッシャーにより、1度しかアニメーションを視聴したことがない参与者たちは、その内容を忘れる前に説明をスムーズに進めようとしているようにみえた。

4.3　視覚的資源の性質

　第3章第7.1節で述べたように、会話分析者の多くが共通理解と進行性の管理をトークにおける発話順番の発言の水準で扱ってきたのに対し、本節ではこの照準をジェスチャーなどの視覚的資源に拡張する。ジェスチャーが時空間的な事柄を表現するのに適するだけではなく、共通理解と進行性の管理に適する資源であることに注意する必要がある。ジェスチャーが共通理解形成の道具になることは

すでに述べたが、加えて、進行性が第一義的にはトークにおける発話順番の時間的進展にかかわるとすれば、視覚的表現としてのジェスチャーは進行性をも確保する道具になりうる。

4.4 ［他者修復開始−自己修復実行］連鎖におけるジェスチャーの同期

本節では、共通理解と進行性—理解の例証と物語り（の形式を用いた説明）の進展—の管理がそれぞれ参与者にとって主要な問題となるような連鎖的環境におけるジェスチャーの同期を分析する。まずは、［他者修復開始−自己修復実行］連鎖の例を分析しよう。この連鎖は、連鎖の水準で説明の進行性を阻害しながらも共通理解を確立するために組織されるものである。

(7-4)［anime05-電線］（32行目以降は断片5-1再掲）
```
01    A：¥さい−最後は：¥,
02    C：¥ふ(ん)¥
03    A：電線やねん,また    ((片手で水平方向に動く))
((28行分省略))
32    A：ふんで,ねこのとこまできて：,
```
〈i 中心よりややC寄り,胸の高さで軽く握った右手を
　　上下に揺らし,　　〈ii 左手を右手の下に
　　途中で円卓上の　　寄せた後,右手を少し
　　左手を動かす〉　　持ち上げる〉　　〈iii 右手をiの高さに戻す〉
　　　　└────┘ha└────┘ha└────┘pa-->
```
33           (わ)::ゆれて：,と−[(・・)(なんか)]
34    C：              [ なに が ]ゆれるん¿
A視線  >>down--------,,,,C----------------------,
C視線  >>A---------------------------------------->
```

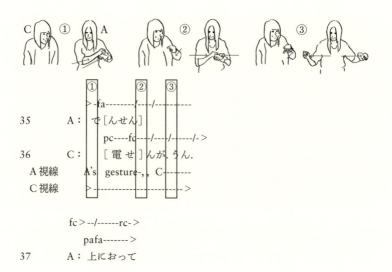

```
                          ①      ②       ③
                      >-fa-------/---/--------
35      A： で［んせん］
                      pc----fc----/---/------/->
36      C：   ［電 せ］んが うん.
 A視線         A's gesture-,, C-------
 C視線         >----------------------->
              fc>--/------rc->
                pafa------->
37      A： 上におって
```

　断片7-4では、語り手Aが、アニメーション"Tweety's SOS"内のある物語におけるクライマックスに入る直前を聴き手であるBとCに説明している。具体的な内容としては、乗船中の猫が小鳥を食べようとして小鳥を追い掛け回しており、逃げる小鳥が船上に張られたワイヤー（Aは電線と呼んでいる）を渡り終えた直後に、猫がワイヤーを渡っている途中で小鳥はそのワイヤーをはじき、ワイヤーを揺らすことによって猫はバランスを崩してワイヤー上から足を滑らせる、というものである。

　34行目でCは、Aの33行目の発話に対して、いま、自らが十分に理解をしていないことを示す。「なにがゆれるん¿」という発話の構成は、トラブル源となった発話（33行目）を一部分繰り返し、かつ、「なにが」という質問語を付加することで、修復すべき位置を限定するものである（シェグロフ・ジェファソン・サックス, 2010: 182–185）。Cの発話（34行目）によって修復連鎖が始まり、Aが35行目で「電線」と主語を明確にして、Cの求めに応じている。これに対しCはすぐに、自らが何を理解したかを発言とジェスチャーを用いて例示することにより受け取りを示す（36行目）。その後、Aが続きを語り出す（37行目）。

　アニメーション自体が本質的に視覚的表現を含むため、ジェス

チャーは理解の例証に際して適切であることが認識／観察可能な道具である*5。この点で、語り手Aと聴き手Cによる手を動かすタイミングが一致（35、36行目 fa、fc：②）していることに注目しよう。このCの即座の受け取りは、彼女の理解を例示し共通理解に達したことを表明したものといえるが、同時に視聴したアニメーションの内容をそれを知らない相手に説明するという参与者たちが従事している活動の進行性の確保にも志向したものといえるであろう。というのも、この振る舞いにより修復連鎖（34–36行目）をできる限り早く閉じ、物語りの形式を用いた説明という活動に復帰することが可能になっているからである。興味深いのは、この2つの志向性の両立が、AとCによるジェスチャーの同期により可能になっていることである。これまでで指摘してきたようにジェスチャーのような視覚的表現が、アニメーションの内容に対する理解を例示するのに適した資源であることを考えると、36行目のCのジェスチャーは、アニメーションの内容を受け手に説明するという対話型アニメーション再生課題における主要な活動に感応的な形で、2つの志向性を両立させるやり方を構成している。

　Aが「電線」と言うために「で」と発した直後に「電線」を重ねることによって、聴き手のCはAと唱和的共同産出を達成している。さらに、36行目に置かれたCの受け取りは、それ自体でCが共通理解の確立に志向していることを示している。最小の［他者修復開始－自己修復実行］連鎖が隣接ペアを構成することを考えると、三番目の位置で受け取りが生じることは、実際には唱和的共同産出のために発話順番を占めることはないものの、Cがこの課題における主要な活動の1つ―参与者間での共通理解の形成―に志向していることを意味するであろう。その意味で、この連鎖の後方拡張は本節でターゲットとする現象である、主要な活動の達成に感応的な形で共通理解と進行性のバランスをとるやり方の一例であるといえる。

　加えていえば、唱和的共同産出は進行性の確保にも貢献する。なぜならこの受け取りはAがCの修復開始に対して反応し始めてすぐ発されており、それにより連鎖の後方拡張を最小化しているからである。さらに唱和的共同産出と共起するジェスチャーの同期はA

の語りを素早く次に進めるための道具にもなっている。Aが37行目で続きを語り出す際に、「それで」のような再開のための標識を使っていない点に注意しよう。Cの即時の受け取りは、彼女の理解を例証して共通理解を確立することに志向しているのみならず、修復連鎖を可能な限り速く閉じることを通じて、物語という主要な活動の進行性を確保することにも志向している。

4.5 物語のクライマックスにおけるジェスチャーの同期

次に、物語のクライマックス（オチ）で生じるジェスチャーの同期を分析する。本項で扱う共通理解と進行性との両立は、物語を語るという行為だけでなく、本書が扱うデータ群である対話型アニメーション再生課題という活動そのものにかかわることに注意されたい。3人が1度しか視聴していないアニメーションの内容を互いにできるだけ詳しく話し、その内容を理解し合うことを求められている状況で、聴き手が新規情報を受け取る度に理解を示したとしたら、それは共通理解の確立には寄与するが、対話型アニメーション再生課題が強いる活動の進行を阻害しかねない（たとえば、話すことに時間がかかり、憶えた内容を忘れてしまう）。したがって、聴き手が理解を示すのは、適切な位置で、その活動の規範的秩序に感応的なやり方で行なわれる必要がある。その意味で、物語のクライマックスは、聴き手が理解を示すのに適切な位置である。なぜならこの位置は、物語全体に対する理解の提示が求められる位置だからである（Sacks, 1974）。しかし、対話型アニメーション再生課題の素材（"Tweety's SOS"と"Canary row"）は、複数の物語が約7分連なっている。したがって、1度しか視聴していないアニメーションの内容を相手に伝える課題に従事する状況では、物語のクライマックスを語り終えた後に行なわれる聴き手の理解表示さえも、最小限であることが望ましい場合もある。

前項で確認した修復の開始とは異なり、物語のクライマックスで聴き手が理解することそれ自体が現行の活動の進行性を阻害するわけではない。本項では、対話型アニメーション再生課題という活動を組織する上で共通理解と進行性との両立に迫られる参与者たちの

ひとつの対処方法として、物語のクライマックスという位置でジェスチャーの同期を試みるやり方を分析していく。

断片 7-5 は、猫がシーソーのような道具を用いて跳躍して建物の上層階にいた小鳥を捕獲した後、猫と小鳥は地面に降りてきたのだが、小鳥を掴んだまま走り出した猫の頭上に跳躍時に用いた重りが落ちてくるという"Canary row"を構成する物語の1つを語り手Cが聴き手Aに語っている場面である。この断片では、語り手と聴き手がいかにして共通理解と進行性を管理することを通じて物語のクライマックスを協働的に組織して、活動（物語の形式を用いてアニメーションの内容を説明すること）の課題に志向しているかを明らかにする。

最初に指摘すべきことは、ジェスチャーの同期は物語の進行の中でひろくみられる現象ではないということである。前節で分析した［他者修復開始－自己修復実行］連鎖のほかには、とくに物語のクライマックスでジェスチャーの同期が頻繁に観察された（第5章）。ジェスチャーの同期が強力な理解を例証しながらも物語の進行性を阻害しないとすると、ジェスチャーの同期の偏った分布は奇妙なものに思える。しかしながら、物語のクライマックスにその使用の機会を制限することにより、参与者は説明という主要な活動に感応的な形で、共通理解（説明されるアニメーションの全体的構造の理解）と進行性（説明の時間的展開）の管理を行っていると考えることができよう。

加えて、説明の展開の中で用いられる、共通理解と進行性を確保するためのいくつかの身体化されたやり方を記述することができる。例を挙げると、Aは03行目で「あ：：：」を大きな声で産出している。この知識状態変化のトークン（Heritage, 1984）がCの発話順番の途中で、大きな声で始まることにより、これ以降Cと同じスロットで、彼女が何を理解したのかを説明する機会が与えられる。言い換えれば、知識状態変化のトークンの「有標性」が、彼女にその「有標性」の理由を説明する機会を与える。

(7-5)［anime05-重り］（断片 5-3 を再掲）
```
01        C：＞また＜おりてったときに：＝
         〈顔の高さにあった右手を下げ
          円卓上の左手を持ち上げる〉   〈左手を空中で少し下げ再び持ち上げる＞
                                                    fc-->
02                =こう,が::んっておも［りがあがって］＝
03        A：                        ［あ:::        ］
   A 視線     ＞＞C & C's gesture------------------------＞
   C 視線     ＞＞C's gesture,,,,,,,,,A------------,,
04        B：=°うん°=
```

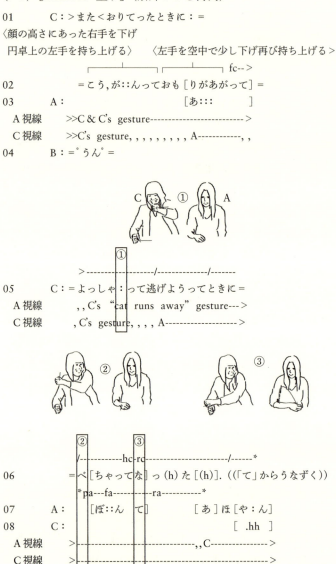

```
05        C：=よっしゃ:って逃げようってときに=
   A 視線       ,,C's "cat runs away" gesture--->
   C 視線       ,C's gesture,,,,A--------------------->

06            =べ［ちゃってな］っ(h)た［(h)］.((「て」からうなずく))
07        A：  ［ぼ::ん  て］     ［あ］ほ［や:ん］
08        C：                            ［.hh］
   A 視線    >-----------------------,,C--------------->
   C 視線    >----------------------------------------->
09        ((全員笑う))
```

シーソーのような道具により飛ばされた重りはすぐに地面に落ちてくることが、聴き手には容易に想像できるであろう。この物質や環境が有する規範的構造に関する常識的知識に加えて、「よっ

しゃ：って逃げようってときに」という副詞節は、猫の頭が重りに潰されるというクライマックスを予期させる。平本（2011a）が指摘するように、「〜しようとした」という発話の形式は、(1) まだ発話の続きがある（この時点で完了しえない）こと、(2) その続きは、「しようとした」ことが実現しなかったというものであることを投射し、語りの「オチ」を形成する際に頻繁に用いられる。聴き手のAにとっては、猫がどのように重りに潰されるかを示すことが彼女の理解を例証することになる。

　Cの語りはこの物語の開始部からジェスチャーを伴っていた。ジェスチャー表現に焦点化すると、この断片でCは、円卓を地面と見立てて（環境内における構造の利用については第4章第4.1節を参照）、右手で猫を表現し、左手では重りを表現している（05行目 fc：①）。Cは「重りが上がって」と言いながら左手を上昇させ、「よっしゃ：って逃げようってときに」と言いながら上げた左手を彼女の右側まで水平に移動させ、円卓上の右手もまた、ほぼ同時に左手と同じ方向に水平に動かす（05行目：①）。このとき、Cの視覚的表現は発言（聴覚的表現）より雄弁である。というのも、「よっしゃ：って逃げようってときに」という発言が猫単体を表現しているのに対し、円卓を利用したジェスチャーは猫と重りの双方を表現しているからである。つまり、一連のジェスチャーが、シーソーの物語を詳述するための空間を保持している。

　浮いた状態で移動している重りを表現している左手のジェスチャーを、この物語を詳述するための空間の下方に下ろしてゆくことは、Aに物語のクライマックスで何が生じるかを予測可能にする。シーソーのような道具によって飛ばされた重りがその後どのような軌跡を描くかは、アニメーション自体では表現されていない。実際のアニメーションを視聴していた視聴者（ここではBとC）は、猫の頭に重りが落ちてきたというオチのシーンで初めて、シーソーのような道具によって跳ね上げられた重りが猫と同じ方向に飛んできていたという事実を知ることになる。こうしたアニメーションの構成に対してCのジェスチャーは、宙にある重りを示す左手が猫を示す右手に追随するように組み立てられており、重りの軌道がA

に観察できる形になっている。このCによる視覚的資源は、アニメーションの内容を精確に語ることよりも（重りの動きは実際のアニメーションには含まれない）、説明課題における共通理解の確立のために、Aが理解しやすいように組み立てられている（彼らは共通理解を確立することを課せられている）。これは結果的に、Aが理解を正しく例証することを促進する。

　Cは06行目で「べちゃ」というオノマトペの最初の音である「べ」を産出する前に左手を下げている（06行目fc：②）。同時にAは円卓上の右手を動かし始める（07行目pa：②）。Cがジェスチャーと発言でクライマックスを表現（「べちゃ」）し始めてからAが理解の例証のためにジェスチャーを開始し、「ぼ::ん」と言うのは不可能である。つまり、Cの語りやジェスチャーによる表現をみて物語のクライマックス（この場所は理解を例証することが適切な位置である）の到来と、それがどのような形でもたらされるか（どのようなジェスチャーや発言が用いられるか）を予測して、Aは右手を上げてオノマトペ「ぼ::ん」を発したのである。

　厳密にいえば、ジェスチャーの同期を構成するCとAによる手の動きには、0.3秒のタイミングの違いが存在した（06、07行目：②③）。また使われているオノマトペについても、Cが「べちゃ」と言って重さのあまり猫の頭がつぶれた様子を表現しているのに対して、Aは「ぼ::ん」と言って猫の頭に強く当たった重りを表現している。この差異は、CとAとで異なった内容を表現していることを示し、さらに物語のクライマックスをどう表現するかが異なっていることをも示している。

　Cがこの食い違いを指摘していないことに注意しよう（第4章第4節参照）。それどころか、彼女は06行目でAにうなずいて承認を示している。ここでもまた、手だけではなくうなずき（頭部）を用いて同様の行為を同時に遂行するという「冗長性」による同期の「安全性」の確保が行なわれている（第6章第1節参照）。発言を伴ったジェスチャーの同期は、物語の形式を利用した説明と説明活動にとって肝要な部分に対する理解の例証とを同時に行なうことができる空間を利用して、共通理解と進行性の両立を達成している。

4.6 小括

本節では次のことを明らかにした。(1) 語り手と聴き手間でのジェスチャーの同期は、説明の進行性を損なうことなく、あるいは少なくとも阻害を最小化する形で、共通理解の確立に貢献する。(2) ジェスチャーの同期が共通理解と進行性の間の潜在的な競合関係を管理するやり方は、参与者が従事している活動の規範的秩序に感応的なものになる。相互行為の中のトークにおける身体的かつ視覚的に構成される1つのやり方としてのジェスチャーの同期は、共通理解の確立のために参与者の周りの環境を構造化して利用するが、このとき用いられる身体的振る舞いは音声のように時間的に順序化されたトラックを必要としないので、進行性の阻害を最小化することにも貢献する。物語り連鎖についていえば、その展開の中で、第一に、ジェスチャーの同期は対話型アニメーション再生課題という活動に適切な仕方で共通理解を構築したことを示す道具になる。なぜならアニメーションの内容を説明し、その内容を理解するという活動自体が、語り手と聴き手双方に視覚的資源の利用を要求するからである。第二に、ジェスチャーの同期は可能なクライマックスにおいて視覚的に理解を例証することにより、物語のクライマックスを協働的に構築することに貢献する。

5. まとめ

本章では、ジェスチャーの同期が有する同時性や同形性を生み出す形式的組織、および同時性や同形性を目指す人びとの相互調整が、より効果的に行為や活動を行なうことに寄与するとして、その具体的な効果および効果を生み出す組織や人びととの調整について検討した。その結果、少なくとも次の3点において、ジェスチャーの同期の性質が貢献しうることが明らかになった。(1) 特定の対象を「見所／勘所」として際立たせる、(2) ピボット的な話題移行、(3) 相互行為の進行性を阻害しない形での共通理解の確立。このようにジェスチャーの同期は、相互行為を遂行する上で、人びとが共通理解を構築するための資源の提供、話題管理、相互行為上の複

数の要請間の均衡を保つといった、さまざまな効果を相互行為に与えている。

　加えて、第6章と本章で示したように、ジェスチャーの同期は、唱和的共同産出が伴った場合に、音声が多少食い違っても同期が達成されていると認識されるための「安全性」を確保するための道具にもなりうることが示された。ジェスチャーという視覚的表現の固有性については、(1) 示される表象の内容が視覚的表現に適したものであった場合に、ジェスチャーの同期を用いることにより強い理解を例証できる (2) ジェスチャーが行為者各自の周囲の空間に配置される振る舞いであるがゆえに、音声トラックの線状性による制約を受けない、という2点が指摘された。

　こうしたジェスチャーの同期の効果から、成し遂げられた同期と呼ぶことのできる他の現象について考えられることを少しだけ述べておく。第1章で紹介した乾杯やハイタッチのような振る舞いは、儀礼的・慣習的に一体感や高揚感を示すものとして存在し、人びとに認識されているだけでは、おそらくない。振る舞いを可能にする形式的組織、および同時性や同形性を目指す人びとの相互調整により一体感や高揚感を生み出し、共通理解を確立するという実際に「やること（試みること）」の効果を、人びとは日常の行為や活動を通じて経験している。行為や活動に付与される意味（効果）と実際に行なわれる行為や活動は、これまでのエスノメソドロジー・会話分析研究が明らかにしてきたように、相互反映的 reflective な関係にある。この立場から、本章では、たんに効果を列挙することではなく、効果を生み出している形式的組織と人びとの相互調整のありさまを記述し、人びとが相互行為上の課題を解決する具体的なやり方の一部を明らかにした。

---

*1　本節で展開する断片7-2の分析は、城・平本（2015）と城（2017b）の一部を転載し、適宜改変したものである。
*2　話題移行は参与者たちの活動の進行性の管理にかかわる仕事なので、第6

章で論じるのが適切な位置かもしれない。しかし筆者はこの断片において、とくにジェスチャーの同期を利用した話題移行のピボット性（瞬間的な移行の仕方）を論じたかった。これはむしろ、ジェスチャーの同期が有する性質による「効果」の影響が強いので、第7章に収録した。

＊3　共‐選択という概念をめぐる日本語会話におけるトピックの推移は串田（1997a）を、先行発話（あるいは連鎖）中の語を用いたピボット的な話題移行において共‐選択が行われる現象については、平本（2011b）を参照のこと。

＊4　本節はJoh（2013）をもとに改稿したものである。

＊5　第2章で紹介したLerner（2002）の指摘や、第4章第2節、第6章第1節の参照のこと。

第8章
結論
「同じ」をめぐる人びとの合理性と柔軟さの探求

　同時に同じ振る舞いを誰かと一緒に行なう行為は、「同時」かつ「同じ」であるがゆえに、達成されたときに特有の「効果」をもたらす。ゆえに、私たちは、さまざまな場所や状況の特定の機会において、乾杯や拍手のような誰かと「同時」に「同じ」振る舞いをすることを行なう。本書では、当たり前に営まれ、過ぎていく日常の一場面をふと立ち止まって見直すようなところから出発し、同時に同じ振る舞いを誰かと一緒に行なう行為—ジェスチャーの同期—の達成過程および可能になる行為や活動、および「効果」を解明することを試みた。本書の試みを可能にしたのは、実際の相互行為そのものから、人びとの行為の連接関係とそこから明らかになる相互理解の様相を緻密に記述・分析する研究方法である会話分析の採用であった。

　本章では、これまで各章で行なってきた議論を整理し、既存の「同期」にまつわる研究とジェスチャーの同期とがどのように結びつきうるのか、本書が拠りどころとした会話分析、さらにジェスチャー研究や広い意味でのコミュニケーション研究にどのような新しい知見を提供できたのかを述べる。最後に本書が残した課題と今後の展望について述べる。

1. 本書における課題と成果

　第1章では序論として、誰かと「同時」に行なわれる「同じ」振る舞いについて、なぜ扱うのか、どのように研究していくのかを述べた。相互行為において相手の動きとどのようにして合わせるのかの探究は、人間の本質に迫るものだと考えられる。そこで、「同時」に行なわれる「同じ」振る舞いの中でも、特にジェスチャーの同期

に焦点化し、相互行為から切り離さない形で分析することで、相互行為における「同じ」振る舞いを「同時」に達成する過程と「効果」を解明することが本書の目的であった。この目的のために、研究者ないし判定者が判定基準を設定し、その基準に合致するタイミングと同形性を判定するというやり方ではなく、会話分析の方針に則り分析していくことの有効性を述べた。ジェスチャーの同期をめぐる参与者たちの振る舞いを精緻に記述することで、共同産出者たちが同じ参加機会（スロット）で同じ内容を表現することに志向していることを明らかにし、ジェスチャーの同期達成過程と、相互行為上の「効果」を示すことを最初に宣言した。

　第2章では、研究対象となるジェスチャーの同期についての理解を深めるために、生物学、応用数学、物理学、心理学、行動科学などおいて研究されてきた同期・同調や模倣についての先行研究を概観し整理した。従来の同期研究では、同種個体間・集団内における周期的パターンが同期・同調するメカニズムの解明が、研究者側の操作的定義や判定に則って定量的に行われてきた。しかし、それでは人びとにとっての同期は扱えないことを示した上で、本書における研究方針を会話分析に求めた。相互行為の内部からジェスチャーの同期を分析していくことを、唱和的共同産出に関する先行研究の紹介と簡単な例証を通じて示した。

　第3章では、ジェスチャーの同期を会話分析によって明らかにするために必要な基本的概念を導入し、発話の連鎖関係を緻密に記述することで秩序だった人びとのやり方を解明することに長けた会話分析が、これまでに明らかにしてきたことを紹介した。加えて、コミュニケーションにおけるジェスチャーがこれまでどのように扱われてきたかを概観した。ジェスチャーを対象とした研究は大きく2つの方向性があり、発言とジェスチャーとの共起関係から、(1)個人内の思考および発話産出モデルを明らかにする心理言語学的研究(2)ジェスチャーが産出される際の構造およびジェスチャーの伝達的機能を探究する人間行動学的研究がある。本書の目的は相互行為の内部、すなわち参与者たちの視点からの分析にあるため、従来のジェスチャー研究の大きな流れに乗るというよりはむしろ、会

話分析を主軸として参与者たちの身体や環境の様相を記述することで相互行為を分析する一派に組み込まれる。したがって、本書では、相互行為を組織する資源としてのジェスチャー—人びとにとって認識可能な構造を有する視覚的資源—を分析することを中心に据え、そのために必要な発言、ジェスチャー、視線、その他身体的資源の記述方法とデータの概要について説明した。

第4章では、まず、相互行為におけるジェスチャーの同期達成過程を記述した。ジェスチャーの同期は前触れなく突然生じるのではない。次に表現されうる対象に関する投射を行なうさまざまな資源の収斂により、特定のジェスチャー表現が行なわれうることが予測可能になる。さらに、相互行為上にふたりで満たすべき参加機会「スロット」が用意される。ジェスチャーの準備段階においては、先行してジェスチャーを開始した者がジェスチャーをいったん保持したり、後続の者がジェスチャーを簡略化・省略するなど、焦点となるジェスチャー表現を同時に重ね合わせて行なうためのやり方を繰り返し確認することができた。このように、ジェスチャーの同期本体にのみ際だった特徴があるのではなく、その前段階においても、同期を達成するための体系的なやり方での相互調整が行なわれる。

ジェスチャー表現を予測可能にするための資源についても、認識可能なジェスチャーの準備、身体や道具が有する規範的構造、ジェスチャー表現を繰り返し利用することの3点を指摘した。また、達成過程または同期本体におけるジェスチャーの組み立て方の差異の程度とジェスチャーの同期を達成されたとみなすかどうかの関連性は、外部から研究者がするのではなく、参与者の振る舞いを記述することで、参与者自身が判断している事実を示すことの重要性を示した。

第5章では、ジェスチャーの同期が生じる相互行為上の位置を整理した。その結果、(1) 連鎖や活動の完了位置、(2) 進行中の活動が滞ったりトラブルが生じたりした後の位置、(3)「有標な」理解の主張の後の位置、3つの位置でジェスチャーの同期が生じることがわかった。これらは唱和的共同産出の研究でも明らかにされている位置と同様だが、表現を合わせるタイミングを予測するのに利

用される資源には違いがあることを述べた。

　第6章では、ジェスチャーの同期がどのような行為や活動を達成しているのかを検討した。その結果、(1) 説明の共同産出、(2) 参与者間の「食い違い」の解消、(3) 共同産出者への同意の提示、(4) 理解の例証と承認、の4つを指摘した。同期を達成した者の間における共通理解を強く示すものであるという性質を利用して、ジェスチャーの同期は、相互行為における行為連鎖（1、3）、修復（2）、活動の進行性の管理（4）といった、さまざまな組織の達成に大きな役割を果たしうる。また、ジェスチャーの同期は、日常的な友人同士の会話だけでなく、さまざまな活動において、それぞれの状況に応じる形で利用される。もちろん、ジェスチャーの同期が遂行する行為は、1回達成されるにつき1つとは限らない。断片6-3のように、説明の共同産出を通して語り手間の「食い違い」の解消を行なうこともあることを指摘した。

　第7章では、ジェスチャーの同期が有する「効果」を検討した。その結果、(1) 特定の対象を「見所／勘所」として際立たせる、(2) ピボット的な話題移行、(3) 相互行為の進行性を阻害しない形での共通理解の確立、の少なくとも3点において貢献しうることが明らかになった。これらの「発見」は、ジェスチャーの同期が共通理解を構築するための資源の提供、話題管理、相互行為上の複数の要請に適切に応じるといった、さまざまな「効果」を相互行為に与えていることを指摘している。すなわち、ジェスチャーの同期が偶然の一致による産物ではなく、繰り返し可能な人びとにとっての手続きであることにほかならない。さらにジェスチャーの同期は唱和的共同産出が伴った場合、その組織化の特性により、発話が多少食い違っても同期が達成されていると認識されるための「安全性」を確保するための道具にもなる。また、ジェスチャーという視覚的表現の固有性については、(1) 示される表象の内容が視覚的表現に適したものであった場合に、ジェスチャーの同期を用いることにより強い理解を例証できる、(2) ジェスチャーが同期産出者各自の周囲の空間に配置される振る舞いであるがゆえに、音声トラックの線状性による制約を受けない、という2点が少なくとも存在する

ことを指摘した。

2. ジェスチャーの同期を中心とする一定のやり方と相互彫琢

　本書では、従来の同期・同調研究で指摘されてきた共同行為の達成や同意の表示、連帯感や一体感の構築だけではなく、やや競合的ともいえるようなやり方や「効果」もあることを指摘してきた。とはいえ、同期を成し遂げることが協調的な行為や活動の達成に偏っていることは注目に値する。Lerner（2002）は教室での授業、政治家の演説、音楽のライヴなどの、会話以外の社会的活動においても唱和的共同産出が場を組織するのに用いられていることを例証している。本書で分析した活動も、友人同士の会話だけでなく、対話型アニメーション再生課題のようなやや統制された場面における説明活動においてもジェスチャーの同期が場を組織するのに用いられていた。第7章のまとめでも簡単にふれたが、同時に同じ振る舞いを誰かとすることは、次のように組織されている（一定のやり方で人びとが試みる）からこそ、協調的な行為や活動に寄与し、連帯感や一体感あるい高揚感の創出にも貢献しうると考えられる。

　まず、誰によって、どの対象が、どの位置で、どのように表現されるのかを、焦点となる表現が行なわれるよりも前にある程度理解し予測できている必要がある。次に、2人でひとつのスロットを満たすような連鎖的環境が生じている必要がある。そして、実際にジェスチャーを組み立てる際にも、共同産出者となる相手の状態（すでにジェスチャーの準備をはじめているのか、焦点となる表現を産出しつつあるのか、まだ動き出していないのか、など）のモニタリングしながら、表現対象と表現する身体、表現の場となっている環境の規範性を頼りに、緻密かつ大胆な相互調整をしながら行なっている。以上のことは、それぞれの状況に応じたかたちで行なわれるため、実際に利用される諸資源や方法は、多様である。いま述べた「一定のやり方」は、基本的にはLerner（2002）や串田（2006）が明らかにした唱和的共同産出と同様の部分も多い。しか

し、表現の構成の仕方や利用する感覚様式の違いに起因する、ジェスチャーの同期を組織するのに固有な資源およびやり方があることを本書では第4章から第7章までの分析で明らかにした。

　本書では、「一定のやり方」の解明と同様、ジェスチャーを重ね合わせるがゆえの相互彫琢の様相を明らかにしてきた。ジェスチャーの同期における相互彫琢は、個人内の発言とジェスチャー間のみならず、共同産出者間でも確認できる。その中では、共同産出者同士の表現を構成する発言および動作のタイミングと形状が完全に一致するばかりではなく、細部に差異を含む同期もあり、ときには構造上の差異が特定の行為を遂行するために利用されることもあった。産出された表現が人びとにとって「同時」かつ「同じ」だと認識できるために必要なのは、あらかじめ決まった方法（モデル）ではない。その場で行なわれる行為や活動の目的および構造を理解し、諸規範を参照し、それらを参与者間で利用し合うことである。この意味において、ジェスチャーの同期は、ほかの行為同様に、刻一刻と変化する状況とも相互彫琢をなしているといえる。

3．本書で展開してきた研究の意義

　相互行為における身体動作の役割を明らかにしてきた先駆者であるGoodwin夫妻は、発言、ジェスチャー、視線、姿勢を統合的に扱うのみならず、参与者たちが存在する環境にある物理的な資源をも扱うことが、その場で生じる相互行為を解明するために重要だという指摘を行なっている（たとえばGoodwin, 2003; 2007a, 2007b; 2013; in press; Goodwin and Goodwin, 1996; Streeck, LeBaron and Goodwin, 2011）。西阪（2008b）は、「環境に連接されるジェスチャーenvironmentally coupled gestures」(Goodwin, 2007a) について、環境にある道具や物理的資源の構造的特性（第4章第4節参照）とジェスチャーとの連接のされ方や、ある特殊な環境—本人以外の参与者の身体—に連接される場合のジェスチャーの組織化について論じている。平本・高梨（2015）は、新たな展示空間を制作するために協働する参与者たちの活動を分析し、とく

にC. Goodwinが展開してきたジェスチャーによる空間の構造化について、参与者たちにとって認識可能な組み立てられ方と利用のされ方を記述している。参与者にとっての認識可能性に重きを置いた身体的行動の分析については、本書内でたびたび言及したように、LernerやRaymondが近年精力的に行なっている。本書は、こうした研究群の流れを汲んだ1つの研究成果である。

本書の特色は、複数人で「同時」に行なわれる「同じ」動作および形状で組織されたジェスチャーの同期を、操作的定義に依って抽出するのではなく、状況や相手に応じた臨機応変さや社会生活の秩序と切り離さない形で扱うために、会話分析の手法を用いてこの現象の解明を試みたという学際的な点にある。具体的な研究領域への貢献は次の節で述べる。

3.1 「同時性／同形性」を扱う同期・同調研究における貢献

いつ、どのような研究（分析）者が、研究対象が生じた時空間的情報を計測しても同様の結果が得られるというような物理的記述ではなく、「参与者がある活動に従事するときに参与者自身によって可能になる形での記述（西阪、2008b：3-14）」によって研究対象が有する「同時性／同形性」を扱う研究は、これまで会話分析の領域以外にはなかった。ジェスチャーの同期（重ね合わせ）という身体的な相互行為を扱ったLerner（2002）は、ジェスチャーの同期を定義する上で、志向性の無い同期—本書で呼ぶところのシンクロナイゼーション—や、志向性の有無を扱わない模倣などと、成し遂げられた同期 achieved synchrony（Lerner, 2002: 253）とを区別している。

本書では、ジェスチャーの同期を精緻に記述し、その成し遂げられる過程を明らかにすることで、物理的に時間がわずかにずれていても、ジェスチャーの動作や形状が異なっていても、参与者たちによって「同じ」とみなされ、「同じ」であることを通じて達成される行為や活動、相互行為上の効果が生じうることを示した。また、ジェスチャーの同期本体に形式的特徴に関する差異を参与者が認め

た場合においても、ジェスチャーの同期において達成されたことを阻害しないような形の振る舞いがされていた（第4章第6節）。また、同期本体においてジェスチャーを共同産出者とはやや異なるやり方で組み立てることで、直後にピボット的な話題移行を成し遂げる例も確認した（第7章第3節）。以上の成果は、従来の「同時性／同形性」を扱ってきた同期・同調研究が捨象してきた振る舞いの中に、相互行為の参与者にとっての同期があることを再考する材料となるであろう。

3.2 会話分析研究における貢献

第1章第3.1節で言及したように、会話分析は「会話の／発言の」分析でなく、相互行為秩序の解明を目的としている。視覚的・身体的な表現が生じることが適切な相互行為上の位置において組織されるジェスチャー表現およびその同期過程を中心的に分析する研究方法としても、会話分析は有効であった。第3章第4節で概観したように、会話分析の領域でジェスチャーを対象とすることの重要性は十分知られており、今後ますます身体動作を分析に含めた会話分析的研究は増えていくであろう。

第3章第1節で紹介したSchegloff（2007）が整理した会話分析の主題に即していえば、本書の探究は、特に、(2) 行為の構成、(3) 連鎖組織、(4) トラブル（修復組織）に関わるものであった。本書では、会話分析の方針に沿ってジェスチャーを分析するために、形式的特徴の記述を重視した。記号によって発言との共起関係がわかるよう転記し、必要に応じて線画を示すことで、ジェスチャーの同期が参与者たちの精緻な身体動作の微調整によって達成されていることを明らかにした。

本書では、ジェスチャーをただ細かく観察すること自体が重要なのではなく、参与者にとって重要な細かさでジェスチャーを分析する必要があることを示すことで、会話分析がその創始期から重視している相互行為の組織化について、特に身体における形式的特性を記述する方向性を示した。

3.3　ジェスチャー研究における貢献

　ジェスチャーを対象とする研究においては、第3章で述べた心理言語学的研究においても、人間行動学的研究においても、徹頭徹尾、相互行為におけるジェスチャーを分析するという視点はほとんどなかった。会話分析によって明らかになったジェスチャーの同期達成過程は、同期の前段階において行なわれる予測だけでなく、同期本体において達成を試みる者たちが互いに微調整を行なうことが重要であることを示している。つまり、私たちがたんに予測に基づいたプランにしたがって言葉やジェスチャーを産出するだけではなく、それらの産出中であっても相互作用によって言葉やジェスチャーの産出を微調整することが可能であり、従来の発話産出モデル（第3章第3.1節参照）に相互行為という要因を加えて再考する必要を示唆している。したがって、本書の会話分析に根ざしたジェスチャーの同期に関する精緻な記述と分析は、ジェスチャー研究の新しい地平を切り開く可能性を有している。

3.4　複数領域におけるコミュニケーション研究への貢献

　本書で行なってきたジェスチャーの同期の会話分析的研究は、研究対象および分析方針によって、複数領域におけるコミュニケーション研究への貢献が期待できる。たとえば、本書の出発点となった研究はアメリカでの日常会話の分析に基づき、会話分析を用いた身体表現の分析可能性を示唆したものである（Lerner, 2002）。また、ジェスチャーの同期はドイツ人同士の会話でも同様の現象があることが明らかになっている（Cibulka，私信）。したがって、本書で示されたジェスチャーの同期を分析することにより得られた成果は、日本人同士の会話以外にも適用できる可能性が高い。今後、コミュニケーションのやり方および態度表明や合意形成などの国際的な対照研究や異文化間コミュニケーション研究分野のさらなる発展が見込まれる。

　本章で扱ってきたすべての断片において、ときにシンプルに、ときに「食い違い」を経て、ジェスチャーの同期は成し遂げられていた。ときには、ジェスチャーの同期を可能にする条件が、相互行為

の外部からの視点では十分に満たされているようにみえても同期が達成されない例や、また、同期が達成された後で、ジェスチャーの同期内に生じた差異に言及する例もあった。本書の分析で明らかになったことは、ジェスチャーの同期が部分的でしかなかった場合でさえも、「同時」に行なわれる「同じ」振る舞いを志向したがゆえの対処が確認できるということであった。たとえば、断片5-6では、Cがアニメーションの内容を説明している最中に、Aによる誤解の解消を示そうと試みるジェスチャーが生じて、部分的な同期が達成される。部分的な同期が達成されたことにより、Aは一時的に誤解していたが、ジェスチャーを行なった時点では適切な理解を有している（＝共通理解が確立できた）ことを、説明の進行性を最小限に止める形で公的に示すことができた。このようなジェスチャーの同期に内在する差異は、ほかにも第7章第3節で示したようなピボット的な話題移行を可能にしうる。

　映像を繰り返し再生し、実際の相互行為の連接関係とそこから明らかになる相互理解の様相を緻密に記述・分析する会話分析を通じた身体的資源の組織化の解明という研究方針は、実際に身体が私たちの行なう行為や活動にどのように貢献しているのかについて、確かな証拠を差し出すことのできるものである。したがって、本書の試みは、心理学、言語学、社会学、人類学、認知科学などの「身体化」を軸とするコミュニケーション研究に対して、事例研究とも、実際の営みから離れたところでの理論展開とも異なる方向性を示すことができるであろう。

4. 今後の課題と展望

　本書では、ジェスチャーの同期を分析するために、視覚的資源（特にジェスチャー）を用いて行為することが適切になるような相互行為場面を分析対象とした。相互行為に従事する参与者たちの視点から分析した結果、行為連鎖、修復、話題管理といった、さまざまな相互行為組織上の仕事にジェスチャーの同期が寄与することを示した。しかし、本書はジェスチャーの同期という現象の解明に主

眼を置いたため、相互行為において、参与者たちはジェスチャーの同期を行なわなければ当該の行為を達成させられなかったのかどうかを示すことができなかった。つまり、似たような会話場面、もしくは同じ連鎖位置において生じたジェスチャーの同期以外の行為とジェスチャーの同期を比較・精査できていない。人びとがなんらかの相互行為上の問題を解決するにあたり、他のどのような組み立てでもなく、ジェスチャーの同期を志向し行為をすることの効果や独自性を明らかにすることが今後の課題である。具体的な方針としては、本書で明らかにした同期が達成される位置（第5章）に焦点化し、さまざまな相互行為上の手続きと比較し精査する予定である。この展開は、会話分析の重要なトピックの1つである行為の構成の探究に貢献しうるであろう。

　分析対象について、かなり制限された相互行為場面を取り扱ったため、ジェスチャーの同期の全容の解明にはまだほど遠いという点でも課題が残っている。より多様な参与者、および、多様な場面におけるジェスチャーの同期を分析していくことも今後の課題である。ジェスチャーの同期は、職務を遂行するような場面でも観察される（たとえば細馬，2012；城，2017a）。さまざまな場面におけるジェスチャーの同期を、その場の状況や物理的環境および活動の規範的秩序も考慮して分析することで、より現象を深く理解していくことが望まれる。

　また、ジェスチャーは視覚的資源だとたびたび本書では述べてきたが、参与者たちのジェスチャーの組み立て方をよく観察すると、そこには触覚的要素も存在していることにはあまり触れなかった（たとえば、断片4-2の手鍋を持つジェスチャー、断片6-4、7-3のコップを持つジェスチャー）。近年、相互行為の組織のために利用可能な触覚的資源にも注目が集まっている（Nishizaka, 2007; 2014; Mondada, 2016；西阪，近刊）。とくに、道具使用や知覚にかかわる表現をする際のジェスチャーを分析する上で、触覚的資源は重要な役割を果たすと考えられる。視覚情報と音声情報によって構成される映像から参与者たちが相互行為に利用している触覚的資源を分析するやり方（西阪，近刊）を鍛え、相互行為の実際をより

実態に即した形で明らかにしていくことが、筆者の、そして相互行為の探究者にとっての今後の課題である。

　本書では、ジェスチャーの同期の多様性を示しながらも、その達成のための諸条件、タイミングと表現の組み立てられ方に関する予測を可能にする諸資源には一定のものがあり、一定のやり方を通じて成しうる行為や活動と、生じうる相互行為上の効果が存在することを明らかにした。本書で明らかにした一定のやり方は、さまざまな場面で繰り返し利用される（研究者も観察できる）1つの社会的達成物である。ただ、本書は、ジェスチャーの同期が参与者にとって「同期」として認識可能になっている装置の記述については不十分であったといえよう。この認識可能性自体を支える装置を明らかにすることは、人間の社会や文化、そして相互行為をより深く理解しようとするときに、避けては通れない課題である。

5. まとめ　合理的かつ柔軟なやり方で達成されるジェスチャーの同期

　本書で扱ってきたジェスチャーの同期は、相互行為の外部からの視点に立てば、潜在的に多くの差異をはらんだ現象である。ゆえに、従来の同期・同調研究では扱われてこなかった。しかし、研究者の分析対象から捨象されたとしても、それでも人びとは、ジェスチャーの同期を「同時」に行なわれた「同じ」振る舞いが成し遂げられたものとして認識する。人びとにとって、特定のタイミングまたは表現が、「同時」または「同じ」と認識されるかどうかは、じつに多様である。串田らが、「認識可能な行為は、一定のやり方にしたがって方法的に生み出されるが、その方法はきわめて多様である（串田・平本・林，2017: 49）」と述べた通りのことを、本書では一貫して示してきた。

　本書をはじめるにあたって、ジェスチャーの同期を探究することが、私たちが素朴に思う人間らしさを明らかにする一助となるはずであると述べた。本書全体を通じてその理由を述べてきたつもりだが、簡潔にまとめるとしたら次の通りである。ジェスチャーの同期

は、産出者の発言とジェスチャーの間でだけでなく、共同産出者間でも行なわれている複合的な相互彫琢によって生じる。そしてジェスチャーの同期が成し遂げられることは、特定の対象を表現するための一定のやり方を前提に、さらにその状況や活動の規範的秩序に合わせた予測や調整を行なうという「難しさ」を乗り越えた証になる。ジェスチャーを組織する実際の予測や調整と達成時の「証」とが相互反映的な関係にあることこそが、同期によって人びとが得る連帯感や一体感、あるいは高揚感、共通理解の確立の源であろう。

　ジェスチャーの同期にとっての認識可能な同時性と同形性は、参与者たちがそれぞれの場面に固有の実際的目的を果たそうとする中で、諸規範に鑑みて、ときに折り合いをつけるなどして、彼ら（そして私たち）の有する常識的合理性と柔軟性を動員してそのつど決まっていく。すなわちジェスチャーの同期とは、研究者による操作的定義や判定の枠には収まりきらない、きわめて多様な現象なのである。

参考文献

Bavelas, J. B., A. Black, C. R. Lemery and J. Mullett. (1986) "I show how you feel": Motor mimicry as a communicative act. *Journal of Personality and Social Psychology* 50 (2)：pp.322-329.

Bavelas, J. B., A. Black, C. R. Lemery and J. Mullett. (1990) Motor mimicry as primitive empathy. In N. Eisenberg and J. Strayer. (eds.) *Empathy and its Development.* pp.317-338. Cambridge: Cambridge University Press.

Bernieri, F. J., J. M. Davis, R. Rosenthal and C. R. Knee (1994) Interactional synchrony and rapport: Measuring synchrony in displays devoid of sound and facial affect. *Personality and Social Psychology Bulletin* 20 (3)：pp.303-311.

Bernieri, F. J., J. S. Gillis, J. M. Davis and J. E. Grahe. (1996) Dyad rapport and the accuracy of its judgment across situations: A lens model analysis. *Journal of Personality and Social Psychology* 71 (1)：pp.110-129.

Bernieri, F. J., J. S. Reznick and R. Rosenthal. (1988) Synchrony, pseudosynchrony, and dissynchrony: Measuring the entrainment process in mother-infant interactions. *Journal of Personality and Social Psychology* 54 (2)：pp.243-253.

Bernieri, F. J. and R. Rosenthal. (1991) Interpersonal coordination: Behavior matching and interactional synchrony. In R. S. Feldman and B. Rimé. (eds.) *Fundamentals of Nonverbal Behavior: Studies in Emotion and Social Interaction.* pp.401-432. Cambridge: Cambridge University Press.

Bolden, G. (2004) The quote and beyond: Defining boundaries of recorded speech in conversational Russian. *Journal of Pragmatics* 36 (6)：pp.1071-1118.

Branigan, H. P., M. J. Pickering and A. A. Cleland. (2000) Syntactic co-ordination in dialogue. *Cognition* 75 (2)：pp.13-25.

Buck, J. (1938) Synchronous rhythmic flashing of fireflies. *The Quarterly Review of Biology* 13 (3)：pp.301-314.

Buck, J. (1988) Synchronous rhythmic flashing of fireflies II. *The Quarterly Review of Biology* 63 (3)：pp.265-289.

Chartrand, T. L. and J. A. Bargh. (1999) The chameleon effect: The perception-behavior link and social interaction. *Journal of Personality and Social Psychology* 76 (6)：pp.893-910.

Clark, H. H. (1996) *Using language.* Cambridge: Cambridge University Press.

Clayman, S. and J. Heritage. (2002) *The News Interview: Journalists and Public Figures on the Air*. Cambridge: Cambridge University Press.

Condon, W. S. and W. D. Ogston. (1966) Sound film analysis of normal and pathological behavior patterns. *Journal of Nervous and Mental Disease* 143 (4): pp.338–347.

Condon, W. S. and L. W. Sander. (1974) Neonate movement is synchronized with adult speech: Interactional participation and language acquisition. *Science* 183 (4120): pp.99–101.

de Fornel, M. (1992) The return gesture: Some remarks on context, inference, and iconic gesture. In P. Auer and A. Di Luzio. (eds.) *The Contextualization of Language*. pp.159–176. Amsterdam/Philadelphia: John Benjamins.

伝康晴（2013）「三者会話のダイナミクス」『日本語学』32 (1): pp4–13.

Deppermann, A. (2013) Multimodal interaction from a conversation analytic perspective（Introduction to special issue: Conversation Analytic Studies of Multimodal Interaction). *Journal of Pragmatics* 46: pp.1–7.

de Ruiter, J. P. (2000) The production of gesture and speech. In D. McNeill. (ed.) *Language and Gesture: Window into Thought and Action*. pp.261–283. Cambridge: Cambridge University Press.

Drew, P. (1997) "Open" class repair initiators in response to sequential sources of troubles in conversation. *Journal of Pragmatics* 28: pp.68–101.

Drew, P. and J. Heritage. (1992) *Talk at Work: Interaction in Institutional Settings*. Cambridge: Cambridge University Press.

Ekman, P. and Friesen, W. (1969) The repertoire of nonverbal behavior: categories, Origins, Usage and Coding. *Semiotica* 1: pp.49–98.

Field, T. M., R. Woodson, R. Greenberg, and C. Cohen. (1982) Discrimination and imitation of facial expressions by neonates. *Science* 218: pp.179–181.

Fox, B. A., S. A. Thompson, C. E. Ford and E. Couper-Kuhlen. (2013) Conversation analysis and linguistics. In J. Sidnell and T. Stivers. (eds.) *The Handbook of Conversation Analysis*. pp.726–740. Oxford: Blackwell.

Garfinkel, H. (1967) *Studies in Ethnomethodology*. Englewood Cliffs: Prentice-Hall.

Garrod, S. and A. Anderson. (1987) Saying what you mean in dialogue: A study in conceptual and semantic co-ordination. *Cognition* 27: pp.181–218.

Giles, H. and P. Smith. (1979) Accommodation theory: Optimal levels of convergence. In H. Giles and R. N. St. Clair. (eds.) *Language and Social Psychology*. pp.45–65. Oxford: Blackwell.

Goffman, E. (1963) *Behavior in Public Places*. New York: Free Press.（アーヴィング・ゴッフマン　丸木恵佑・本名信行訳（1980）『集まりの構造』誠信書房）

Goffman, E. (1964) The neglected situation. *American Anthropologist* 66: pp.133–136.

Goffman, E. (1981) *Forms of Talk*, Philadelphia: University of Philadelphia Press.

Goffman, E. (1983) The interaction order. *American Sociological Review* 48: pp.1–17.
Goodwin, C. (1980) Restarts, pauses and the achievement of a state of mutual gaze at turn beginning. *Sociological Inquiry* 50: pp.272–302.
Goodwin, C. (1981) *Conversational Organization: Interaction Between Speakers and Hearers*. New York: Academic Press.
Goodwin, C. (1984) Notes on story structure and the organization of participation. In J. M. Atkinson and J. Heritage. (eds.) *Structures of Social Action: Studies in Conversation Analysis*. pp.225–246. Cambridge: Cambridge University Press.
Goodwin, C. (1986) Gestures as a resource for the organization of mutual orientation. *Semiotica* 62 (1–2)：pp.29–50.
Goodwin, C. (1994) Professional vision. *American Anthropologist* 96 (3)：pp.606–633.
Goodwin, C. (2002) Time in action. *Current Anthropology* 43: pp.19–35.
Goodwin, C. (2003) The body in action. In J. Coupland and G. Richard. (eds.) *Discourse, the Body and Identity*. pp.19–42. New York: Palgrave Macmillan.
Goodwin, C. (2007a) Environmentally coupled gestures. In S. Duncan, J. Cassell and E. Levy. (eds.) *Gesture and the Dynamic Dimension of Language: Essays in honor of David McNeill*. pp.195–212. Amsterdam/Philadelphia: John Benjamins.
Goodwin, C. (2007b) Participation, stance and affect in the organization of activities, *Discourse and Society* 18 (1)：pp.53–73.
Goodwin C. (2013) The co-operative, transformative organization of human action and knowledge. *Journal of Pragmatics* 46 (1)：pp.8–23.（チャールズ・グッドウィン　北村隆憲（監訳）・須永将史・城綾実・牧野遼作訳（2017）「人間の知と行為の根本秩序―その協働的・変容的特性」『人文学報』513 (1)：pp.35–86.）
Goodwin C. (2017). *Co-Operative Action*. Cambridge: Cambridge University Press.
Goodwin, C. and M. H. Goodwin. (1996) Seeing as situated activity: Formulating planes. In Y. Engeström and D. Middleton. (eds.) *Cognition and Communication at Work*. pp.61–95. Cambridge: Cambridge University Press.
Goodwin, C. and M. H. Goodwin. (2004) Participation. In A. Duranti. (ed.) *A Companion to Linguistic Anthropology*. pp.222–43. Oxford: Blackwell.
Goodwin, M. H. (2006) Participation, affect, and trajectory in family directive/response sequences. *Text and Talk* 26 (4/5)：pp.513–42.
Goodwin, M. H. and C. Goodwin. (1986) Gesture and coparticipation in the activity of searching for a word. *Semiotica* 62 (1–2)：pp.51–75.
Grahe, J. and F. Bernieri. (1999) The importance of nonverbal cues in judging rapport. *Journal of Nonverbal Behavior* 23: pp.253–269.

Graziano, M., A. Kendon and C. Cristilli. (2011) 'Parallel gesturing' in adult-child conversations. In G. Stam and M. Ishino. (eds.) *Integrating Gestures: The Interdisciplinary Nature of Gesture.* pp.89–102. Amsterdam/Philadelphia: John Benjamins.

Hayashi, M. (2003) Language and the body as resources for collaborative action: A study of word searches in japanese conversation. *Research on Language and Social Interaction* 36 (2)：pp.109–141.

Hayashi, M. (2005a) Referential problems and turn construction: An exploration of an intersection between grammar and interaction. *Text* 25 (4)：pp.437–468.

Hayashi, M. (2005b) Joint turn construction through language and the body: Notes on embodiment in conjoined participation in situated activities. *Semiotica* 156 (1/4)：pp.21–53.

Hazel, S., K. Mortensen and G. Rasmussen. (2014) Introduction: A body of resources ― CA studies of social conduct, *Journal of Pragmatics* 65: pp.1–9.

Heath, C. (1986) *Body Movement and Speech in Medical Interaction*, Cambridge: Cambridge University Press.

Heath, C., J. Hindmarsh and P. Luff. (2010) *Video in Qualitative Research: Analysing Social Interaction in Everyday Life.* London: Sage.

Heath, C., and P. Luff. (2013) Embodied action and organizational activity. In J. Sidnell and T. Stivers. (eds.) *The Handbook of Conversation Analysis.* pp.283–307. Oxford: Blackwell.

Heritage, J. (1984) A change-of-state token and aspects of its sequential placement. In J. M. Atkinson and J. Heritage. (eds.) *Structure of Social Action: Studies in Conversation Analysis.* pp.299–345. Cambridge University Press.

Heritage, J. (2007) Intersubjectivity and progressivity in person (and place) reference. In T. Stivers and N. Enfield. (eds.) *Person Reference in Interaction: Linguistic, Cultural and Social Perspectives.* pp.255–280. Cambridge University Press.

Heritage, J. and D. W. Maynard. (eds.) (2006) *Communication in medical care: Interaction between primary care physicians and patients.* Cambridge: Cambridge University Press.

平本毅（2011a）「「フリ」による「オチ」の投射―会話分析によるアプローチ」『フォーラム現代社会学』10: pp.148–160.

平本毅（2011b）「話題アイテムの掴み出し」『現代社会学理論研究』5: pp.101–119.

平本毅（2011c）「他者を「わかる」やり方にかんする会話分析的研究」『社会学評論』62 (2)：pp.153–171.

平本毅（2015）「会話分析研究におけるマルチモダリティ概念の使用について」『社会言語科学会第36回大会発表論文集』pp.94–97.

平本毅・高梨克也（2015）「環境を作り出す身振り―科学館新規展示物制作チームの活動の事例から」『認知科学』, 22 (4)：pp.557–572.

Holler, J. and K. Wilkin. (2011) Co-speech gesture mimicry in the process of col-

laborative referring during face-to-face dialogue. *Journal of Nonverbal Behavior* 35: pp.133–153.
細馬宏通（2009）「話者交替を越えるジェスチャーの時間構造―隣接ペアの場合」『認知科学』16（1）：pp.91–102.
細馬宏通（2012）「身体的解釈法―グループホームのカンファレンスにおける介護者間のマルチモーダルな相互行為」『社会言語科学』15（1）：pp.102–119.
細馬宏通・片岡邦好・村井潤一郎・岡田みさを（2011）「巻頭言：特集「相互作用のマルチモーダル分析」」『社会言語科学』14（1）：pp.1–4.
Iwasaki, S. (2011) The multimodal mechanics of collaborative unit construction in Japanese conversation. In J. Streeck, C. Goodwin and C. LeBaron. (eds.) *Embodied Interaction: Language and Body in the Material World.* pp.106–120. Cambridge: Cambridge University Press.
Jefferson, G. (1978) Sequential aspects of storytelling in conversation. In J. Schenkein. (ed.) *Studies in the Organization of Conversational Interaction.* pp.219–248. New York: Academic Press.
Jefferson, G. (1984) On stepwise transition from talk about a trouble to inappropriately next-positioned matters. In J. M. Atkinson and J. Heritage. (eds.) *Structures of Social Action: Studies of Conversation Analysis.* pp.191–222. Cambridge: Cambridge University Press.
Jefferson, G. (1990) List-construction as a task and resource. In G. Psathas. (ed.) *Interaction Competence.* pp.63–92. Washington, D. C.: University Press of America.
Jefferson, G. (2004) Glossary of transcript symbols with an introduction. In G. H. Lerner. (ed.) *Conversation Analysis: Studies from the First Generation.* pp.13–31. Amsterdam/Philadelphia: John Benjamins.
城綾実（2012）「語りの構造に照応するジェスチャーの同期―2人が語り手になりうる3人会話において語りはどのように構成されるのか」『電子情報通信学会技術研究報告 HCS』112（176）：pp.61–66.
Joh, A. (2013) Management of intersubjectivity and progressivity through simultaneous gestural matching. In Y. Motomura, A. Butler and D. Bekki. (eds.) *New Frontiers in Artificial Intelligence-JSAI-isAI 2012 Workshops, LENLS, JURISIN, MiMI, Miyazaki, Japan, November 30 and December 1, 2012, Revised Selected Papers.* pp.242–256. Berlin: Springer.
城綾実（2017a）「ケア活動を組織する諸行為の規範的結びつき―専門職に宿るものの見方とそれに基づく実践に注目して」石崎雅人（編）『高齢者介護のコミュニケーション研究―専門家／非専門家の協働のために』pp.187–220. ミネルヴァ書房
城綾実（2017b）「秩序だった手の動きが誘う相互行為―意味の共同理解を試みる活動を例に」『日本語学』36（4）：pp.177–189.
城綾実（近刊）「相互行為における身体と物理的資源・環境」平本毅・増田将伸・横森大輔・城綾実・戸江哲理（編）『会話分析の広がり』ひつじ書房
城綾実・平本毅（2015）「認識可能な身振りの準備と身振りの同期」『社会言語

科学』17 (2)：pp.40–55.
城綾実・細馬宏通（2009）「多人数会話における自発的ジェスチャーの同期」『認知科学』16 (1)：pp.103–119.
城綾実・細馬宏通（2010）「多人数会話におけるジェスチャーの同期はいかにして達成されるのか—ジェスチャー・フェーズのタイミングに注目して」『電子情報通信学会技術研究報告 TL』110 (313)：pp.25–28
城綾実・細馬宏通（2014）「語りの進行を回復する実践として共—語り手たちが産出する同期現象」『社会言語科学』16 (2)：pp.32–49.
Kendon, A. (1972) Some relationships between body motion and speech: An analysis of an example. In A. W. Siegman and B. Pope. (eds.) *Studies in Dyadic Communication*. pp.177–210. New York: Pergamon.
Kendon, A. (1980) Gesticulation and speech: Two aspects of the process of utterance. In M. R. Key. (ed.) *The Relationship of Verbal and Nonverbal Communication*. pp.207–227. The Hague: Mouton.
Kendon, A. (2004) *Gesture: Visible Action as Utterance*. Cambridge: Cambridge University Press.
Kidwell, M. (2009) Gaze shift as an interactional resource for very young children. *Discourse Processes* 46 (2–3)：pp.145–160.
Kimbara, I. (2006) On gestural mimicry. *Gesture* 6: pp.19–61.
Kimbara, I. (2008) Gesture form convergence in joint description. *Journal of Nonverbal Behavior* 32 (2)：pp.123–131.
喜多壮太郎（2000）「ひとはなぜジェスチャーをするのか」『認知科学』7 (1)：pp.9–21.
喜多壮太郎（2002）『ジェスチャー—考えるからだ』金子書房
Kita, S., I. van Gijn and H. van der Hulst. (1998) Movement phases in signs and co-speech gestures, and their transcription by human coders. In I. Wachsmuth, and M. Fröhlich. (eds.) *Gesture and Sign Language in Human-Computer Interaction. Lecture Notes in Artificial Intelligence* vol. 1317. pp.23–35. Berlin: Springer.
Koschmann T. and C. LeBaron. (2002) Learner articulation as interactional achievement: Studying the conversation of gesture. *Cognition and Instruction* 20 (2)：pp.249–282.
Krauss, R. M., Y. Chen and R. F. Gottesman. (2000) Lexical gestures and lexical access: A process model. In D. McNeill. (ed.) *Language and Gesture: Window into Thought and Action*. Cambridge: Cambridge University Press. pp.261–283.
Kuramoto, Y. (1984) *Chemical Oscillations, Waves and Turbulence*. Berlin: Springer.
串田秀也（1997a）「会話のトピックはいかにつくられていくか」谷泰編『コミュニケーションの自然誌』pp.173–212. 新曜社
串田秀也（1997b）「ユニゾンにおける伝達と交換—会話における「著作権」の記述をめざして」谷泰編『コミュニケーションの自然誌』pp.249–294. 新曜社

串田秀也（2006）『相互行為秩序と会話分析─「話し手」と「共─成員性」をめぐる参加の組織化』世界思想社
串田秀也（2008）「指示者が開始する認識探索─認識と進行性のやりくり」『社会言語科学』10 (2)：pp.96-108.
串田秀也（2010）「サックスと会話分析の展開」串田秀也・好井裕明（編）『エスノメソドロジーを学ぶ人のために』世界思想社
串田秀也・平本毅・林誠（2017）『会話分析入門』勁草書房
LaFrance, M. (1982) Posture mirroring and rapport. In M. Davis. (ed.) *Interaction Rhythms: Periodicity in Communicative Behavior.* pp.279-298. New York: Human Sciences Press.
LaFrance, M. and M. Broadbent. (1976) Group rapport: Posture sharing as a nonverbal indicator. *Group and Organizational Studies* 1: pp.328-333.
Lakin, J., T. Chartrand and R. Arkin. (2008) I am too just like you: Nonconscious mimicry as an automatic behavioral response to social exclusion. *Psychological Science* 19 (8)：pp.816-822.
Lakin, J., V. Jefferis, C. Cheng and T. Chartrand. (2003) The chameleon effect as social glue: Evidence for the evolutionary significance of nonconscious mimicry. *Journal of Nonverbal Behavior* 27: pp.145-162.
Laurier, E., B. Brown and M. McGregor. (2016) Mediated pedestrian mobility: Walking and the map app, *Mobilities* 11 (1)：pp.117-134.
LeBaron, C. and T. Koschmann. (2003) Gesture and the transparency of understanding. In P. Glenn, C. LeBaron and J. Mandelbaum. (eds.) *Studies in Language and Social Interaction: In Honor of Robert Hopper*, pp.119-130. Mahwah: Lawrence Erlbaum Associates.
Lerner, G. H. (1991) On the syntax of sentences in progress. *Language in Society* 20 (3)：pp.441-458.
Lerner, G. H. (1992) Assisted storytelling: Developing shared knowledge as a practical matter. *Qualitative Sociology* 15 (3)：pp.247-271.
Lerner, G. H. (1996) On the "semi-permeable" character of grammatical units in conversation: Conditional entry into the turn space of another speaker. In E. Ochs, E. A. Schegloff and S. Thompson. (eds.) *Interaction and Grammar.* pp.238-276. Cambridge: Cambridge University Press.
Lerner, G. H. (2002) Turn-sharing: The choral co-production of talk-in-interaction. In C. E. Ford, B. A. Fox and S. A. Thompson. (eds.) *The Language of Turn and Sequence.* pp.225-256. Oxford: Oxford University Press.
Lerner, G. H. (2003) Selecting next speaker: The context-sensitive operation of a context-free organization. *Language in Society* 32 (2)：pp.177-201.
Lerner, G. H. (2004) Collaborative turn sentences. In G. H. Lerner (ed.) *Conversation Analysis: Studies from the First Generation.* pp.225-256. Amsterdam/Philadelphia: John Benjamins.
Lerner, G. H. and G. Raymond. (2007) Body trouble: Some sources of interactional trouble in a material world and the placement of their solutions. Paper presented at the National Communication Association Conference,

Chicago.
Lerner, G. H. and G. Raymond. (2017) On the practical re-intentionalization of body behavior: Action pivots in the progressive realization of embodied conduct. In G. Raymond, G. H. Lerner and J. Heritage. (eds.) *Enabling Human Conduct: Studies of talk-in-interaction in honor of Emanuel A. Schegloff*. pp.299–314. Amsterdam/Philadelphia: John Benjamins.
MacWhinney, B. (2007) The TalkBank Project. In J. C. Beal, K. P. Corrigan and H. L. Moisl (eds.) *Creating and Digitizing Language Corpora: Synchronic Databases* Vol. 1. Houndmills: PalgraveMacmillan.
McNeill, D. (1992) *Hand and Mind: What Gestures Reveal about Thought*. Chicago: University of Chicago Press.
McNeill, D. (2005) *Gesture and Thought*. Chicago: University of Chicago Press.
McNeill, D. and S. Duncan. (2000) Growth points in thinking for speaking. In D. McNeill (ed.) *Language and Gesture: Window into Thought and Action*. pp.141–161. Cambridge: Cambridge University Press.
McNeill, D. and E. Levy. (1993) Cohesion and gesture. *Discourse Processes* 16: pp.363–386.
Mehan, H. (1979) *Learning Lessons: Social Organization in the Classroom*. Cambridge: Harvard University Press.
Meltzoff, A. and M. Moore. (1977) Imitation of facial and manual gestures by human neonates. *Science* 198: pp.75–78.
Meltzoff, A. and M. Moore. (1994) Imitation, memory, and the representation of persons. *Infant Behavior and Development* 17: pp.83–99.
嶺田明美・冨田由布子（2009）「接続詞「だって」の談話における機能」『學苑』826: pp.29–41.
水川喜文・秋谷直矩・五十嵐素子（2017）『ワークプレイススタディーズ―はたらくことのエスノメソドロジー』ハーベスト社
Mondada, L. (2007a) Multimodal resources for turn-taking: Pointing and the emergence of possible next speakers. *Discourse Studies* 9 (2)：pp.194–225.
Mondada, L. (2007b) Commentary: transcript variations and the indexicality of transcribing practices. *Discourse Studies* 9 (6)：pp.809–821.
Mondada, L. (2014) The local constitution of multimodal resources for social interaction, *Journal of Pragmatics* 65: pp.137–156.
Mondada, L. (2016) Challenges of multimodality: Language and the body in social interaction, *Journal of Sociolinguistics* 20 (3)：pp.336–366.
Mori, J. (1999) *Negotiating Agreement and Disagreement in Japanese: Connective Expressions and Turn Construction*. Amsterdam/Philadelphia: John Benjamins.
Morris, D., P. Collett, P. Marsh and M. O'Shaughnessy. (1979) *Gestures: Their Origins and Distribution*. New York: Stein & Day.
Murphy K. M. (2005) Collaborative imagining: The interactive use of gestures,

talk, and graphic representation in architectural practice. *Semiotica* 156: pp.113–145.
長岡千賀（2006）「対人コミュニケーションにおける非言語行動の2者間相互影響」『対人社会心理学研究』6: pp.101–112.
Néda, Z., E. Ravasz, T. Vicsek, Y. Brechet and A. L. Barabasi. (2000) Physics of the rhythmic applause. *Physical Review E* 61: pp.6987–6992.
西阪仰（1995）「心の透明性と不透明性―相互行為分析の射程」『社会学評論』46（2）：128–143.
西阪仰（1997）『相互行為分析という視点―文化と心の社会学的記述』金子書房.
Nishizaka, A. (2007) Hand touching hand: Referential practice at a Japanese midwife house. *Human Studies* 30: pp.199–217.
西阪仰（2008a）「発言順番内において分散する文―相互行為の焦点としての反応機会場」『社会言語科学』10（2）：pp.83–95.
西阪仰（2008b）『分散する身体―エスノメソドロジー的相互行為分析の展開』勁草書房
西阪仰（2010）「道具を使うこと―身体・環境・相互行為」串田秀也・好井裕明（編）『エスノメソドロジーを学ぶ人のために』：pp.36–57. 世界思想社
Nishizaka, A. (2014) Instructed perception in prenatal ultrasound examination. *Discourse Studies* 16（2）：pp.217–246.
西阪仰（近刊）「会話分析はどこへ向かうのか」平本毅・増田将伸・横森大輔・城綾実・戸江哲理（編）『会話分析の広がり』ひつじ書房
西阪仰・高木智世・川島理恵（2008）『女性医療の会話分析』文化書房博文社
Ochs, E., E. A. Schegloff and S. A. Thompson. (eds.) (1996) *Interaction and Grammar*. Cambridge: Cambridge University Press.
Partridge, B. (1981) Internal dynamics and the interrelations of fish in schools. *Journal of Comparative Physiology* 144: pp.313–325.
Peräkylä, A., and J. Ruusuvuori. (2006) Facial expression in an assessment. In H. Knoblauch, J. Raab, H. G. Soeffner and B. Schnettler. (eds.) *Video-Analysis: Methodology and Methods: Qualitative Audiovisual Data Analysis in Sociology*. pp.127–142. Frankfurt: Peter Lang.
Provine, R. (1986) Yawning as a stereotyped action pattern and releasing stimulus. *Ethology* 72: pp.109–122.
Raymond, G. and G. H. Lerner. (2014) A body and its involvements: Adjusting action for dual involvements. In P. Haddington, T. Keisanen, L. Mondada and M. Nevile (eds.) *Multiactivity in Social Interaction: Beyond Multitasking*. pp.227–245. Amsterdam/Philadelphia: John Benjamins.
Richardson, M., K. Marsh and R. Schmidt. (2005) Effects of visual and verbal interaction on unintentional interpersonal coordination. *Journal of Experimental Psychology: Human Perception and Performance* 3: pp.62–79.
Rossano, F. (2013) Gaze in interaction. In J. Sidnell and T. Stivers (eds.) *The Handbook of Conversation Analysis*. pp.308–329. Oxford: Blackwell.

Ryle, G. (1949/2009) *The Concept of Mind*. London and New York: Routledge.
Sacks, H. (1972) On the analyzavility of stories by children. In J. J. Gumperz and D. Hymes. (eds.) *Directions in Sociolinguistics: The Ethnography of Communication*. pp.325–345. New York: Holt, Reinhart and Winston.
Sacks, H. (1974) An analysis of the course of a joke's telling in conversation. In R. Bauman and J. Sherzer. (eds.) *Explorations in the Ethnography of Speaking*. pp.337–353. Cambridge: Cambridge University Press.
Sacks, H. (1984) Notes on methodology. In J. M. Atkinson and J. Heritage. (eds.) *Structures of Social Action: Studies in Conversation Analysis*. pp.21–27. Cambridge: Cambridge University Press.
Sacks, H. (1992a) *Lectures on Conversation I, edited by Gail Jefferson*, Cambridge, Oxford: Blackwell.
Sacks, H. (1992b) *Lectures on Conversation II, edited by Gail Jefferson*, Cambridge, Oxford: Blackwell.
Sacks, H. and E. A. Schegloff. (1979) Two preferences in the organization of reference to persons in conversation and their interaction. In G. Psathas. (ed.) *Everyday Language: Studies in Ethnomethodology*. pp.15–21. New York: Irvington.
Sacks, H., and E. A. Schegloff. (2002) Home position. *Gesture* 2 (2)：pp.133–146.
Sacks, H., E. A. Schegloff and G. Jefferson. (1974) A simplest systematics for the organization of turn-taking for conversation. *Language* 50 (1)：pp.696–735（ハーヴィ・サックス　エマニュエル・A・シェグロフ　ゲール・ジェファソン　西阪仰訳（2010）「会話のための順番交替の組織―最も単純な体系的記述」『会話分析基本論集―順番交替と修復の組織』pp.7–153. 世界思想社）
Scheflen, A. (1964) The significance of posture in communication systems. *Psychiatry* 27: pp.316–331.
Schegloff, E. A. (1968) Sequencing in conversational openings. *American Anthropologist* 70 (6)：pp.1075–1095.
Schegloff, E. A. (1972) Notes on a conversational practice: Formulating place. In D. Sudnow. (ed.) *Studies in Social Interaction*. pp.75–119. New York: The Free Press.
Schegloff, E. A. (1984) On some gestures' relation to talk. In J. M. Atkinson and J. Heritage. (eds.) *Structures of Social Action: Studies in Conversation Analysis*. pp.266–96. Cambridge: Cambridge University Press.
Schegloff, E. A. (1987) Recycled turn beginnings. In G. Button and J. R. E. Lee. (eds.) *Talk and Social Organization*. pp.70–85. Clevedon/Philadelphia: Multilingual Matters.
Schegloff, E. A. (1992) Repair after next turn: The last structurally provided defence of intersubjectivity in conversation. *American Journal of Sociology* 97 (5)：pp.1295–1345.
Schegloff, E. A. (1996) Turn organization: One intersection of grammar and in-

teraction. In E. Ochs, E. A. Schegloff and S. A. Thompson. (eds.) *Grammar and interaction.* pp.52–133. Cambridge: Cambridge University Press.

Schegloff, E. A. (2000a) Overlapping talk and the organization of turn-taking for conversation. *Language in Society* 29: pp.1–63.

Schegloff, E. A. (2000b) On granularity. *Annual Review of Sociology* 26: pp.715–720.

Schegloff, E. A. (2007) *Sequence Organization in Interaction: A Primer in Conversation Analysis vol 1.* Cambridge: Cambridge University Press.

Schegloff, E. A. (2009) One perspective on conversation analysis: Comparative perspectives. In J. Sidnell. (ed.). *Conversation Analysis: Comparative Perspectives.* pp.357–476. Cambridge: Cambridge University Press.

Schegloff, E. A., G. Jefferson and H. Sacks. (1977) The preference for self-correction in the organization of repair in conversation. *Language* 53 (2)： pp.361–382.（エマニュエル・A・シェグロフ　ゲール・ジェファソン　ハーヴィ・サックス　西阪仰訳（2010）「会話における修復の組織―自己訂正の優先性」『会話分析基本論集―順番交替と修復の組織』pp.156–246. 世界思想社）

Schegloff, E. A. and H. Sacks. (1973) Opening up closings. *Semiotica* 8 (4)： pp.289–327.（エマニュエル・A・シェグロフ　ハーヴィ・サックス　北澤裕・西阪仰訳「会話はどのように終了されるのか」北澤裕・西阪仰（編訳）（1989）『日常性の解剖学―知と会話』pp.175–241. マルジュ社）

Sidnell, J. and T. Stivers. (eds.) (2013) *The Handbook of Conversation Analysis.* Oxford: Blackwell.

Sorjonen, M. L. (2001) Simple answers to polar questions: The case of Finnish. In M. Selting and E. Couper-Kuhlen. (eds.) *Studies In interactional Linguistics* pp.405–431. Amsterdam/Philadelphia: John. Benjamins.

Stivers, T. and F. Rossano. (2010) Mobilizing response. *Research on Language and social interaction* 43 (1)： pp.3–31.

Stivers, T. and J. Sidnell. (2005) Introduction: Multimodal interaction. *Semiotica* 156 (1–4)： pp.1–20.

Strack, F., L. Martin and S. Stepper. (1988). Inhibiting and facilitating conditions of the human smile: A nonobtrusive test of the facial feedback hypothesis. *Journal of Personality and Social Psychology* 54: pp.768–777.

Streeck, J. (1988) The significance of gesture: How it is established. *IPrA Papers in Pragmatics* 2: pp.60–83.

Streeck, J. (1995) On projection. In E. Goody. (ed.) *Interaction and Social Intelligence.* pp.84–110. Cambridge: Cambridge. University Press,

Streeck, J. (2008) Laborious intersubjectivity: Attentional struggle and embodied communication in an auto-shop. In I. Wachsmuth, M. Lenzen and G. Knoblich. (eds.) *Embodied Communication in Humans and Machines.* pp.201–228. Oxford: Oxford University Press.

Streeck, J. (2009a) *Gesturecraft: The Manu-facture of Meaning,* Amsterdam/Philadelphia: John Benjamins.

Streeck, J. (2009b) Forward-gesturing. *Discourse Processes* 46 (2): pp.161–179.

Streeck, J., C. Goodwin and C. LeBaron. (eds.) (2011) *Embodied Interaction: Language and Body in the Material World.* Cambridge: Cambridge University Press.

Strogatz, S. (2000) From kuramoto to crawford: Exploring the onset of synchronization in populations of coupled oscillators. *Physica D: Nonlinear Phenomena* 143: pp.1–20.

Strogatz, S. (2003) *Sync: The Emerging Science of Spontaneous Order.* New York: Hyperion.（スティーヴン・ストロガッツ　長尾力訳（2005）『SYNC―なぜ自然はシンクロしたがるのか』早川書房）

菅原和孝（1996）「コミュニケーションとしての身体」菅原和孝・野村雅一（編）『コミュニケーションとしての身体』pp.8–38. 大修館書店

Tabensky, A. (2001) Gesture and speech rephrasings in conversation. *Gesture* 1 (2): pp.213–235.

高木智世・細田由利・森田笑（2016）『会話分析の基礎』ひつじ書房

Trout, D., and H. Rosenfeld. (1980) The effect of postural lean and body congruence on the judgment of psychotherapeutic rapport. *Journal of Nonverbal Behavior* 4: pp.176–190.

Van Baaren, R., R. Holland, K. Kawakami and van A. Knippenberg. (2004) Mimicry and pro-social behavior. *Psychological Science* 15: pp.71–74.

Van Baaren, R., R. W. Holland, B. Steenaert and van A. Knippenberg. (2003). Mimicry for money: Behavioral consequences of imitation. *Journal of Experimental Social Psychology* 39: pp.393–398.

Walker, T. J. (1969) Acoustic synchrony: Two mechanisms in the snowy tree cricket. *Science* 166: pp.891–894.

Ward, A. J., S. Axford and J. Krause. (2002) Mixed-species shoaling in fish: The sensory mechanisms and costs of shoal choice. *Behavioral Ecology and Sociobiology* 52: pp.182–187.

Wittgenstein, L. (1958) *Philosophische Untersuchungen.* Frankfurt am Main: Surkamp（ルートウィヒ・ウィトゲンシュタイン　藤本隆志訳（1976）『哲学探究』大修館）

渡辺富夫・大久保雅史（1998）「コミュニケーションにおける引き込み現象の生理的側面からの分析評価」『情報処理学会論文誌』39 (5): pp.1225–1231.

Yasui, E. (2013) Collaborative idea construction: Repetition of gestures and talk in joint brainstorming, *Journal of Pragmatics* 46: pp.157–172.

横森大輔（近刊）「会話分析から言語研究への広がり―相互行為言語学の展開」平本毅・増田将伸・横森大輔・城綾実・戸江哲理（編）『会話分析の広がり』ひつじ書房

あとがき

　本書は、2人以上で同時に同じジェスチャーをする「ジェスチャーの同期」を取り上げて、研究した成果である。2012年度に滋賀県立大学大学院人間文化学研究科へ提出した博士論文「相互行為におけるジェスチャーの同期とその産出課程」とその後に公刊した論文をもとに加筆修正し、2017年度日本学術振興会研究成果公開促進費（学術図書）の交付（課題番号17HP5264）を受けて刊行されたものである。

　本書は、公刊した諸論文を一度解体し、各章に振り分けるという作業を行なっている。加えて、本書は、博士論文の内容を会話分析の視点から再構成するという形で出版されることとなった。よって、各章とすでに公刊した論文との関係を述べるにあたり、以下の通り論文情報の後ろに対応する章を記載する。

- 城綾実・細馬宏通（2009）「多人数会話における自発的ジェスチャーの同期」（『認知科学』16 (1)：pp.103–119）［第4〜第6章］
- 城綾実・細馬宏通（2010）「多人数会話におけるジェスチャーの同期はいかにして達成されるのか——ジェスチャー・フェーズのタイミングに注目して」（『電子情報通信学会技術研究報告TL』110 (313)：pp.25–28）［第6章］
- 城綾実（2012）「語りの構造に照応するジェスチャーの同期——2人が語り手になりうる3人会話において語りはどのように構成されるのか」（『電子情報通信学会技術研究報告HCS』112 (176)：pp.61–66）［第5章、第6章］
- Joh, Ayami (2013) Management of Intersubjectivity and Progressivity through Simultaneous Gestural Matching (In Y. Motomura, A. Butler, and D. Bekki, (eds.) *New Frontiers in*

Artificial Intelligence-JSAI-isAI 2012 Workshops, LENLS, JURISIN, MiMI, Miyazaki, Japan, November 30 and December 1, 2012, Revised Selected Papers. pp.242–256. Berlin: Springer）
　［第5章、第7章］
・城綾実・細馬宏通（2014）「語りの進行を回復する実践として共—語り手たちが産出する同期現象」（『社会言語科学』16（2）: pp.32–49）［第6章］
・城綾実・平本毅（2015）「認識可能なジェスチャーの準備とジェスチャーの同期」（『社会言語科学』17（2）: pp.40–55）［第2～第7章］
・城綾実（2017）「秩序だった手の動きが誘う相互行為—意味の共同理解を試みる活動を例に」（『日本語学』36（4）: pp.177–189）［第3章、第4章、第6章、第7章］

　博士論文を書き終えていなければ、今回の出版はありえなかった。なのでまずは、博士論文の審査に関わってくださった先生方に感謝を述べたい。学部生のころよりずっと指導してくださった細馬宏通先生のおかげで、歩みは遅いなりにも研究を進めることができた。現在でも折に触れて研究の議論に付き合っていただいたり、助言や苦言をいただいたりしている。相互行為を観察する眼の根本的な部分を鍛えていただき、本当に感謝している。博士論文の副査を引き受けてくださった、松嶋秀明先生、篠原岳司先生、串田秀也先生、古山宣洋先生には、本当にお世話になった。特に、会話分析とジェスチャー分析を両輪とする本論文を串田先生と古山先生に精査していただけてことはとても光栄であった。もし、本書が博士論文より少しでもましな出来になっているとしたら、博士論文の審査を引き受けてくださった先生方のおかげである。

　次に、博士号取得後の「出会い」について感謝を述べたい。2013年の春、急な申し出であったにもかかわらず、会話分析の授業および演習を受講することを快諾してくださった西阪仰先生、早野薫さんのおかげで、博士論文執筆時に持ち合わせていたいくつかの誤解を解いていただくことができた。明治学院大学で大学生や院生とともに2年間学ぶことができたのは非常に幸運であった。また、

博士論文では叶わなかった西阪先生のお仕事の一部に結びつけた議論を（十分なものになったかはさておいて）本書でできたことに、喜びと安堵を感じている。

　当初、私は博士論文を出版するつもりはなかった（実は、一度お断りをしたことがある）。私自身が自分の研究に自信を持てたなかったというところが大きかったためである。2015年秋頃に再度お声がけくださったひつじ書房の松本功社長と渡邉あゆみさん、そして2017年からは海老澤絵莉さん、相川奈緒さんから、貴重な機会と手厚いサポートをいただけたことを、心より感謝したい。

　博士論文を提出して、本書刊行時で5年が経つ。研究者としてのキャリアを積むにあたり、新しい世界を紹介してくださり、貴重な経験をさせてくださった坊農真弓先生、宮尾祐介先生、加藤和人先生、加納圭先生に感謝したい。そして、いろいろな意味で未熟な私を励まし、不安定な研究者生活を気にかけて支えてくださった高梨克也さんと秋谷直矩さんにも、心からありがとうございますを伝えたい。

　働きながら学び続ける大きな原動力になっているのは、須永将史くん、牧野遼作くんと2013年冬ごろから途切れることなく続けている勉強会である。2017年秋から長く休んでごめんなさい。意志薄弱な私をときに引っ張り、励ましてくれてどうもありがとう。

　居關友里子さん、荒野侑甫くんには本書の原稿に目を通していただき、温かく有益なコメントをたくさんいただいた。居關さん、荒野くんのコメントからは学ぶことが非常に多かった上に、励まされることも多かった。記して感謝したい。

　執筆のみならず、これまでの研究生活でお世話になった方は数多い。学内だけで仲間と切磋琢磨する機会の乏しい地方公立大に在籍していたときから、それでも多くの人と議論する機会を得られたのは、学会や研究会におけるさまざまな研究者のみなさまとの交流のおかげである。特に、会うたびに勇気づけてくれ、不躾なメールにも優しく対応してくれるLorenza Mondada先生には心から感謝を伝えたい。そして、関西会話分析研究会、身振り研究会、コミュニケーションの自然誌研究会、イカロ研究会、関東会話分析ワーキン

ググループ、関西 EMCA 互助会で出会うみなさまのおかげで、本書を書き上げることができたことを非常にありがたく思う。

　何よりも、データ収録にご快諾いただき、ありのままのやりとりを見せてくださった方々に深く感謝申し上げたい。発言や動きを観察し、書き起こし、姿形を写し取るという作業を経ていく上で、なんとも言えない愛情のようなものを、いつも感じている。人びとのやりとりが愛おしいという思いが、私に研究者の道を選ばせ、そして、本書は生まれた。

　データの収録・分析にあたっては、滋賀県立大学細馬宏通研究室および次の研究助成に大いに助けられた。2011–2012 年度科学研究費補助金特別研究員奨励費「会話における同期現象分析──身体経験を表し合う相互作用の解明」(11J10764)、2013–2014 年度科学研究費補助金研究活動スタート支援「専門職従事者の実践知を定量的に抽出可能にするための言語・身体表現パターンの解明」(25880030)、2015–2017 年度学術研究助成基金助成金若手研究(B)「「定式化」作業の相互行為分析に基づく介護職員の専門性の確立」(15K17245)（以上、研究代表者：城綾実）。

　まだまだお礼を述べたい気持ちでいっぱいだが、最後に家族への感謝を。迷惑ばかりかけてごめんなさい。いつもありがとう。

索引

あ

与えられた条件のもとでの関連性 conditional relevance 49, 89
アニメーション再生課題 21, 54, 77
安全性 150, 156, 188, 190 196

え

映像的ジェスチャー iconic gesture 54, 60, 98, 99
エスノメソドロジー Ethnomethodology 10, 31, 32
エンブレム 54, 83

お

オノマトペ 90, 129, 156, 188

か

拡張された機会 26, 98, 119
活動の規範的秩序 111-113, 179, 184, 189, 205
感覚様式 modality 69, 149, 150, 156, 198
観察者の視点 observer-viewpoint 24, 142

き

基質 substrate 176
規範的構造 104, 105, 108, 112, 113, 118, 150, 186, 195
規範的秩序 117, 119, 121

基本連鎖 base sequence 45, 47, 48
決め手 172
共‐選択 175, 177, 191
共‐選択を行なうための装置 176
共通理解 50, 51, 79, 116, 156, 163, 167, 172, 178-180, 183-185, 188-190, 196, 202
共同産出 23, 94, 113, 134, 146, 148, 196
切れ目のないトピックの推移 stepwise topic movement 175
際立たせる highlight 27, 42, 136, 168, 169, 172, 196

く

食い違い 151, 152, 156, 188, 196
クライマックス 127-130, 169, 185, 187, 188
繰り返し 109, 195

け

形式的組織 33, 58, 60, 94, 95, 190
形式的特徴 89, 90, 105, 120, 121, 149, 199

こ

語彙と対応して発せられる性質 lexical affiliate 60, 61, 97
行為の構成 action-formation 33, 58, 77, 78, 200
行為連鎖（組織）sequence (organization) 42, 49, 52, 78, 124, 125, 127, 163, 196
構造化 49, 57, 67, 121, 176, 177, 189,

223

199
公的 40, 78, 93, 116
後方拡張 88, 183
合理的 5, 13, 67, 109
後-実行保持 post-stroke hold 56, 116
言葉探し word search 39, 60, 62, 134, 136

さ

先取り完了 39, 40
参与者たちの視点 12, 140, 202

し

ジェスチャー単位 gesture unit 55, 66, 68
ジェスチャーの重ね合わせ gestural matching 5, 6, 27, 120
ジェスチャーの結束性 gestural cohesion 109
（ジェスチャーの）実行（段階）stroke (phase) 55-57, 60
（ジェスチャーの）準備（段階）preparation (phase) 56, 57, 67, 68, 73, 91, 94, 97-103, 109, 118, 119, 148, 195
（ジェスチャーの）準備の簡略化 102, 103, 119
（ジェスチャーの）省略 85, 155, 195
ジェスチャーの撤回 retraction 56, 68, 74
（ジェスチャーの）保持 hold 56, 74, 122, 140, 155
ジェスチャー表現の核 nucleus 56, 60
視覚的 24-26, 148, 150, 179
視覚的資源 69, 180, 188, 195, 202, 203
視覚的表現 91, 93, 149, 150, 156, 172, 180-183, 187, 196
資源 9, 22, 60, 88, 90, 93, 98, 110, 141, 142, 195-198
志向（性）orientation 1, 15, 21, 22, 27, 42, 43, 99, 103, 110, 112, 113, 117, 119, 179, 199, 202
自己修復 52, 116
自己修復開始 134

自己修復実行 116, 183
視線 58, 59, 91, 92, 94, 148
社会-認知的効果 19, 53
修復（組織）repair (organization) 34, 51, 163, 178, 196, 200
修復開始 51, 52, 79, 126
修復開始装置 51, 52
修復実行 51, 52, 126, 134
修復連鎖 182-184
順番が交替してよい場所 Transition-Relevant Place（TRP）36, 37, 39
冗長性 redundancy 150, 188
焦点となる行為 focal action 67
焦点となるジェスチャー（の）表現 focal gestural expression 68, 74, 85, 91, 99, 100, 102, 110, 112, 129, 160, 176, 177, 195
焦点となる表現 156, 197
承認 163
唱和的共同産出（言葉の重ね合わせ）5, 23, 24, 29, 40-42, 112, 120, 124, 127, 132, 134, 141, 142, 145, 146, 150, 183, 196, 197
触覚的資源 203
シンクロナイゼーション synchronization 17, 19, 29, 199
進行性 167, 178, 180, 181, 183-185, 188, 189, 196, 202
進行性の管理 163

す

スロット（参加機会）26, 49, 62-65, 89, 110, 116, 130, 140, 157, 165, 195, 197

せ

前-実行保持 pre-stroke hold 56, 98, 119

そ

相互行為 interaction 2, 3, 16, 21
相互行為（の）秩序 interaction order 9,

13, 32, 33, 52, 53
相互行為上の効果　27, 42, 167
相互行為の外部　7, 20, 21
相互行為の内部　7, 20, 194
相互調整　190
相互彫琢 mutual elaboration　62, 148, 149, 198, 205
相互反映（的）　190, 205
操作的性質　148
挿入連鎖 insertion sequence　47, 50

た

対話型アニメーション再生課題　77, 127, 179, 180, 183, 184
高められた投射可能性　23, 41, 88, 103, 124
他者開始　80
他者修復　52, 79
他者修復開始　181

ち

知識状態変化のトークン　131, 139, 185
聴覚的資源　69
調整　2, 140, 205

て

手を用いた行為の道筋 manual pathway　67

と

（同期の）前段階　86, 93, 118, 119
同期本体　86, 93, 118, 119
投射 projection　39, 40, 59, 88, 94, 98, 99, 133, 141
投射可能性 projectability　24, 40, 42, 61, 104, 105
投射空間 projection space　60, 98, 99
登場人物（行為者）の視点 character-viewpoint　23, 92, 94, 104, 141

トラブル trouble　34, 50, 132, 200
トラブル源 trouble source　50-52, 79, 182
トランスクリプト　10-12, 70

な

成し遂げられた同期 achieved synchrony　1, 3, 27

に

認識可能（性）　5, 26, 61, 66, 67, 68, 70, 85, 90, 98, 100-102, 159, 160, 183, 195, 199, 204

は

媒体 vehicle　164
（発話が置かれる）位置 position　49, 78, 123, 124, 160, 169, 195, 203
発話権 speaker's entitlement　24, 38, 69, 94, 121
発話権の緩み　24, 42, 92
発話産出モデル　54, 201
発話順番　36, 39, 62, 64, 113, 127, 142
発話順番構成単位 Turn-Constructional Unit（TCU）　36, 40, 61, 120
発話順番交替（組織）turn-taking（organization）　16, 33, 42, 48, 58
発話の重なり overlap　11, 32, 65
（発話の）組み立て composition　49, 78, 123, 124, 160, 169, 203

ひ

非言語行動　53
人目をひく不在 noticeable absence　48, 49
ピボット　173, 196, 202

索引　225

ふ

複合的TCU compound turn-constructional unit　39
複数の感覚様式 multimodality　6, 35, 61
物理的構造　104, 108

へ

返答の指針　90

ま

前置き連鎖 pre-sequence　47

む

結びつき affiliation　5, 20

め

目の前に見えてはいるのに気づいていなかった seen but unnoticed　32

も

文字的知識　89, 120, 142, 149
元の位置 home position（休止位置 rest position）　56, 60, 67, 80, 118
物語り storytelling　126, 180
物語の構造　128, 142
物語り連鎖　127
模倣 mimicry/imitation　18, 19, 21, 199

や

やり方　4, 8, 16

ゆ

有標（性）　131, 137, 185

よ

予測　2, 24, 129, 141, 160, 205
予測可能（性）　3, 23, 39, 40, 84, 89, 93, 104, 105, 109, 110, 118, 124, 128, 140, 141, 187, 195
よりそって align　177

り

理解の主張 claim　136, 139, 160,
理解の例証 demonstrate　84, 130, 131, 136, 139, 140, 160, 161, 163, 179, 183, 187, 188
理解を承認する　161
リスト（形式）　40, 41
（リストを構成する）三部構造　132
粒度 granularity　154, 155, 165
隣接ペア adjacency pair　42-45, 88
隣接ペア第一成分（FPP）　43, 58, 89, 93
隣接ペア第二成分（SPP）　43, 89, 93, 125, 148

れ

連鎖（組織）sequence（organization）　34, 200
連鎖を終了させる第三要素 sequence closing third　47, 126

わ

話題移行　172, 173, 175, 177, 196, 202

城綾実(じょうあやみ)

略歴
1984年生まれ。京都府出身。2012年、滋賀県立大学大学院人間文化学研究科博士後期課程単位取得退学。滋賀大学教育学部特任講師。博士(学術)。

主な論文
「科学館における「対話」の構築―相互行為分析から見た「知ってる?」の使用」『認知科学』(共著、22(1)、2015)、「認識可能な身振りの準備と身振りの同期」『社会言語科学』(共著、17(2)、2015)、「秩序だった手の動きが誘う相互行為―意味の共同理解を試みる活動を例に」『日本語学』(36(4)、2017)など。

ひつじ研究叢書〈言語編〉第151巻
多人数会話におけるジェスチャーの同期
「同じ」を目指そうとするやりとりの会話分析

Gestural Matching in Multi-party Conversation:
Conversation Analysis of Achieved Synchrony
in Social Interaction

Ayami Joh

発行	2018年2月16日　初版1刷
定価	5800円+税
著者	© 城綾実
発行者	松本功
ブックデザイン	白井敬尚形成事務所
印刷所	三美印刷株式会社
製本所	株式会社 星共社
発行所	株式会社 ひつじ書房

〒112-0011　東京都文京区千石2-1-2　大和ビル2階
Tel: 03-5319-4916　Fax: 03-5319-4917
郵便振替 00120-8-142852
toiawase@hituzi.co.jp　http://www.hituzi.co.jp/

ISBN978-4-89476-906-9

造本には充分注意しておりますが、落丁・乱丁などがございましたら、小社かお買上げ書店にておとりかえいたします。
ご意見、ご感想など、小社までお寄せ下されば幸いです。

刊行のご案内

話しことばへのアプローチ
創発的・学際的談話研究への新たなる挑戦

鈴木亮子・秦かおり・横森大輔 編　定価 2,700 円＋税

ナラティブ研究の最前線
人は語ることで何をなすのか

佐藤彰・秦かおり 編　定価 4,000 円＋税

刊行のご案内

雑談の美学
言語研究からの再考
村田和代・井出里咲子 編　定価 2,800 円＋税

シリーズ　文化と言語使用　1
コミュニケーションのダイナミズム
自然発話データから
井出祥子・藤井洋子 監修　藤井洋子・高梨博子 編
定価 2,600 円＋税

刊行のご案内

会話分析の基礎
高木智世・細田由利・森田笑 著　定価 3,500 円＋税

言語学翻訳叢書　15
話し言葉の談話分析
デボラ・カメロン著　林宅男 監訳　定価 3,200 円＋税

談話資料　日常生活のことば
現代日本語研究会
遠藤織枝・小林美恵子・佐竹久仁子・髙橋美奈子 編

定価 6,800 円＋税

刊行のご案内

診療場面における
患者と医師のコミュニケーション分析
植田栄子 著　定価9,800円+税

Hituzi Language Studies No.1
Relational Practice in Meeting Discourse
in New Zealand and Japan
村田和代 著　定価6,000円+税

刊行のご案内

〈ひつじ研究叢書（言語編）　第136巻〉
インタラクションと学習
柳町智治・岡田みさを 編　定価3,200円+税

〈ひつじ研究叢書（言語編）　第143巻〉
相互行為における指示表現
須賀あゆみ 著　定価6,400円+税

〈ひつじ研究叢書（言語編）　第152巻〉
日本語語彙的複合動詞の意味と体系
コンストラクション形態論とフレーム意味論
陳奕廷・松本曜 著　定価8,500円+税